资助项目：北京市社会科学基金项目“电商环境下京津冀小微企业供应链融资信任机制与信用评价体系研究”（18GLB010）

电商供应链融资信任机制与信用评价

徐　鲲　荣晨阳　田　然◎著

TRUST MECHANISM AND CREDIT EVALUATION OF E-COMMERCE SUPPLY CHAIN FINANCE

经济管理出版社
ECONOMY & MANAGEMENT PUBLISHING HOUSE

图书在版编目（CIP）数据

电商供应链融资信任机制与信用评价/徐鲲，荣晨阳，田然著．—北京：经济管理出版社，2023.2

ISBN 978-7-5096-8929-5

Ⅰ.①电…　Ⅱ.①徐…　②荣…　③田…　Ⅲ.①电子商务—供应链管理—融资—研究　Ⅳ.①F713.36 ②F252.1 ③F830.45

中国国家版本馆 CIP 数据核字(2023)第 030938 号

组稿编辑：丁慧敏
责任编辑：丁慧敏
责任印制：黄章平
责任校对：王淑卿

出版发行：经济管理出版社
（北京市海淀区北蜂窝 8 号中雅大厦 A 座 11 层　100038）
网　　址：www. E-mp. com. cn
电　　话：（010）51915602
印　　刷：北京晨旭印刷厂
经　　销：新华书店
开　　本：720mm×1000mm/16
印　　张：12.5
字　　数：217 千字
版　　次：2023 年 2 月第 1 版　　2023 年 2 月第 1 次印刷
书　　号：ISBN 978-7-5096-8929-5
定　　价：98.00 元

联系地址：北京市海淀区北蜂窝 8 号中雅大厦 11 层
电话：（010）68022974　　邮编：100038

前　言

在互联网技术飞速发展的大背景下，电商运营环境的优化与大数据思想的融合为电商小微企业注入源源不断的活力，同时促进了电商小微企业反哺市场、激发微观市场主体活力。融资问题一直是制约电商小微企业健康成长的桎梏。随着我国电子商务交易规模的不断扩大，电商供应链融资模式成为缓解小微企业融资难题的重要手段，与此同时，电商供应链融资信任问题日益凸显并亟待解决。因此，本书以电商小微企业为研究对象，探索电商供应链融资信任机制，沿着“构建信任机制—甄选影响因素—设计评价体系”的主线展开研究，在厘清信任关系的基础上，将参与主体进行划分，运用序贯博弈和演化博弈分析，构建多主体参与、多元制衡的信任机制，甄别信任机制的主要影响因素，进而设计小微企业动态信用评价体系。本书主要内容如下：

（1）通过序贯博弈深入剖析电商供应链融资中信任关系及信任传导机制。首先，分析电商供应链融资主体间的信任关系。在金融交易初期，金融机构、电商平台和小微企业三方通过制度契约和企业声誉建立起初始信任；金融机构与电商平台分别对小微企业进行线下和线上的信用评估，形成持续信任；由还款情况所产生的声誉效应使得信任在电商供应链融资过程中调整。其次，梳理电商平台和小微企业以及金融机构和电商平台之间商业信任传导机制成为金融机构和小微企业之间金融信任的过程。最后，揭示电商供应链融资中信任传导效应：一方面，如果信任传导产生的三方总收益大于未传导时的收益，则信任通过传导路径产生逐级放大效应；另一方面，电商供应链融资中信任传导过程可能产生负面效应，将会间接导致各方利益受损。

（2）构建三方博弈模型分析电商供应链融资信任机制稳定状态及其影响因素。首先，建立小微企业、电商平台、金融机构三方博弈模型，经过多次合作演化后形成（还款，推荐，放贷）均衡策略。其次，进一步仿真分析影响其稳定性的因素：①收益共享机制能够有效提高小微企业、电商平台以及金融机构三者向稳定状态演进的效率，且三方之间收益共享系数只有保持在一个恰当的范围才能既保证电商供应链融资的稳定又实现各方主体的利益最大化；②惩罚机制的存在能够对小微企业的行为起到显著的约束作用，但是罚金过高反而会使初始合作达成难度增大；③小微企业信用评价机制是影响金融机构和电商平台对于小微企业信任程度的重要因素，电商平台和金融机构均基于此决定是否对小微企业授信及其融资规模。

（3）运用系统动力学和 TOPSIS-GRA 方法构建小微企业动态信用评价模型。首先，通过梳理相关文献资料，初步形成包括产品情况、管理水平和服务水平三大类的指标体系，并以此为基础发放调查问卷，结合问卷回收结果建立结构方程模型，对指标体系进行可行性研究，从而得到完整的电商小微企业信用评价指标体系。其次，运用主客观相结合的方式，确定研究对象各指标的基础权重，并基于结构方程模型得到的路径系数，构建系统动力学模型，模拟各影响因素在实际供应链融资过程中的变化趋势，依据不同影响因素对企业信用水平的影响程度引入灵敏度这一要素，提高指标权重的准确度。最后，运用基于 TOPSIS-GRA 的动态信用评价方法，对比分析静态信用评价和动态信用评价结果，发现相较于静态模型，动态模型以一个时间段为基础，所得到的排名结果更加符合实际情况，在一定程度上证明了该动态评价模型的优势。

最后，感谢北京联合大学管理学院鲍新中教授、李飞飞博士，以及联合作者荣晨阳、田然，书稿的完成得到了他们的大力支持。同时也要感谢北京市哲学社会科学规划办对笔者多年聚焦于供应链融资领域的支持与肯定。

目录

第一篇　研究基础

第二篇　电商供应链融资信任机制研究

第三篇　小微企业信用动态评价研究

第一篇　研究基础

第一章　绪论

第一节　研究背景和研究意义

一、研究背景

当今世界正面临百年未有之大变局，国际秩序变革加速推进，世界新一轮科技革命和产业变革同我国经济结构优化升级交汇融合；当下我国正处于“十四五”规划开局之年、“两个一百年”奋斗目标的历史交汇期，处于转向构建以国内大循环为主体、国内国际双循环相互促进的新发展格局，这也意味着我国处于转向经济高质量发展阶段。在这种大背景下，国家战略部署高度扶持小微企业，2021 年中央经济工作会议[①]中指出“经济工作要稳中求进，在宏观政策方面强化对小微企业的支持力度，在结构政策中深化供给侧结构性改革，促进国内经济大循环”，小微企业也因此跻身带动新一轮经济发展的主力梯队，具有增加就业、改善民生以及促进创新的重要功能。小微企业的业态结构、投融资需求、发展前景都会受到大环境的影响，崭新的发展定位催生了小微企业融资新模式，从“面广度浅”的基础扶持向重点领域的“深耕细作”加速转型，融资环境呈现逐步向好的局面。

然而，在加速转型的同时，也暴露出当前小微企业的融资模式暂未成熟，其融资问题仍然面临着巨大的挑战。目前小微企业融资渠道单一，主要依靠政府财政性资金投入，由此导致产业变迁和协同过分依赖于国家融资的单一化现象，制

① 2021 年中央经济工作会议于 2021 年 12 月 8~10 日在北京举行。

约了经济发展的质量、效率；同时这种单一的政府财政融资容易产生严重的“嫌贫爱富”偏向，小微企业的财务信息不公开、信用观念淡薄，缺少披露的财会报表、良好的历史信用记录等透明信息，在传统的银行借贷中极易导致银企信息不对称，而银行出于风险和收益的考虑，更倾向于将有限的资金投入大中型或收益较好的企业，这导致本就势单力孤的小微企业更是雪上加霜；另外，各地有政府背景的融资担保机构还很弱小，市场化水平不高，与其他金融机构的合作相对有限，尚不能充分发挥政策性融资担保机构的重要作用。在基础设施、公共服务等方面还存在欠缺，融资服务基础并不完善，特别是针对小微企业的融资项目和渠道较少。

随着互联网的不断普及，电子商务飞速发展，在电商平台进行交易的小微企业逐渐增多，电商平台庞大的用户群体及其交易记录使得电商平台在大数据技术的支持下掌握了大量电商小微企业的交易数据，可以有效整合小微企业的资金流、交易信息和物流信息，有利于对小微企业的实力及信用进行评价。银行等金融机构以此为契机与电商平台合作为小微企业提供贷款，由此产生了电商供应链融资模式。在新的融资模式中，电商平台为金融机构提供了线上交易数据支撑，增加了金融机构信用评估的准确度，在一定程度上降低了融资交易双方的信息不对称，降低了金融机构放贷风险，提高了金融机构贷款给小微企业的意愿，拓宽了小微企业的融资渠道。但是，近期《关于推动平台经济规范健康持续发展的若干意见》[①]《国务院反垄断委员会关于平台经济领域的反垄断指南》[②] 等文件中指出平台经济领域存在滥用市场支配地位等垄断行为，要加强平台经济规范、促进平台经济转型发展，而在电商供应链融资模式下金融机构主要依赖于电商平台提供的数据，电商平台所掌握的大量数据使其逐渐形成经济垄断之势，不利于平台经济健康发展。因此，为了助力国家政策实施，促进小微企业和平台经济持续、健康发展，优化融资环境，以电商供应链融资各参与主体之间的信任关系为切入点，研究其信任机制以及信用评价体系成为重中之重。

二、研究意义

改善小微企业融资环境成为实践界和理论界的燃眉之急，已有研究主要在宏

① 《关于推动平台经济规范健康持续发展的若干意见》：2022 年 1 月 19 日，国家发展改革委等九部门联合发布。

② 《国务院反垄断委员会关于平台经济领域的反垄断指南》：2022 年 2 月 7 日，国务院反垄断委员会发布。

观层面对小微企业所面临的融资大环境进行理论剖析，指出金融市场结构存在的缺陷，提出改善小微企业投融资环境的措施：建议政府加大财税支持力度、提高产业融资信贷水平；建议金融机构积极运用大数据、云计算、物联网改造信贷流程和授信标准、升级自身风险管理能力甚至在风险可控的前提下开展纯信用融资。在宏观层面挖掘小微企业融资环境固然重要，但小微企业自身才是融资的主体，战略部署、顶层设计以及宏观环境只有作用在小微企业上才能显示其效用，因此想要真正改善小微企业融资难、融资贵的问题，必须将目光聚焦于微观即具体企业上，从小微企业自身入手，思考小微企业融资困难的原因显得尤为重要。

随着电商供应链融资在金融市场上崭露头角，相当一部分研究对电商供应链融资的模式、电商供应链融资运作机理进行深入挖掘，取得丰硕成果；同时学者们注意到了信任在电商供应链融资的过程中扮演着至关重要的角色。但是，目前还没有任何信任因素对电商供应链融资的信任机制进行深入探究的研究。同时以往研究多针对金融机构和小微企业两者之间信任机制展开研究，对多主体参与融资发挥的作用考虑甚少。在电商供应链融资的过程中，参与的主体不仅包括金融机构与小微企业两方，还涵盖电商平台、物流平台、支付平台等多主体，因此亟须综合考虑多主体间的信任机制并深入挖掘多主体的情况下信任机制的转变。

除深入剖析电商供应链融资多主体间信任机制，还必须注意到小微企业信用评价在其融资中的重要作用。目前研究普遍认为在大数据、云计算、物联网的背景下，信用是连接电商供应链融资各主体的重要枢纽，同时也是金融机构、信贷机构授信融资能否成功的关键，学者们深入剖析企业信用评价，从财务指标到非财务指标，从上市公司到非上市公司，不断拓宽研究对象、丰富信用评价指标体系、优化信用评价模型。进行信用评价不可避免地面临两方面的问题：一是构建的信用评价指标体系是否能够完全反映企业的信用风险，为金融机构提供授信依据；二是信用评价模型精度是否可信。目前相关研究缺少一套契合电商小微企业特性的信用评价指标，本书拟通过调查问卷分析甄选影响电商小微企业信用水平的主要因素，基于此构建起能全面反映研究对象自身特色的信用评价指标。同时现有研究对于“动态性”的诠释尚不够充分，在构建动态性信用评价模型时仍存在精度不够的问题，对于动态信用评价的探索仍需进一步深入，本书将动态性贯穿研究全过程——确定信用动态评价权重、选用动态评价方法，以期提高信用评价精度。

综上所述，目前理论界与实践界针对小微企业融资环境的相关研究尚未聚焦在微观企业；没有通过考虑多主体参与来剖析融资过程中信任形成、建立、传导的机制；同时缺少契合的信用评价指标体系。本书以小微企业为研究对象，从国家战略角度出发，在考虑政策环境、发展模式的基础上，探索电商供应链融资的过程中多主体信任机制；同时构建契合电商小微企业的信用评价指标体系、诠释动态信用评价。一方面，厘清电商供应链融资各参与主体之间的信任关系，从而研究信任传导效应，分析融资主体信任机制，甄选影响信任机制稳定性的重要因素；另一方面，结合对电商供应链融资信任机制影响因素的分析，从动态的角度展开信用评价，既为电商小微企业把控自身信用提供参考，也为金融机构信贷提供依据，具有广阔的应用前景。本书具有以下四点重要的理论意义与实践意义：

第一，聚焦微观层面企业，从小微企业入手探究融资环境。无论是从宏观政策、经济环境层面，还是从金融机构层面来分析融资环境、研究融资问题，其最终的落脚点都是为微观企业服务。目前小微企业金融服务的相关研究刚刚起步，已有研究多在顶层设计、国家政策等方面进行理论分析推演，尚未聚焦微观企业深入探讨企业该如何在新时代经济转型升级的过程中应对风险莫测的融资环境、解决融资难的问题。本书从电子商务行业的微观企业着手，致力于服务电商小微企业实际需求，推动国家战略部署的贯彻落实，促进顶层设计切实落地实体企业，不仅拓宽了学术研究视野，还切实服务了实体企业，具有重大理论意义与实践意义。

第二，完善电商供应链融资信任机制理论体系，提出信任机制优化方向。基于电子商务环境下的供应链融资依托当前占据主要市场的电子商务行业，去除传统模式下核心企业的中心化作用，将小微企业通过电子商务平台交易所产生的商业信任转化为其向金融机构融资的金融信任，拓展了小微企业的融资渠道，助推小微企业转型升级，有利于深化供给侧结构性改革，助力经济结构优化，促使经济走向高质量发展的道路。本书针对电子商务环境下供应链融资的信任问题，分析电子商务供应链融资各参与方之间的信任关系，通过序贯博弈、演化博弈方法，在引入制度、声誉以及特征三大影响因素的基础上，从商业信任到金融信任的传导角度研究小微企业、电商平台和金融机构三方主体参与的信任机制，并从中甄选影响电商供应链融资信任机制的主要因素，为优化电商供应链融资信任机制提供方向。

第三，构建契合电商小微企业特色的信用评价指标体系。融资问题作为制约小微企业发展的瓶颈，难点主要在于授信依据的确定和信用评价体系的构建，好的评价体系不仅能让电商小微企业对标自查，提升自身信用水平，还能为金融机构授信提供依据，提高电商供应链融资的效率。因此构建一套与研究对象配适度高的信用评价体系便成为重中之重，已有研究暂未就小微企业的信用评价指标体系达成共识，本书通过资料收集和文献梳理，设计调查问卷，面向电商小微企业发放并回收调查问卷，对影响小微企业信用评价的因素进行识别和甄选，设计一套契合电商小微企业的信用评价指标体系，为实践中小微企业信用评价指标体系的构建提供了经验证据。

第四，将动态思想贯穿整个研究过程并深刻诠释，设计信用动态评价模型，力求提升信用评价精度。在信用评价相关领域，学者们始终追寻一个目标——不断优化信用评价模型，提升信用评价精度。本书考虑到信用作为无形资产，会随着时间的推移、企业的行为决策以及环境的波动而发生变化，因此必须考虑信用评价的动态性，并将动态思想贯穿整个研究过程，一方面，在构建信用评价指标体系后采取动态思想来确定评价权重；另一方面，采取 TOPSIS-GRA 的动态信用评价方法，利用厚今薄古的思想对电商小微企业的信用进行评价。动态的方法更加符合社会发展趋势，并且使得信用评价的精度更高，这种“全程动态”的思想丰富了信用评价相关研究的理论基础，同时，帮助小微企业认清自身缺陷、增强自身实力，帮助电商平台与金融机构完善授信机制与监管制度，维持电商供应链融资信任机制的稳定性。

第二节　研究内容和方法

本书围绕信任关系这一核心问题，结合电商小微企业融资现状，沿着“构建信任机制—甄选影响因素—设计评价体系”的主线展开研究，如图 1-1 所示。在厘清信任关系的基础上，将参与主体进行层级划分，运用序贯博弈和演化博弈分析，构建多主体参与、多元制衡的信任机制，甄别信任机制的主要影响因素，进而设计小微企业动态信用评价体系，并提出优化电商环境下小微企业供应链融资信任关系和信任体系的对策建议。

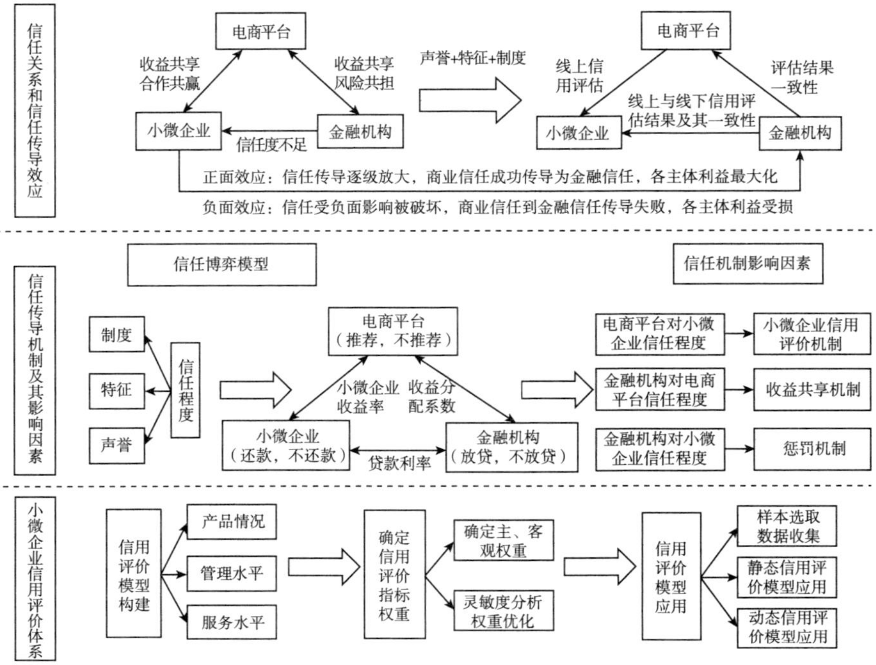

图 1-1 研究框架

根据以上研究思路，本书的研究内容主要包括四个方面（见图 1-2）：

（1）研究基础。本章是全书研究的基础，首先，介绍相关的理论背景、现实意义以及思路方法等。研究背景包括社会环境、理论发展、实践经验对本书研究内容的影响；全书具有重要意义和研究必要性，特别是在当前背景下，全书研究对进一步优化小微企业融资过程具有较为重要的作用。其次，从分析全国电子商务发展现状和小微企业融资现状出发，逐渐深入分析电商环境下小微企业供应链融资现状，从中揭示目前实践中存在的问题，为后续研究指明方向。最后，从电商供应链融资模式、电商供应链融资信任机制理论和应用以及小微企业信用评价体系三个方面对已有文献进行梳理，得出目前电商供应链融资信任机制和信用评价体系方面研究存在的不足。

（2）电商供应链融资信任机制。首先，通过对电商供应链融资授信过程、各主体间信任关系的构建以及最终形成的信任模式进行分析，厘清电商供应链融资中金融机构、电商平台与小微企业之间的信任关系。其次，在厘清信任关系的基础上，分析电商供应链融资过程中的信任传导效应，通过序贯博弈方法分析金

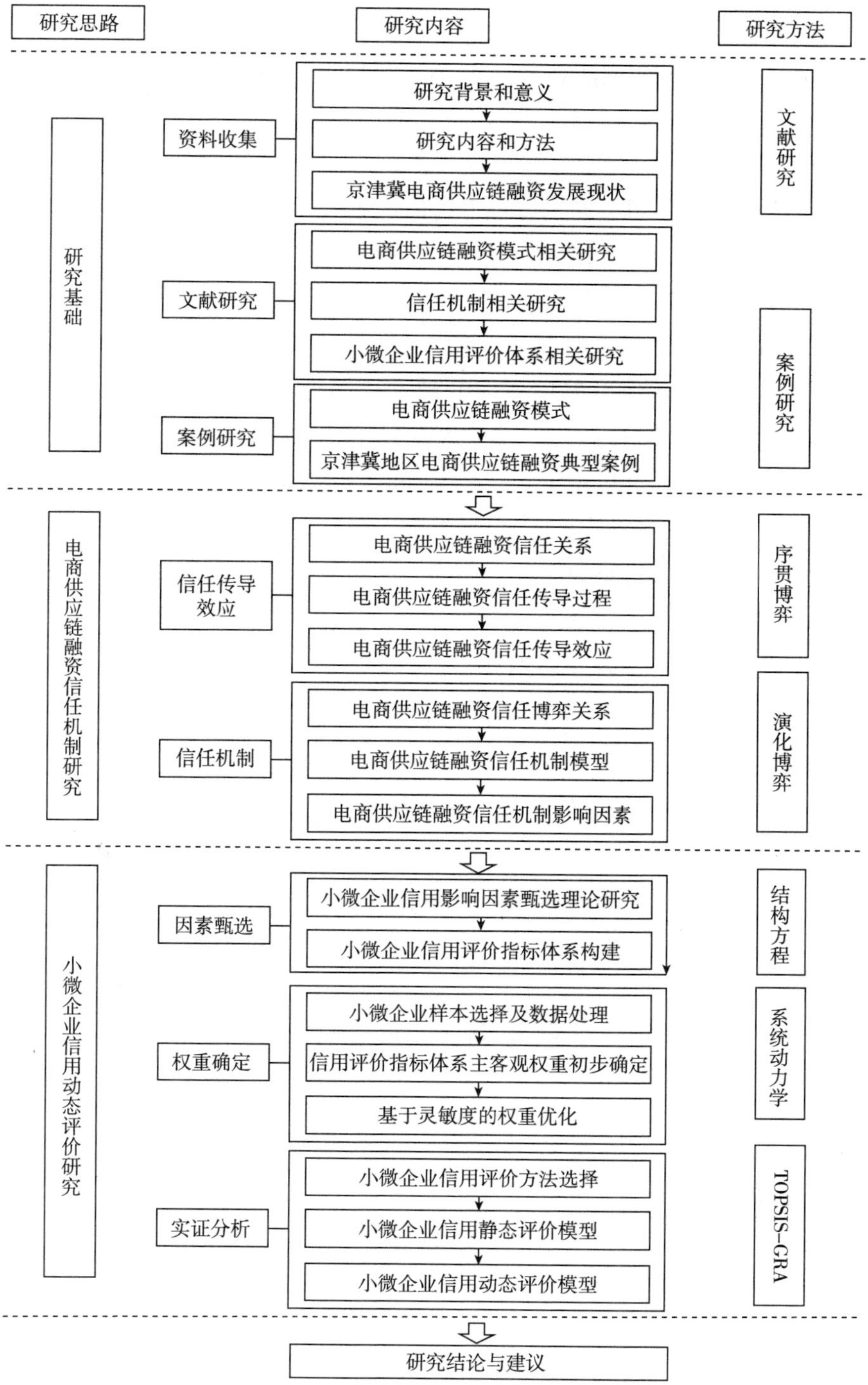
研究思路
研究内容
研究方法
研究基础
资料收集
研究背景和意义
研究内容和方法
京津冀电商供应链融资发展现状
文献研究
文献研究
电商供应链融资模式相关研究
信任机制相关研究
小微企业信用评价体系相关研究
案例研究
电商供应链融资模式
京津冀地区电商供应链融资典型案例
案例研究
电商供应链融资信任机制研究
信任传导效应
电商供应链融资信任关系
电商供应链融资信任传导过程
电商供应链融资信任传导效应
序贯博弈
信任机制
电商供应链融资信任博弈关系
电商供应链融资信任机制模型
电商供应链融资信任机制影响因素
演化博弈
小微企业信用动态评价研究
因素甄选
小微企业信用影响因素甄选理论研究
小微企业信用评价指标体系构建
结构方程
权重确定
小微企业样本选择及数据处理
信用评价指标体系主客观权重初步确定
基于灵敏度的权重优化
系统动力学
实证分析
小微企业信用评价方法选择
小微企业信用静态评价模型
小微企业信用动态评价模型
TOPSIS–GRA
研究结论与建议

图 1–2 技术路线

融机构、电商平台与小微企业三者之间在融资过程中从商业信任向金融信任转变的信任传导机理，并通过算例进一步分析得出电商供应链融资的信任传导效应。然后，依据前文对电商供应链融资信任的文献和理论基础研究，通过演化博弈方法构建金融机构、电商平台与小微企业三者间的信任博弈模型，分析在多次合作后达到的稳定状态，探讨电商供应链融资信任机制稳定状态下各参与主体的策略选择。最后，通过 MatLab 仿真甄选在电商供应链融资中能够影响金融机构、电商平台与小微企业间从商业信任到金融信任成功传导的主要因素。

（3）小微企业信用动态评价。①通过对相关文献资料进行梳理和整合，初步形成影响因素指标体系，并以此为基础发放调查问卷，同时建立结构方程模型，分析各个影响因素间的关系，并对指标体系进行可行性研究，最终得到完整的信用评价指标体系。②运用主客观相结合的方式，确定研究对象各指标的基础权重，并基于结构方程模型得到的路径系数，确定系统动力学方程的权重，构建系统动力学模型，并进行小微企业信用评价的仿真模拟，系统分析了各影响因素间的关系。并运用系统动力学的灵敏度分析，深入对比各指标对信用评价结果的影响程度，得到电商小微企业信用评价的综合权重，为信用动态评价奠定基础。③运用基于 TOPSIS-GRA 的动态信用评价方法，对比分析静态信用评价和动态信用评价结果，总结本书提出的模型方法。

（4）研究结论与建议。对研究结论进行概括性的总结，在此基础上提出对策建议，从而为电商供应链融资信任机制优化和小微企业信用评价体系完善提供更多依据，为解决小微企业融资问题提供借鉴。

第三节　创新点

一、研究内容创新

第一，在电商供应链融资信任机制研究方面，目前相关研究多从制度、契约、声誉等视角构建信任机制，从商业信任和金融信任视角对电商供应链融资信任机制分析的较少。本书将电商供应链融资活动中的信任分为商业信任与金融信任两部分，并通过理论分析融资企业、电商平台以及金融机构三者之间从商业信任到金融信任的传导效应，通过三方演化博弈分析电商供应链融资信任传导的具体机制以及影响该机制稳定性的主要因素。

第二，在电商小微企业信用评价指标体系研究方面，本书详细梳理和整合了近年来关于电商小微企业信用的相关文献，对其他学者的指标体系分类角度、运用的影响因素进行了细致分析，并运用结构方程以及系统动力学模型对各影响因素间的关系进行了深入探索。在此基础上结合电商小微企业的发展趋势，整合、完善了电商小微企业信用影响因素指标体系。

二、研究方法创新

第一，以往研究在构建电商供应链融资信任博弈模型时，大多参数是金融指标，以分析融资活动主体间的收益分配为主要研究目的，与信任研究的主体有所偏离。本书在设置博弈参数时选择将主体之间的信任程度的变化作为主要依据，选择既能够连接小微企业、电商平台和金融机构之间收益分配，又能够体现三者之间信任程度变化的参数，包括小微企业正常运营时产生的收益率（小微企业与电商平台间的收益分配与信任程度）、电商平台和金融机构间收益分配系数（电商平台与金融机构间的收益分配与信任程度）以及金融机构贷款利率（小微企业与金融机构间的收益分配与信任程度）。

第二，在小微企业信用评价体系的研究中，以往指标权重的确定多是采用主观或客观的方法，主观性和理论性较强，与被评价对象的实际情况可能有所偏离。本书首先运用传统方法确定了基础权重，以保证指标权重的科学性。其次为了使得到的权重更贴近被评价对象的真实情况，运用了系统动力学模型仿真模拟了信用评价过程中各指标对于信用水平的影响程度，并根据灵敏度结果对权重进行了二次优化，使评价结果更趋近于企业的真实信用水平。

第三，电商小微企业信用评价过程中的动态性主要体现在三个方面：一是原始数据的动态性，以一定时间序列下的原始数据为研究基础；二是权重的动态性，依据时间点的远近确定时间权重；三是方法的动态性，在传统 TOPSIS 方法的基础上引入了 GRA 法，可以在一定程度上描绘小微企业信用水平的发展趋势。

第二章　文献综述

本章主要从电商供应链融资模式、电商供应链融资信任机制以及小微企业信用评价体系三方面对已有文献进行梳理，总结学术界关于电商环境下小微企业供应链融资信任机制与信用评价体系有关研究中存在的不足，为本书的研究提供思路。

第一节　电商供应链融资模式相关研究

电商平台供应链融资是在传统供应链融资的基础上，结合电子商务行业、互联网以及大数据等技术，形成的一种新型融资方式，是传统供应链融资在当前社会、经济背景下的发展阶段。电商平台供应链融资的发展历程较短，从 21 世纪初到现今不过 20 多年，因此国内外学者的研究还停留在初步探索阶段，通过梳理文献可知，目前的研究内容可大致分为两个方面：一是基础性研究，主要包括电商平台供应链融资的意义、演进历程、模式划分等；二是衍生研究，主要包括电商平台供应链融资绩效、合作机制以及风险的识别与控制等。本节也将从这两大方面对国内外学者的观点进行梳理与总结。

早在 1997 年，Cronin 就提出基于互联网技术的电子金融服务将会是新的发展趋势，并总结了发展过程中所遇到的问题与挑战。Heng 的研究也表明电子商务行业会给金融行业带来影响，未来的融资模式也会因此而产生变化。而 Lahkani 认为电商供应链融资带来的技术变革能够推动企业进步，并增强企业的盈利能力和竞争力。与此同时，国内电子商务行业也开始由萌芽状态转向快速发展阶段，部分学者梳理了电商供应链融资的演进历程，并划分了不同的发展阶段，为后续研究奠定了理论基础。对于电商供应链融资的出现，吴睿和赵昕认为互联网与供应链金融相结合能够有效解决小微企业融资难题。通过传统银行借贷与电商借贷的模式对比，于辉从理论上验证了电商平台供应链融资的可行性和高效性；姚晓蓉以电商零售企业 E 为例，详细分析了电商供应链融资在实际应用过程中的优势与劣势，对比了各电商融资模式的特点，介绍了融资过程，以实践经验为其他的小微企业进行电商供应链融资提供了宝贵的借鉴。

电商平台供应链融资模式一直是研究的重点。Chen 肯定了基于互联网和电商平台所形成的新的融资模式，并在现有研究基础上提出了新的展望与设想。Schoenherr 等深入研究了海外仓储模式下的供应链融资，该模式对企业绩效的提升具有重要作用。国内学者先对电商平台供应链融资的运作原理进行了深入探究，在此基础上根据融资业务的类型和特点、质押物的不同、授信依据对其融资模式进行了划分，最后通过实际案例的分析对比了各模式的优缺点，探索了与电商供应链融资业务相适应的融资模式，提出了符合我国当前经济特点的模式发展建议及对策。

在融资绩效研究方面，我国学者运用嵌入式多案例方法，从电商平台企业的实际运用过程出发，明确影响供应链融资效果的影响因素，并构建了电商供应链融资的绩效评价体系，为电商平台和金融机构的实际操作提供决策支持。而随着融资过程中参与主体的增加，群体融资特征更加明显，对合作机制的探索则越发重要。张满对竞争发展策略进行了分析研究；在合作策略方面，徐鲲和李小莉都运用了演化博弈的方法对合作机制进行了分析。

随着近年来电商供应链融资的迅猛发展，如何更好地评估和把控其带来的风险成为研究者们更加关注的问题。在享受电商供应链融资带来的便捷时，我们也要关注整体运营过程中存在的问题和弊端，预防相关风险，对风险进行合理的预判和把控，促进融资体系的健康发展。陶海鹏构建了风险评价模型，徐鹏通过相关研究提出了防范风险的对策建议；高更君分析了电商供应链融资的运作模式，建立了风险评价指标体系，并且基于云模型理论量化风险等级，通过实际案例验证了该模型的有效性；张浩运用马尔可夫模型判断融资需求方的风险等级和收益率，使投资方在提高收益的同时有效降低风险；Yang 和 Kuan 构建了基于三角模糊信息的信用风险评估模型，通过多属性决策为有效控制信用风险提供思路。

通过对电商平台供应链融资风险点的梳理，可以发现信用风险是融资效率的重要影响因素。虽然与传统银行融资相比，电商平台带来的大数据能够有效地降低信息不对称造成的信用风险，但信用的缺失依然严重阻碍了小微企业融资的可能性。因此，李小金和许燕分别建立了银行—电商联合授信模型、基于 QFD 的线上供应链融资模式信用水平模型，通过验证提出了有效提高信用水平的政策建议。

第二节 电商供应链融资信任机制相关研究

一、信任机制理论基础研究

（一）信任问题分析

信息技术的高速发展、经济的全球化等因素使人类关系发生了根本性的变革，信任问题变得日益重要，也日益复杂。信任研究在社会学、心理学、经济学、管理学等众多学科领域成果斐然，但却由于其抽象性、广泛性和复杂性没能形成明确统一的概念界定，学者们更倾向于从学科背景和研究需求视角来对信任进行概念界定。

对信任问题的探索始于社会学领域，美国社会心理学家多伊奇（Deutsch，1958）最早通过囚徒困境实验开始在冲突的解决中探索信任问题。社会学家将信任理解为一种社会现象，如卢曼把行为者的期望作为定义信任的出发点，认为信任主要是一种社会结构和文化规范的现象，是靠着超越得到的信息，概括出的一种期待。由于有限理性的存在，人类无法获取完整的信息，因而，可以通过信任来弥补理性的不足以及由此带来的信息不完整的缺陷，来降低社会交往中的复杂性，确保内心的安全感。因此，信任是用来降低社会交往复杂性的“简化机制”。而经济学家主要从理性选择的角度来定义信任，认为信任是理性计算和理性认知的结果。

在经济学领域，对信任问题的研究开始得较晚，直到新制度经济学兴起后才成为经济学家的研究热点。古典经济学、新古典经济学均以理性经济人为假设，他们普遍将经济活动中人们的信任行为，看作以利益得失的算计为基础。亚当·斯密作为古典经济学的代表人物，其著作《国富论》中对“理性经济人”的认知广受推崇，但大多经济学家却忽略了其在《道德情操论》中提出的“道德人”观点，即人不仅是带有“利己”理性的经济人，同时也是带有“同情”人性的道德人，人具有守信的品质，如果欺诈盛行会导致经济社会的崩溃。新古典经济学沿用“理性经济人”假设，并且假设市场是完全竞争市场，信息对于交易双方而言是完全对等的，也就不存在违约、欺诈等信任问题。新制度经济学作为经济学流派的一个重要分支，吸纳了西蒙的“有限理性”理论，认为人具有界于“完全理性”与“非完全理性”之间，在一定限制条件下的理性，人通常不可能完全掌握决策的所有信息。随着新制度经济学的日益繁荣，交易成本理论、产权理论、组织理论、有限理性、机会主义、社会资本、监控成本、信息不对称等理论逐渐得到研究者的重视，信任问题也就再次成为了学术界的研究热点。学者们基于交易成本理论、信息不对称理论、委托代理理论、博弈论等，对不完备信息市场条件下产生的信用问题进行深入的研究，具体的信任机制理论演进脉络如图 2-1 所示。

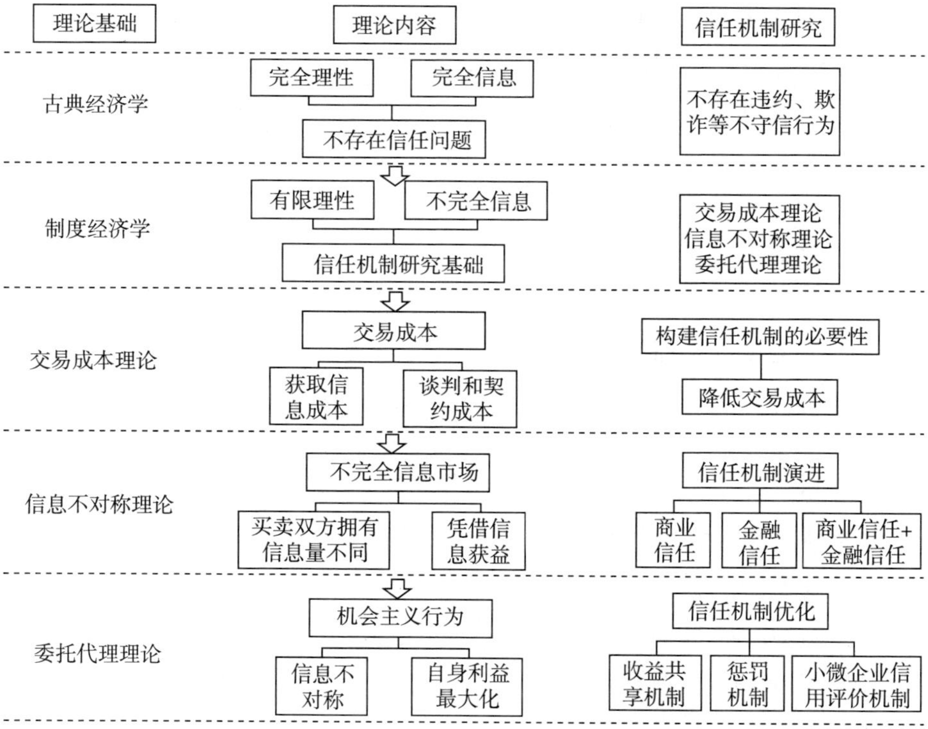

图 2-1 信任机制理论演进脉络

（二）基于交易成本理论的信任机制构建

英国经济学家科斯提出交易成本理论，并围绕交易成本节约这一中心，分析不同交易方式下协调交易成本的不同体制组织。科斯认为，交易成本是获得准确市场信息所需要的费用，以及谈判和经常性契约的费用，即交易成本包括信息搜寻成本、谈判成本、缔约成本、监督履约情况的成本和可能发生的处理违约行为的成本。威廉姆森进一步根据交易过程将交易成本分为事前（签约、谈判、保障契约等成本）与事后（适应性成本、讨价还价的成本、建构及营运的成本、约束成本）两大类。

在不完全信息的市场条件下，欺诈、违约等不守信事件时有发生，这些不诚信交易行为导致整个市场的交易成本上升，市场秩序遭到破坏，如融资过程中企业逾期不还款的违约行为往往会影响银行对贷款利率的设定，并且会逐渐导致银行对融资企业整体的信任度降低，最终使得整个金融市场的交易成本上升，因此信任对于交易成本有着重要影响。在此基础上，建立合理有效的信任机制，增加交易者之间的信任，使得由于不守信行为而上升的交易成本得以减少，对于营造良好的市场经济环境、推动市场有序快速向前发展有着重要意义。

电商供应链融资与传统供应链融资相比，交易成本从两方面发生了变化：一方面，电商平台在信息时代能够掌握融资企业的海量数据，这在一定程度上能够提升对于融资企业的信用评价准确性，降低其违约概率，进而降低了交易成本；另一方面，电子商务环境下融资参与主体更为复杂化，主体间的信任链条延伸，信任风险有所增加，从而使得交易成本上升。只有前者所降低的成本大于后者所提升的交易成本时，电商供应链融资才会形成稳定发展的趋势，因而探索融资参与主体间有效的信任机制，改善电商供应链融资信任环境，能够使电商供应链融资快速发展。

（三）基于信息不对称理论的信任机制演进

信息不对称这一现象早在 20 世纪 70 年代便受到三位美国经济学家（George Akerlof、Michael Spence、Joseph Stiglitz）的关注和研究，他们分别从商品交易、劳动力和金融市场三个领域对信息不对称现象进行研究，最终得出信息不对称理论。信息不对称理论是指在市场经济活动中，各类人员对有关信息的了解是有差异的；掌握信息比较充分的人员，往往处于比较有利的地位，而信息贫乏的人员，则处于比较不利的地位。该理论认为：市场中卖方比买方更了解有关商品的各种信息；掌握更多信息的一方可以通过向信息贫乏的一方传递可靠信息而在市场中获益。

在融资活动中，信息不对称是指资金供需双方拥有不同的信息量。由于小微企业自身资产不足、财务信息不透明等原因，银行等传统金融机构无法掌握其真实的发展信息，无法对其还债能力进行评估，从而不敢对小微企业放贷。随着供应链的不断发展，供应链核心企业与上下游企业之间逐渐形成稳定的商业信任，供应链运作机制中的商业信任机制也日趋完善。核心企业对其上下游企业的商业信任使得其愿意进行信用担保，为了降低供应链整体融资成本，提高融资效率，供应链融资模式应运而生。在传统供应链融资中，由于金融机构能够掌握大量关于供应链核心企业的信息，能对核心企业信用做出准确评估，因而在核心企业的信用担保下，将资金提供给处于核心企业上下游的小微企业，在一定程度上降低了金融机构与小微企业之间的信息不对称程度。将核心企业与小微企业商业信用转变为金融机构与小微企业间的金融信任，形成了供应链融资模式下的信任机制。但由于这种模式下金融机构并不能直接了解小微企业的财务信息，而是通过核心企业间接了解，金融机构无法直接对小微企业进行信用评估，因而道德风险和逆向选择问题依旧时有发生。

随着电子商务和大数据的发展，电商平台作为掌握大量企业交易数据的机构具备了对小微企业进行信用评估的数据基础，因而电商供应链融资逐渐活跃在金融市场中。电商供应链融资模式下，电商平台和小微企业间的商业信任与金融机构和电商平台间的商业信任共同构成了小微企业和金融机构间的金融信任，电商背景下的供应链融资信任机制也由此形成。电商平台拥有的线上交易信息与银行拥有的小微企业财务信息相结合，在很大程度上增加了资金供给方拥有的资金需求方信息量，有效解决了信息不对称带来的信任问题。但在电商供应链融资模式下信任机制出现了新的问题：一方面，传统融资企业信用评价中，金融机构大多依据企业财务信息、信贷记录等进行评估，而电子商务环境下，电商企业和金融机构对于融资企业的信用评价基于交易数据、财务信息和信贷记录等，因此信用评价指标需要适应新的评价信息，受信主体与授信主体间的信任机制需要进行修改完善。另一方面，金融机构过分依赖电商平台所提供的企业数据，造成了金融机构与电商平台间严重的信息不对称，电商平台可能会出于对自身利益的追求而向金融机构提供虚假数据信息，因此电商平台与金融机构间的信任机制需进一步优化以解决双方间的信息不对称问题。总之，在新的电商供应链融资模式中，受信主体与授信主体间以及授信主体之间的信任机制均需要优化完善，以促进电商供应链融资健康发展，信任机制的优化问题也成为学术界的研究热点。

（四）基于委托代理理论的信任机制优化

委托代理理论主要研究在利益相冲突和信息不对称情况下，委托人如何设计最优契约以激励代理人。其创始人包括威尔逊（Wilson，1969）、罗斯（Ross，1973）、米尔利斯（Mirrlees，1974）、霍姆斯特姆（Holmstrom，1979）和哈特（Hart，1983）等。委托代理理论认为，由于委托人和代理人之间客观上存在的信息不对称，当委托人与代理人的利益相互冲突时，代理人可能会从自身利益最大化出发而机会主义地行事，利用所掌握的信息优势而损害委托人利益。

在电商供应链融资模式中，金融机构委托电商平台依据其掌握的企业交易数据进行企业信用评价，金融机构与电商平台间就形成了委托代理关系，而电商平台可能出于自身利益最大化的考虑对金融机构的委托不努力，或者提供虚假信息，也就导致了金融机构与电商平台间的委托代理关系存在信任风险。这就需要建立适宜的信任机制来保证电商平台不损害金融机构的利益，如通过收益共享机制及惩罚机制来约束电商平台的机会主义行为，从而激励其采取符合金融机构利益的行为，达到优化电商供应链融资信任机制的目的。此外，小微企业信用评价机制的不断完善与优化也使得小微企业违约的可能性大幅降低，也就减少了小微企业的机会主义行为，成为优化电商供应链融资信任机制的有效途径。

二、供应链融资信任机制研究

在新的电子商务环境下，传统供应链融资与电子商务相结合产生了电商供应链模式，相应的电商供应链融资信任机制也产生了新的变化。传统供应链融资模式下金融机构基于供应链核心企业的信用延伸向其上下游企业放贷，供应链企业间商业交易形成的商业信任转换成金融机构与融资企业间的金融信任；电商供应链融资模式下金融机构向小微企业授信是基于小微企业的财务信息以及电商平台掌握的交易数据，电商平台和融资企业、电商平台和金融机构两阶段商业信任的传递形成了融资企业与金融机构间的金融信任。因此，本节从供应链主体间的商业信任以及资金供需双方之间的金融信任两部分对供应链融资信任机制研究进行文献梳理。

（一）供应链主体间商业信任相关研究

供应链主体间信任是指供应链中的供应商、制造商与客户等彼此之间的信任，是合作伙伴中的一方相信其他合作伙伴愿意且有能力完成其相应义务的承诺（Johnson，1996）。供应链中的信任关系可以分为两个层次：企业信任和人际信任。国内外对于供应链中人际信任的研究由来已久，主要是从心理学角度进行的，并且取得了诸多进展。行为理论甚至认为企业专属信任的来源是供应链主体间的人际信任，在供应链关系中具有主导性基础作用（Chen J.，2011；Tejpal G.，2013）。但是对于供应链来说，单从心理层面加以考虑可能会使相关结论有失偏颇。事实上，由于企业信任形成于商业交易过程，在很多情况下更为稳定，因此更能为构建良好供应链提供必要保障。基于此，本书中供应链主体间商业信任主要指供应链主体在交易过程中形成并发展的企业信任，而并非基于私人关系等形成的人际信任。

在供应链商业信任作用机理的研究中，学者们将研究对象聚焦于供应链整体，主要运用结构方程模型和层次回归分析法探索商业信任的作用，研究发现供应链主体间商业信任能够通过建立关系承诺（张旭梅等，2011）、提升主体间关系质量（刘胜春等，2015）等方式改善供应链主体关系，进而达到提高供应链合作绩效、维持供应链稳定（史丽萍等，2014）的目的。随着研究的进一步发展，商业信任的不同类型对供应链产生的影响是否不同成为新的研究话题。早期信任理论中（Morgan，1994；McAllister，1995），信任被认为是施信方对受信方的能力、诚实和善意等方面的信心，强调的是施信方对受信方的能力、诚实和善意等特征的积极信念，同时这些特征既反映了认知的成分，也反映了感情的成分。基于此，现有研究大体将供应链企业信任细分为计算或契约或制度信任，能力或认知信任，善意或情感信任。基于计算、契约或制度是交易伊始双方通过收益分析衡量或契约签订等形成的初始信任，在不断交易过程中双方逐渐相信合作者拥有完成承诺的能力而达成基于能力的能力或认知信任，最终交易双方达成协同合作追求利益最大化且不存在机会主义行为的善意或情感信任（戴安然等，2019）。供应链主体间的能力（认知）信任、善意（情感）信任促使各企业相信对方有实力、有能力完成交易的任务和目标，促进信息共享和可靠性认知，降低机会主义的发生倾向（乔琳等，2019），提高供应链合作的稳定性（王磊等，2019），加强供应链整合能力（曾敏刚等，2017）；而基于计算或契约或制度的信任对供应链整合的促进作用并不显著（高志军，2019），且当其过高时反而会降低供应链稳定性（姜骞，2016）。

商业信任对供应链合作绩效和合作稳定性有着明显的促进作用，因而学者们进一步研究商业信任的影响因素，探索提高供应链主体间商业信任的具体途径有着重要意义。学术界对于商业信任影响因素的研究大多集中于声誉、制度环境以及合作伙伴特性等方面。

第一，声誉影响因素。声誉作为影响商业信任的重要因素，自 Doney 和 Cannon 提出将声誉作为供应商企业的特性对信任进行测量以来，众多学者从声誉视角对商业信任进行研究。声誉是指企业在生产经营活动中所获得的社会公认的信誉和名声，是企业过去的一切行为和结果，在企业之间的交往中，声誉是企业拥有的最重要的无形资产之一。由于形成声誉需要经过长期积累，而失去声誉可能只需要一瞬间，因此声誉能够使企业减少机会主义行为，也就使得拥有声誉的企业能够更好地取得合作伙伴的信任，声誉对于信任的形成具有显著的促进作用（马胡杰等，2015）。在研究声誉对信任的影响时，Kreps、Milgrom 和 Roberts 等联合创建了标准声誉模型——KMRW 模型，认为在长期有限次不完全信息博弈中，囚徒困境中一方参与人判断另一方参与人是否为理性参与者的不确定性将导致合作均衡的出现。后续学者沿用 KMRW 模型，研究发现经多次交易累计形成的声誉具有揭示信息的功能，能够破解不完全信息下的囚徒困境，有效促进合作双方信任的形成（杨璐璐，2019）。

第二，制度环境影响因素。制度环境能够使合作双方的商业信任建立在社会机制的基础上，不同于基于个人特质或双方关系和情感等因素建立的信任，制度环境下信任的建立不再依赖人与人之间的熟悉程度或者交往时间长短，而是依据正式的、合法的社会规章制度（庞祯敬等，2019；Michael，2019）。这就表明制度环境不仅能够促进合作双方商业信任的形成（张海燕等，2017），更能够提高两者之间的信任程度（陈凡等，2020；徐尚昆，2021）。

第三，合作伙伴特性影响因素。合作伙伴之间的相互协作，有助于提升供应链各合作主体之间的运行绩效，保障供应链合作关系的稳定性（冷霄汉等，2019；李柏洲等，2020；王新宇等，2021）。个性特征包括参与方自身诸多的身份特征信息，这些信息可以提高他们的信任度，并促使交易的发生（熊雪等，2021）。对于不同个性特征的供应商而言，影响其可信度的因素包括企业声誉、产品因素、交易持续时间、关系专用投资、信息共享和及时供货能力等。

（二）供应链融资金融信任相关研究

Zucker 提出了三种在经济结构中建立信任的方式：基于过程的信任，是通过行为主体的经验或交易行为产生的信任；基于制度的信任，是由法律合同、立法等正式机制产生和维持的信任；基于特征的信任，是指由行为人自身的背景特征，如族群归属或家庭背景而产生的信任。综上所述，在供应链企业商业信任的影响因素研究中，声誉、制度环境与合作伙伴特性是信任最重要的三个影响因素，因而学术界也主要从声誉、制度以及特征三个角度研究金融信任。

首先，从声誉的角度研究金融信任机制。声誉作为信用的累积，能够提高融资成功率（于波等，2021），促进企业高质量发展（叶迪等，2021），从而声誉机制能够在一定条件下保证电商供应链融资过程中各方参与主体遵守承诺，保证金融信任的产生及维持，促进电商供应链融资的协调发展（袁成，2019；Bardsley，2019）。很多学者从不同角度探讨了基于声誉的金融信任机制构建方法：在定性分析方面，学者从理论分析的角度构建声誉机制下的信任理论模型（左正龙，2021）；在定量分析方面，部分学者利用神经网络算法（胡春华等，2021）建立信任模型，部分学者利用演化博弈研究互联网背景下的声誉信任机制（Chen Shiyi，2020；侯鑫彧等，2021）以及声誉信任机制失灵问题（安小雪等，2021），部分学者利用回归分析实证研究声誉对于企业信用融资规模的影响（郑超愚等，2021）。

其次，从制度的角度研究金融信任机制。目前学术界对于制度方面金融信任机制的建立主要从政策制度约束和契约制度约束两个方面进行。一方面，从宏观政策制度视角研究金融信任机制。基于制度的信任是社会信任的重要组成部分，其产生以一定的法律和管制为基础。随着我国市场经济的逐步发展，市场机制在供应链融资发展中发挥着重要作用，但供应链金融要想实现快速发展，就必须引入政府机制，通过政府的政策引导以及平台建设为供应链金融提供良好的市场运行环境，保障供应链金融中多方主体的利益，确保供应链金融的健康发展（王曙光等，2020）。吕怀立研究发现，国家不断出台并完善金融政策，在很大程度上缓解了信贷市场执行层面的相关顾虑，使得金融市场信用融资交易额猛增，极大促进了经济发展。另一方面，从契约制度视角研究供应链金融参与方的信任机制。在这一方面主要采用博弈方法进行研究，博弈论能够有效挖掘主体间信任关系建立的机理。供应链融资契约作为一种制度信任，一直是国内外学者的研究重点，其中收益共享契约是近年来研究较多的契约融资办法。在决策分散的情况下，供应链中各个商家最看重自己的最大收益，这会造成整体效益偏低，比不上决策集中情况下的效益，也就是每一个体的理性决策带来了群体行为的非理性（金香淑等，2020）。为了避免这一非理性现象的产生，企业成员就要借助收益共享的方法来协调相互间的关系，增加彼此之间的制度信任，从而使各方利益均实现增加（谭喻萦等，2019）。

最后，从特性的角度研究金融信任机制。其主要是指金融机构基于融资企业的特性对其进行信用评价，从而决定是否授信，因而对其相关文献的梳理主要是针对信用评价指标体系及其评价方法，属于本书研究的一大主体，故在本章第三节进行详细的文献梳理。

第三节　小微企业信用评价研究

一、小微企业信用评价指标体系研究

信用评价是指评价主体依据标准的指标体系和评价方法，对被评价对象进行信用评级的过程。信用评价指标体系作为一个完整的体系，通常包括信用评价指标、信用评价权重、信用评价方法和信用评价标准等要素。

小微企业受到自身规模、实力等限制，往往不具备健全的财务制度以及完备的财务信息，导致在信用评级方面难以快速、准确地对其真实情况进行评价。而信用评价缺失是阻碍小微企业融资的重要因素，因此，构建一套系统、客观的小微企业信用评价指标体系，可以降低评估过程中出现的误差，为进行全面的信用评价提供可靠的依据。国内外学者也对此进行了较为广泛的研究与探讨，主要从两方面展开：一是信用评价指标体系的构建，学者们从不同角度进行了探索；二是指标筛选的方法研究，为了得到更加客观的指标体系，对不同的筛选方法进行了比较和研究。

国外对于信用评价指标体系的研究起步较早，美国穆迪公司从社会实际出发，重点关注了企业的资本结构、销售增长；标准普尔（S&P）将评价指标划分为财务指标和经营指标两类；在这之后提出的信用 5C 评价法，奠定了信用评价的理论基础。但上述有关理论都以国外的政治、社会、经济环境为背景，因此如何在借鉴国外经验的前提下，探讨符合我国实际情况的信用评价指标体系成为现阶段重点关注的问题。

在信用评价指标体系的构建方面，国内众多学者都提出了自己的观点，依据指标的分类可将相关研究过程分为三个阶段：第一阶段是基于财务指标的信用评价阶段。在此阶段仅以小微企业自身财务指标为基础，主要研究财务状况对信用评价的影响。吴金星选择对企业的盈利能力和偿债能力等财务指标进行探究，通过层次分析、聚类分析等方法对指标赋权后得到信用评价指标体系；王新红重点

研究了企业的偿债能力，将其划分为偿债能力指标、偿债意愿指标，并以此为基础建立指标体系。

但上述研究仅停留在基础的财务指标定量分析上，因此第二阶段是基于财务与非财务指标的综合评价阶段。谭中明根据小微企业的信用特征和经营管理特点，将指标划分为定性指标和定量指标，其中定性指标主要是企业的基础素质，定量指标则从财务状况、经营创新、经济生态等方面进行确定；类似地，侯昊鹏也将指标划分为评估指标和关注指标。霍海涛将一级指标分为财务和非财务两大类；邹小芃全面梳理了指标理论基础，选择对企业的基本经营情况、外部环境的状况和企业未来的发展趋势进行深入探究；侯赟慧和张可基于企业基本情况、企业管理水平、企业财务信息、企业的发展能力和企业信用行为五个方面，建立了一套适用于电商平台交易环境的信用评价考核指标体系；孙玥璠建立了包括企业基本信息、动态财务指标、静态消费者评价指标和其他补充外部资料指标在内的信用评价指标体系；邓爱民重点关注了第三方物流企业的信用能力和竞争能力，并结合供应链各主体间的合作关系构建了相应的指标体系；Rao Congjun 针对农产品行业的企业供应链融资信用特征，在传统财务指标基础上综合考虑特征指标并将其划分为静态指标和动态指标。

随着供应链交易复杂程度的变化，仅考虑融资企业自身风险因素是不够的，因此第三阶段——多主体信用评价阶段，不仅考虑融资企业自身的风险因素，而且将评价范围进一步扩大到其他相关主体及主体间的关系上来。夏立明整体考虑融资过程各环节，根据不同环节和主体将指标体系划分为三部分，分别是以融资对象为主体的风险评价阶段、以融资项目为主体的风险评价阶段和以外部环境为主体的风险评价阶段；戴昕琦则从主体角度进行了融资企业自身的风险评价、核心企业的风险评价以及供应链整体运营状况方面的风险评价，综合以上三个角度形成了指标体系；刘长义和张目在选取指标时也综合考虑了融资企业自身情况、核心企业情况、供应链运营情况以及各主体间的关系情况。在此阶段，指标体系构建的全面性和客观性得到进一步提升。表 2-1 是对三个阶段下学者们构建的指标体系的内容比较。

在建立信用评价指标体系的过程中，方法的选择对结果的准确性也有较大影响。学者们对构建指标体系所用的方法，尤其是指标筛选方法和指标权重的确定方法进行了广泛讨论。指标的筛选一直是指标体系构建过程中的重难点，国内外众多学者也在此问题上进行了深入的探索。Sohn 和 Jeon 通过 Weibull 模型对指标进行筛选，用筛选后得到的相关指标建立了信用评价模型；Hammer 和龚玲玲不谋而合，都选择了逻辑回归方程作为影响因素筛选的基础方法。迟国泰运用支持向量机的方法，对影响因素进行筛选并建立指标体系；李战江在单一筛选方法的基础上，运用 Brown-Mood 中位数检验组合模型，对指标进行了双重筛选，并建立了微型企业信用评价指标体系；朱宗元和满向昱建立了 Laso-logistic 评估模型，并通过实证研究检验了 Laso-logistic 模型除了在指标筛选方面具有优势，还可以进行进一步的影响因素分析和评估；时晨综合运用了主成分分析法、变异系数法、R 聚类法等方法，对指标体系进行了筛选；刘雨萌使用非参数贝叶斯判别和非参数聚类方法对指标进行双重筛选。肖会敏运用结构方程（SEM）探讨了各影响因素对互联网金融企业信用水平的影响程度。对于指标权重的确定，运用较广泛的方法主要有层次分析法和熵值法等。

表 2-1　小微企业信用评价指标体系构建内容对比

阶段	指标体系构建内容	代表作者
财务指标阶段	一般包括盈利能力、偿债能力等相关财务指标	吴金星、王新红等
财务与非财务指标阶段	财务指标通常包括盈利能力、偿债能力、经营能力；非财务指标通常包括企业特质、经营者特质、产品情况、服务水平、成长能力、创新能力、合作能力、企业信誉、消费者评价、行业环境、法律政策等	谭中明、侯昊鹏、邹小芃、张可、丰景春、邓爱民等
多主体信用评价阶段	根据主体的不同一般可分为融资企业信用影响因素、电商平台信用影响因素、物流企业信用影响因素、融资机构影响因素、电商供应链融资项目影响因素、电商供应链运营影响因素、宏观环境影响因素	夏立明、戴昕琦、刘长义、张目等

二、小微企业信用评价方法研究

信用评价问题一直是国内外学者们研究的热点问题，为了获得更准确和更客观的评价结果，学者们创新的信用评价方法也层出不穷。但综观对评价方法的研究历程，可以看到其呈现出了一种从静态评价到动态评价的转变趋势，因此本节将从这两方面入手，对国内外相关研究结论进行梳理和总结。

在静态评价研究领域中，Altman 最早提出了运用 Z-scores 模型进行企业信用评价，也是提倡企业信用量化分析理论的代表性学者之一，为后续研究奠定了理论基础。接下来 Altman 和 Narayanan 对 Z-scores 模型进行了进一步的修改与完善，并在原有基础上引入了风险观念和规模效果变量，从而提高了评价结果的准确性。Martin 是 Logistic 回归模型的最早创立者之一，他还运用实际商业银行财务数据验证了 Logistic 回归模型的有效性。此外，神经网络模型、支持向量机、信用风险附加模型和信用矩阵模型都是国外学者的重点研究方法，也奠定了国内外研究的基础。随着近年来互联网的发展，数据挖掘技术也开始应用于信用评估过程，Gulsoy 提出了一种针对小微企业商业公司客户贷款过程的客观风险衡量方法，并在实际操作中证明了该方法的准确率。

国内学者在分析研究上述理论成果的基础上，对比分析了各国小微企业信用评价模型的优劣势，并不断结合我国社会实际情况，探索、改进适用于我国小微企业的信用评价方法。刘澄将模糊集理论与向量投影技术运用在小微企业信用评估过程中，提高了该模型在信用评价过程中的准确度。李敬明和周茜都对层次分析法进行了改进，李敬明将信息熵与层次分析法相结合，增强了指标权重的客观性；周茜将改进的层次分析法和区间数 DEMATEL 法相结合，提高了影响因素选择过程的准确性。Logistic 回归模型也是研究的重点，满向昱和朱宗元都运用了 Laso-logistic 评估模型进行信用影响因素的识别和信用评估；毛茜针对不同阶段下的信用风险特点，建立了 Logistic-BP 神经网络组合模型，并通过算例验证了组合模型在风险评价方面的准确度优于单一模型。在神经网络模型研究方面，肖斌卿对其进行了细致分析，运用实证研究证明了模糊神经网络模型的准确性和稳定性；胡贤德创新性地提出了 IDGSO-BP 模型，并验证了该模型在小微企业信用评估方面的优势。在数据收集方面，张大斌和袁海瑛分别采用了差分进化自动聚类和层次聚类的方法，提高了数据收集的速度和准确度。此外，王坤和唐浩坤都采用了博弈理论，来分析影响博弈双方策略选择的重要参数。

但上述研究多为静态信用评价，较少考虑时间的延续性问题，只注重在某一时点上的信用水平，而忽视了数据的突变性以及信用发展趋势。近些年来，学者们开始对基于时序数据的动态信用评价体系进行初步探索。杨韵最早在 C2C 电商交易过程中引入了动态信用评价体系，构建了动态信用评价模型，该模型为后续动态信用评价的研究提供了借鉴。张发明在小微企业动态信用评价方面进行了深入的研究，创新了动态信用评价方法。他先将 SOM 与 K-means 算法相结合，并运用到动态信用评价领域，在此基础上，又引入了模糊聚类分析对 SOM-K-means 算法进行了完善和改进，对评价信息进行二次组合，并依托信用评价的变动趋势得到最终的结果，在实际的评价过程中也证明了该方法的有效性。此外，张发明将传统 TOPSIS 与灰色关联度分析方法相结合，提出了基于 TOPSIS-GRA 的动态信用评价方法，并且引入了风险抗性奖惩量，优化了动态信用评价方法。卢星云在动态信用评价方面也进行了深入研究，特别是在数据选取方面实现了一定的突破和创新，以灰色模糊聚类分析为基础建立的动态信用评价模型，能够较好地提高评价结果的准确性，弥补了数据单一造成的信用评价偏差。于婷将序关系分析法和熵值法进行了结合，并运用数据加以实证分析。李小霜、丰景春在建立动态信用评价模型时，都运用了厚今薄古的时间权重确定方法，为动态信用研究提供了新的思路。

本节对静态评价阶段和动态评价阶段的典型方法进行了梳理与比较，具体如表 2-2 所示。通过对比可知，在静态评价阶段，学者们多以模糊集理论、Logistic 法、神经网络为研究基础，进行多方法的结合或优化，经过改进的评价方法具有较好的准确性和稳定性，但同时存在使用范围较窄、动态性差的特点。动态评价阶段很大程度上弥补了静态评价方法研究时点的单一性、数据突变性的缺点，还增强了预测性，因此是对静态评价方法的精进和完善。但由于目前动态评价方法的研究还不够成熟，因此各动态评价方法的适用性还有待进一步加强。

表 2-2　信用评价方法对比

阶段	评价方法	优势	劣势
静态评价阶段	模糊集理论与向量投影	等级评价的准确度较高	适用范围较窄
	Laso-logistic 评估模型	准确率较高、外推性好	对数据质量要求高
	Logistic-BP 神经网络组合模型	较好的精确性和稳定性	适用范围较窄
	模糊神经网络	较好的精确性和稳定性	不具有动态性
	IDGSO-BP 模型	较高的运算速度和准确度	未有理论验证
动态评价阶段	动态信用评价模型	简单易用，算法规范，可通过计算机实现	适用范围较窄
	SOM-K-mean 动态信用评价方法	较高的准确性、动态性	适用范围较窄
	TOPSIS-GRA 动态信用评价	精确性、稳定性和预测性	适用范围较窄
	灰色模糊聚类分析	提高了评价结果的全面性	适用范围较窄
	时序关系分析法和熵值法	增强了客观性和准确性	适用范围较窄

第四节　本章小结

对相关文献进行梳理后发现，目前国内外对供应链融资中信用评价问题的研究已经取得了一定成果，但在某些方面还存在着明显的不足，有较大的改进空间，得到的相关结论如下：

（1）根据上述文献的梳理与分析，可以看出国内外学者在电商平台供应链融资方面已取得了较大的成果，特别是在基础性研究方面，理论研究已趋近成熟。但同时也应看到，对电商供应链融资下的小微企业信用研究还有待加强，尤其是信用评价方面，目前研究范围还较小、研究对象较为单一、研究方法还不全面，需要不断地完善与修正。

（2）在电商供应链融资信任机制研究方面，目前学术界大多基于特征、制度、声誉的视角研究如何构建电商供应链融资信任机制，缺乏从电商供应链融资中商业信任向金融信任传导机制及其影响因素的角度对电商供应链融资信任传导机制进行研究。另外，在电商供应链融资参与主体博弈模型构建的研究中，以往研究大多基于融资活动中所涉及的金融参数设计博弈模型，忽视了主体之间信任程度对于博弈策略选择的影响，在电商供应链融资模型中加入信任因素进行模型建构的研究较少。因此，需要从供应链融资参与主体间信任影响入手，引入信任相关参数建构电商供应链融资信任博弈模型，进而分析从商业信任到金融信任的传导机制及其影响因素。

（3）在小微企业信用指标体系的构建方面，当前学者们所选指标多以企业的财务状况为基础，以企业发展前景、各融资主体间关系和行业背景为补充。应加强对财务信息不完善的小微企业的研究，找到既能替代普通指标，又具有科学性、客观性，同时能够量化的信用评价影响因素。同时，指标的筛选过程和权重的确定也有待进一步提高客观性和科学性。另外，对于动态信用评价方法的研究还处于初步探索阶段，虽然目前有关信用评价的研究已经呈现出从静态指标体系向动态指标体系转变的趋势，但是现有研究对于“动态性”的诠释尚不够充分，尚未形成系统化的动态信用评价体系。本书基于特征、来源、时间的视角构建三维动态信用评价指标体系，并将模型应用于实践，弥补研究的不足。

（4）缺乏将新兴融资模式与信用评价体系相结合的策略研究。小微企业在行业分布和融资环境上具有一定的特殊性，资金供给资源虽然丰富但是对于小微企业的资金供给指向性欠佳，究其根源主要在于信用评价体系有待完善。因此有必要充分挖掘大数据资源，针对主体间合作方式、授信机理、信用评价体系构建等展开策略研究。

第三章　供应链融资发展的政策背景与典型案例

政策支持是供应链融资快速发展的重要保障，本章首先梳理了 2012 年以来关于供应链融资的相关政策，在此基础上分别对以金融机构为核心和以大型企业集团为核心的供应链融资业务的模式及典型案例展开分析。

第一节　供应链融资相关政策背景

本部分的数据收集对象为国家层面和地方层面各项政策中包含供应链融资词条的文本。运用《中国法律检索系统》，通过设定“供应链金融”“供应链融资”为关键词对政策法规进行全文检索。

一、供应链融资相关政策文本分析

2012 年以来，我国各级部门在各类文件中越来越多地提到“推动供应链金融，创新供应链金融服务模式”。截至 2021 年 3 月底，国家层面与供应链金融相关的政策文本共 153 项。其中党的政策法规 3 项、法律 2 项、行政法规 27 项、部门规章 121 项，党的方针政策 3 项。国家层面供应链融资相关政策数量变化趋势见图 3-1。

图 3-1 显示了国家层面供应链融资相关政策的数量变化趋势，从图 3-1 中不难看出，2015 年以前，我国供应链融资相关政策数量较少，普遍维持在 10 项左右，随着我国对供应链融资的逐渐重视，从 2016 年开始，供应链融资相关政策大幅增加，2020 年达到近十年来的峰值，达 42 项。由此可见，近几年国家对于供应链融资的创新发展越来越重视。

供应链融资相关政策的具体统计结果见表 3-1。

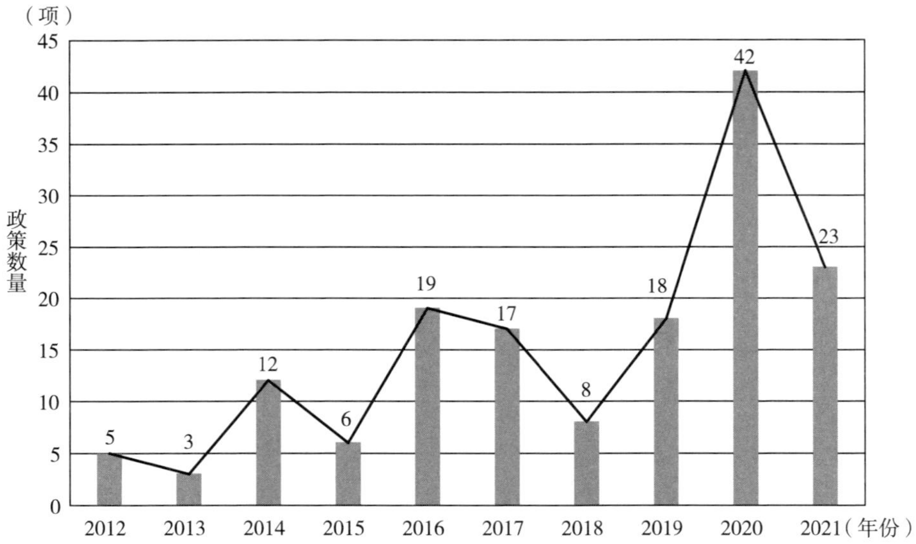

图 3-1　国家层面供应链融资相关政策数量变化趋势

表 3-1　供应链融资相关政策文本统计

序号	效力级别	文件名称	发布时间	相关条款描述
1	党的政策法规	中共中央、国务院印发成渝地区双城经济圈建设规划纲要	2021 年 10 月	推进中新（重庆）战略性互联互通示范项目，合规有序发展供应链金融和特色跨境金融服务平台，依托贸易金融区块链平台，探索形成贸易金融区块链标准体系
2		中共中央、国务院印发海南自由贸易港建设总体方案	2020 年 6 月	支持涉海高新技术企业利用股权、知识产权开展质押融资，规范、稳妥开发航运物流金融产品和供应链融资产品
3		中共中央办公厅、国务院办公厅印发关于促进中小企业健康发展的指导意见	2019 年 4 月	研究促进中小企业依托应收账款、供应链金融、特许经营权等进行融资
1	法律	第十三届全国人民代表大会第四次会议关于 2020 年国民经济和社会发展计划执行情况与 2021 年国民经济和社会发展计划的决议	2021 年 3 月	创新供应链金融服务模式
2		中华人民共和国国民经济和社会发展第十四个五年规划和 2035 年远景目标纲要	2021 年 3 月	聚焦提高要素配置效率，推动供应链金融、信息数据、人力资源等服务创新发展

续表

序号	效力级别	文件名称	发布时间	相关条款描述
1	行政法规	国务院关于落实《政府工作报告》重点工作分工的意见	2020 年 9 月	在有效防控风险的前提下，推进大数据、云计算、人工智能、区块链等技术发展融合，加快区块链在商品溯源、跨境汇款、供应链金融和电子票据等数字化场景应用，推动更多企业“上云上平台”
2		国务院关于印发新时期促进集成电路产业和软件产业高质量发展若干政策的通知	2020 年 7 月	鼓励地方政府建立贷款风险补偿机制，支持集成电路企业、软件企业通过知识产权质押融资、股权质押融资、应收账款质押融资、供应链金融、科技及知识产权保险等手段获得商业贷款
3		国务院办公厅关于支持出口产品转内销的实施意见	2020 年 6 月	鼓励各类金融机构对出口产品转内销提供金融支持，加强供应链金融服务，结合实际开展内销保险项下的保单融资业务，加大流动性资金贷款等经营周转类信贷支持
4		国务院办公厅转发国家发展改革委交通运输部关于进一步降低物流成本实施意见的通知	2020 年 5 月	引导银行业金融机构加强对物流企业融资支持，鼓励规范发展供应链金融，依托核心企业加强对上下游小微企业的金融服务
5		国务院关于印发 6 个新设自由贸易试验区总体方案的通知	2019 年 8 月	在有效防范风险的基础上，稳妥有序开展供应链金融业务，探索债券、股权融资支持工具试点
6		国务院关于乡村产业发展情况的报告	2019 年 4 月	支持发展农业供应链金融
7		国务院办公厅关于印发文化体制改革中经营性文化事业单位转制为企业和进一步支持文化企业发展两个规定的通知（2018）	2018 年 12 月	在风险可控、商业可持续原则下，进一步推广知识产权质押融资、供应链融资、并购融资、订单融资等贷款业务，加大对文化企业的有效信贷投入
8		国务院关于同意深化服务贸易创新发展试点的批复	2018 年 6 月	大力发展出口信用保险保单融资、供应链融资、海外并购融资、应收账款质押贷款和融资租赁等业务
9		国务院办公厅关于积极推进供应链创新与应用的指导意见	2017 年 10 月	供应链金融的规范发展，有利于拓宽中小微企业的融资渠道，确保资金流向实体经济

续表

序号	效力级别	文件名称	发布时间	相关条款描述
10	行政法规	国务院关于印发中国（陕西）自由贸易试验区总体方案的通知	2017年3月	鼓励各类金融机构创新供应链融资、贸易融资等业务
11		国务院关于印发“十三五”促进就业规划的通知	2017年1月	综合运用差别化存款准备金率、再贷款、信贷政策导向效果评估等多种政策工具，引导金融机构开展应收账款融资、动产融资、供应链融资等创新业务，优化小微企业融资环境
12		国务院关于印发“十三五”国家战略性新兴产业发展规划的通知	2016年11月	鼓励建设数字创意、软件等领域无形资产确权、评估、质押、流转体系，积极推进知识产权质押融资、股权质押融资、供应链融资、科技保险等金融产品创新
13		国务院办公厅关于完善支持政策促进农民持续增收的若干意见	2016年11月	鼓励大型粮油加工企业与农户以供应链融资等方式结成更紧密的利益共同体
14		国务院办公厅关于推动实体零售创新转型的意见	2016年11月	创新发展供应链融资等融资方式，拓宽企业融资渠道
15		国务院关于同意开展服务贸易创新发展试点的批复	2016年2月	鼓励金融机构积极创新适合服务贸易特点的金融服务，扩大出口信用保险保单融资，大力发展供应链融资、海外并购融资、应收账款质押贷款和融资租赁等业务
16		国务院关于积极推进“互联网+”行动的指导意见	2015年7月	完善线上信用评价和供应链融资体系，开展在线竞价，发布价格交易指数，提高稳定供给能力，增强主要再生资源品种的定价权
17		国务院关于加快发展服务贸易的若干意见	2015年1月	加强金融服务体系建设，鼓励金融机构在风险可控的前提下创新金融产品和服务，开展供应链融资、海外并购融资、应收账款质押贷款、仓单质押贷款、融资租赁等业务
18		国务院办公厅关于促进内贸流通健康发展的若干意见	2014年10月	落实小微企业融资支持政策，推动商业银行开发符合商贸流通行业特点的融资产品，在充分把控行业和产业链风险的基础上，发展商圈融资、供应链融资，完善小微商贸流通企业融资环境

续表

序号	效力级别	文件名称	发布时间	相关条款描述
19	行政法规	国务院关于加快发展生产性服务业促进产业结构调整升级的指导意见	2014年7月	鼓励商业银行按照风险可控、商业可持续原则，开发适合生产性服务业特点的各类金融产品和服务，积极发展商圈融资、供应链融资等融资方式
20		国务院办公厅关于支持外贸稳定增长的若干意见	2014年5月	完善中资金融机构全球授信管理，加强与重点行业出口企业合作，稳步将供应链融资延伸到境外
21		国务院办公厅关于印发文化体制改革中经营性文化事业单位转制为企业和进一步支持文化企业发展两个规定的通知	2014年4月	在风险可控、商业可持续原则下，进一步推广知识产权质押融资、供应链融资、并购融资、订单融资等贷款业务，加大对文化企业的有效信贷投入
22		国务院关于加快发展对外文化贸易的意见	2014年3月	鼓励金融机构按照风险可控、商业可持续原则探索适合对外文化贸易特点的信贷产品和贷款模式，开展供应链融资等业务
23		国务院关于农村金融改革发展工作情况的报告	2013年6月	陆续总结推广了湖南耒阳油茶林权抵押贷款、山西订单农业和供应链融资等创新产品和典型做法，对进一步完善农村金融服务发挥了积极作用
24		国务院办公厅关于印发深化流通体制改革加快流通产业发展重点工作部门分工方案的通知	2013年5月	改进信贷管理，发展融资租赁、商圈融资、供应链融资、商业保理等业务
25		国务院关于深化流通体制改革加快流通产业发展的意见	2012年8月	改进信贷管理，发展融资租赁、商圈融资、供应链融资、商业保理等业务
26		国务院办公厅关于印发进一步支持小型微型企业健康发展重点工作部门分工方案的通知	2012年8月	积极发展商圈融资、供应链融资等融资方式
27		国务院关于进一步支持小型微型企业健康发展的意见	2012年4月	支持商业银行开发适合小型微型企业特点的各类金融产品和服务，积极发展商圈融资、供应链融资等融资方式

续表

序号	效力级别	文件名称	发布时间	相关条款描述
1	部门规章	中国人民银行、工业和信息化部、司法部等关于规范发展供应链金融支持供应链产业链稳定循环和优化升级的意见	2020年9月	准确把握供应链金融的内涵和发展方向
2		工业和信息化部、人民银行、银保监会、证监会关于加强产融合作推动工业绿色发展的指导意见	2021年9月	根据产业链数字图谱和重点行业碳达峰路线图，创新发展供应链金融，以绿色低碳效益明显的产业链领航企业、制造业单项冠军企业和专精特新“小巨人”企业为核心，加强对上下游小微企业的金融服务
3		商务部等9部门关于印发《商贸物流高质量发展专项行动计划（2021—2025年）》的通知	2021年8月	引导银行业金融机构规范发展供应链金融、普惠金融，加大对中小微商贸物流企业的信贷支持
4		住房和城乡建设部办公厅关于印发智能建造与新型建筑工业化协同发展可复制经验做法清单（第一批）的通知	2021年7月	培育集电子化招标、网上交易、供应链金融、物流服务于一体的工程物资采购类产业互联网平台
5		工业和信息化部办公厅关于组织开展2021年工业互联网平台创新领航应用案例征集活动的通知	2021年6月	实现产品追溯、远程运维、分享制造、供应链金融、回收利用等服务模式创新
6		商务部等17部门关于加强县域商业体系建设　促进农村消费的意见	2021年6月	加强银企合作，深化信息协同和科技赋能，为县域商贸、物流、供销等领域企业和合作社提供资金结算、供应链融资、财务管理等服务
7		中国人民银行关于深入开展中小微企业金融服务能力提升工程的通知	2021年6月	大力推动供应链金融服务，鼓励银行业金融机构依托人民银行征信中心应收账款融资服务平台，为供应链上下游中小微企业提供融资支持
8		中国人民银行、银保监会、证监会等关于金融支持巩固拓展脱贫攻坚成果　全面推进乡村振兴的意见	2021年6月	发挥优质核心企业作用，加强金融机构与核心企业协同配合，因地制宜创新供应链金融产品
9		农业农村部关于加快农业全产业链培育发展的指导意见	2021年5月	支持开展供应链金融，引导龙头企业为全产业链上的小农户和新型经营主体提供担保和增信服务

续表

序号	效力级别	文件名称	发布时间	相关条款描述
10	部门规章	人民银行、中央农办、农业农村部等关于金融支持新型农业经营主体发展的意见	2021年5月	鼓励农业产业化龙头企业、农民合作社及其联合社为其带动的家庭农场、农户等提供担保增信，创新订单、仓单、存货、应收账款融资等供应链金融产品，探索开展“托管贷”业务
11		国家发展改革委、工业和信息化部、财政部、人民银行关于做好2021年降成本重点工作的通知	2021年4月	创新供应链金融服务模式，以产业链和供应链为切入点，推广供应链票据和应收账款确权，增强银行与产业链的融合度和协同性
12		工业和信息化部办公厅关于组织开展2021年新一代信息技术与制造业融合发展试点示范申报工作的通知	2021年4月	鼓励企业开展以供应链高效协同管控、供应链快速响应与业务稳定性管理、集中采购、智慧物流、供应链金融为代表的供应链数字化管理与服务
13		农业农村部办公厅、国家乡村振兴局综合司关于印发《社会资本投资农业农村指引（2021年）》的通知	2021年4月	加快健全商业性、合作性和政策性、开发性金融，以及信贷担保等为重要内容的多层次农村金融服务体系，发展供应链金融，不断加大对社会资本投资农业农村的支持力度
14		银保监会办公厅关于2021年银行业保险业高质量服务乡村振兴的通知	2021年4月	大力发展农业供应链金融，重点支持县域优势特色产业，带动农民分享产业增值收益
15		银保监会办公厅关于2021年进一步推动小微企业金融服务高质量发展的通知	2021年4月	加强产业链供应链金融创新，助力与资金链有效对接
16		商务部等8单位关于开展全国供应链创新与应用示范创建工作的通知	2021年3月	鼓励金融机构积极发展流程型、智能型供应链金融业务，为上下游企业提供基于供应链的授信、保理、结算、保险等金融服务
17		国家发展改革委、教育部、科技部等关于加快推动制造服务业高质量发展的意见	2021年3月	创新发展供应链金融，逐步发展大型设备、公用设施、生产线等领域的设备租赁和融资租赁服务，开发适合制造服务业特点的金融产品，鼓励创投机构加大对制造服务业的资本投入

续表

序号	效力级别	文件名称	发布时间	相关条款描述
18	部门规章	国家发展改革委、科技部、工业和信息化部等关于依托现有各类园区加强返乡入乡创业园建设的意见	2021 年 3 月	大力发展供应链金融，引导金融机构与园区内产业链龙头企业合作，为上下游返乡入乡创业企业依法合规提供多样化产品和服务
19		银保监会、财政部、中国人民银行、国家乡村振兴局关于深入扎实做好过渡期脱贫人口小额信贷工作的通知	2021 年 3 月	推动开展供应链金融、批量授信、快速审批等信贷新模式，开展高效便捷金融服务
20		商务部办公厅关于印发商务领域促进汽车消费工作指引和部分地方经验做法的通知	2021 年 2 月	针对汽车库存融资、供应链金融等提供特色金融服务，更好满足多样化需求
21		国资委科创局关于发布 2020 年国有企业数字化转型典型案例的通知	2021 年 2 月	引金融活水—中国电建供应链金融共享服务平台
22		工业和信息化部办公厅关于组织开展 2020 年制造业与互联网融合发展试点示范项目申报工作的通知	2020 年 10 月	鼓励企业开展以供应链协同一体化、供应链业务连续性管理、集中采购、智慧物流、供应链金融为代表的供应链管控与服务
23		国家发展改革委、科技部、工业和信息化部等关于支持民营企业加快改革发展与转型升级的实施意见	2020 年 10 月	支持大型企业协助上下游企业开展供应链融资
24		交通运输部关于中国远洋海运集团有限公司开展绿色航运建设等交通强国建设试点工作的意见	2020 年 9 月	发展供应链金融
25		中国人民银行、工业和信息化部、司法部等关于规范发展供应链金融 支持供应链产业链稳定循环和优化升级的意见	2020 年 9 月	探索提升供应链融资结算线上化和数字化水平
26		中国证券监督管理委员会第十八届发审委 2020 年第 138 次会议审核结果公告	2020 年 9 月	发行人是否存在与商业银行签署票据池、“产业链”业务等供应链金融服务合作协议的情形
27		国家发展改革委、工业和信息化部、公安部等关于印发《推动物流业制造业深度融合创新发展实施方案》的通知	2020 年 8 月	鼓励供应链核心制造企业或平台企业与金融机构深度合作，整合物流、信息流、资金流等信息，为包括物流、快递企业在内的上下游企业提供增信支持，妥善促进供应链金融发展

续表

序号	效力级别	文件名称	发布时间	相关条款描述
28	部门规章	国务院国资委办公厅关于加快推进国有企业数字化转型工作的通知	2020年8月	加强跨界合作创新，与内外部生态合作伙伴共同探索形成融合、共生、互补、互利的合作模式和商业模式，培育供应链金融、网络化协同、个性化定制、服务化延伸等新模式
29		国管局办公室关于2020年度中央国家机关会计专业技术人员继续教育有关事项的通知	2020年8月	企业融资创新：供应链金融ABC
30		工业和信息化部、财政部、中国人民银行等关于组织申报第二批产融合作试点城市的通知	2020年7月	优化供应链金融，保障产业链供应链稳定
31		商务部办公厅、财政部办公厅、人力资源和社会保障部办公厅等关于开展小店经济推进行动的通知	2020年7月	支持金融机构与供应链核心企业、电商平台合作，基于企业间信用关系，依法依规为小店提供信用贷款及订单、仓单、应收账款融资等供应链金融产品
32		银保监会办公厅关于做好洪涝地质灾害应急应对及灾后重建金融支持工作的通知	2020年7月	指导辖内银行保险机构优化供应链金融服务，加强对产业链核心企业及上下游企业的信贷支持，利用供应链业务系统，通过线上线下相结合的方式，为灾区企业提供方便快捷的供应链融资服务
33		国家发展改革委、工业和信息化部、财政部、人民银行关于做好2020年降成本重点工作的通知	2020年7月	大力发展供应链金融，探索推进用银行保函、保险等方式缴纳保证金
34		工业和信息化部、发展改革委、科技部等关于健全支持中小企业发展制度的若干意见	2020年7月	鼓励金融机构创新产品和服务，发展便利续贷业务和信用贷款，增加小微企业首贷、中长期贷款、知识产权质押贷款等，开展供应链金融、应收账款融资，加强银税互动
35		工业和信息化部、发展改革委、教育部等关于进一步促进服务型制造发展的指导意见	2020年6月	支持领军企业整合产业链与信息链，发挥业务合作对风险防控的积极作用，配合金融机构开展供应链金融业务，提高上下游中小企业融资能力

续表

序号	效力级别	文件名称	发布时间	相关条款描述
36	部门规章	标准化票据管理办法	2020 年 6 月	为规范标准化票据融资机制，更好服务中小企业融资和供应链金融发展，中国人民银行制定了《标准化票据管理办法》
37		交通运输部关于湖北省开展现代内河航运建设等交通强国建设试点工作的意见	2020 年 6 月	推进武汉阳逻港铁水联运、长江经济带国家粮食物流核心枢纽和粮食现代物流供应链金融服务平台等建设
38		中国证券监督管理委员会关于发行审核业务问答部分条款调整事项的通知	2020 年 6 月	与公司主营业务发展密切相关，符合业态所需、行业发展惯例及产业政策的融资租赁、商业保理及供应链金融，暂不纳入类金融计算口径
39		中国人民银行、银保监会、发展改革委等关于进一步强化中小微企业金融服务的指导意见	2020 年 5 月	支持对中小微企业开展供应链金融服务
40		国家发展改革委、公安部、财政部等关于进一步优化发展环境　促进生鲜农产品流通的实施意见	2020 年 5 月	鼓励农产品批发市场等大型流通主体建立第三方供应链金融服务平台。
41		金融委办公室发布 11 条金融改革措施	2020 年 5 月	规范标准化票据融资机制，支持将票据作为基础资产打包后在债券市场流通，支持资产管理产品投资标准化票据，发挥债券市场投资定价能力，减少监管套利，更好地服务中小企业和供应链融资
42		工业和信息化部中小企业局关于印发《中小企业数字化赋能服务产品及活动推荐目录（第一期）》的通知	2020 年 4 月	以先进技术为支撑，从供应链金融、交易、物流等环节切入，解决用户融资难、采购难
43		商务部等 8 部门关于复制推广供应链创新与应用试点第一批典型经验做法的通知	2020 年 4 月	主要包括推动供应链与现代信息技术深度融合、创新供应链发展新模式、积极布局全球供应链、推动绿色供应链发展，以及提升供应链金融服务科技水平等方面的做法和经验
44		银保监会办公厅关于做好 2020 年银行业保险业服务“三农”领域重点工作的通知	2020 年 4 月	鼓励发展农业供应链金融

续表

序号	效力级别	文件名称	发布时间	相关条款描述
45	部门规章	教育部关于印发《高等学校区块链技术创新行动计划》的通知	2020年4月	针对区块链在金融服务领域应用的需求和问题，建设基于区块链的金融服务技术与应用创新平台，支撑开展区块链在数字货币、跨境支付/结算、供应链金融、资产证券化等金融业务的创新应用研究
46		工业和信息化部办公厅关于组织开展支撑疫情防控和复工复产的工业互联网平台解决方案征集工作的通知	2020年4月	保障供应链完整的解决方案，如供应链风险预警、协同制造、产能共享、柔性转产、供应链金融等解决方案
47		商务部等8部门关于进一步做好供应链创新与应用试点工作的通知	2020年4月	充分利用供应链金融服务实体企业
48		国家发展改革委、中央网信办印发《关于推进“上云用数赋智”行动培育新经济发展实施方案》的通知	2020年4月	创新订单融资、供应链金融、信用担保等金融产品和服务
49		国家发展改革委办公厅、中国工商银行关于信贷支持湖北地区民营企业的通知	2020年4月	充分利用供应链融资，积极解决中小民营企业融资需求
50		中国银行保险监督管理委员会关于2020年推动小微企业金融服务“增量扩面、提质降本”有关工作的通知	2020年3月	支持银行业金融机构研发供应链金融业务系统，探索通过与核心企业、政府部门相关管理和信息系统对接，以线上线下相结合的方式，基于真实贸易背景和核心企业增信措施，为上下游小微企业提供更加方便快捷的融资服务
51		银保监会办公厅关于加强产业链协同复工复产金融服务的通知	2020年3月	鼓励银行业金融机构通过与政府机构、核心企业相关系统实时交互交易数据，建立交易风控模型，创新供应链金融模式
52		国家发展改革委办公厅、民政部办公厅关于积极发挥行业协会商会作用支持民营中小企业复工复产的通知	2020年2月	引导协调大型制造和商贸企业与上下游民营中小企业开展供应链金融合作，积极寻求地方政府、金融机构或行业龙头企业支持，多渠道缓解企业资金压力

续表

序号	效力级别	文件名称	发布时间	相关条款描述
53	部门规章	国家邮政局、工业和信息化部关于促进快递业与制造业深度融合发展的意见	2020年2月	支持快递企业适应制造企业需求，提供入厂物流、线边物流、逆向物流和仓配一体化、订单配送等快递物流服务，发展供应链金融和供应链管理咨询服务
54		工业和信息化部办公厅关于运用新一代信息技术支撑服务疫情防控和复工复产工作的通知	2020年2月	加快发展基于生产运营数据的企业征信和线上快速借贷，推广应用供应链金融、知识产权质押等融资方式，保障企业复工复产的资金需求，防止出现资金链断裂
55		银保监会办公厅关于进一步做好疫情防控金融服务的通知	2020年2月	加大制造业贷款投放力度，加强供应链金融服务
56		工业和信息化部关于应对新型冠状病毒肺炎疫情帮助中小企业复工复产共渡难关有关工作的通知	2020年2月	积极推动运用供应链金融、商业保理、应收账款抵质押、知识产权质押等融资方式扩大对中小企业的融资供给
57		商务部关于应对新冠肺炎疫情做好稳外贸稳外资促消费工作的通知	2020年2月	引导商贸流通企业和电子商务平台经营者，为小店提供集采集配、供应链融资、先供货后付款等服务
58		银保监会关于推动银行业和保险业高质量发展的指导意见	2019年12月	积极稳妥发展供应链金融服务
59		农业农村部、中央网络安全和信息化委员会办公室关于印发《数字农业农村发展规划（2019—2025年）》的通知	2019年12月	推广基于大数据的授信、保险和供应链金融等业务模式，创新供求分析、技术推广、产品营销等服务方式
60		农业农村部、国家发展改革委、财政部、商务部关于实施“互联网+”农产品出村进城工程的指导意见	2019年12月	鼓励发展农业供应链金融
61		银保监会、商务部、国家外汇管理局关于完善外贸金融服务的指导意见	2019年12月	鼓励银行在有效把控供应链信息流、物流、资金流和完善交易结构的基础上，围绕核心企业开展面向上下游的境内外供应链金融服务
62		国家发展改革委、工业和信息化部、中央网信办等关于推动先进制造业和现代服务业深度融合发展的实施意见	2019年11月	依托产业链龙头企业资金、客户、数据、信用等优势，发展基于真实交易背景的票据、应收账款、存货、预付款项融资等供应链金融服务

续表

序号	效力级别	文件名称	发布时间	相关条款描述
63	部门规章	2019年中国普惠金融发展报告	2019年9月	针对核心企业上下游供应链金融业务，中国银行推出“伊利产业链经销商线上融资”产品
64		市场监管总局等九部门关于印发《生产性服务业标准化三年行动计划（2019-2021年）》的通知	2019年9月	完善基础标准，研究制定供应链质量、供应链数据与信息管理、供应链金融服务、供应链信用管理、供应链服务、绿色供应链等技术和管理类标准
65		中国人民银行关于印发《金融科技（Fin Tech）发展规划（2019—2021年）》的通知	2019年8月	通过跨界融合、搭建供应链金融服务平台、建立产业链生态
66		中国证券监督管理委员会关于发布《再融资业务若干问题解答》的通知	2019年7月	与公司主营业务发展密切相关，符合业态所需、行业发展惯例及产业政策的融资租赁、商业保理及供应链金融，暂不纳入类金融计算口径
67		中国人民银行关于切实做好2019年—2020年金融精准扶贫工作的指导意见	2019年5月	积极推广仓单、订单质押等产业链、供应链金融，促进特色种养业、农产品加工业等发展
68		中国金融稳定报告（2019）	2019年5月	开展供应链金融，刷脸存取款，小微企业网络融资等业务
69		工业和信息化部办公厅关于开展2019年度中小企业公共服务体系重点服务活动的通知	2019年4月	集聚带动大企业协同创新服务平台，面向中小企业提供设备共享、技术攻关、营销推广、供应链金融等服务
70		中华全国供销合作总社印发供销合作社促进小农户和现代农业发展有机衔接工作实施方案的通知	2019年3月	依托基层社和社有骨干企业开展供应链金融，通过产业链将小农户纳入现代农业生产体系，强化与小农户的利益联结机制，提高小农户融资可得性
71		中国人民银行、银保监会、证监会等关于金融服务乡村振兴的指导意见	2019年1月	鼓励发展农业供应链金融，将小农户纳入现代农业生产体系，强化利益联结机制，依托核心企业提高小农户和新型农业经营主体融资可得性
72		中华全国供销合作总社关于规范发展供销合作社金融服务的指导意见	2019年1月	因地制宜组建小额贷款公司、保理公司和供应链金融公司等，开展面向供销合作社企业、新型农业经营主体和农户的贷款和票据贴现等融资服务

续表

序号	效力级别	文件名称	发布时间	相关条款描述
73	部门规章	工业和信息化部、国家发展和改革委员会、财政部、国务院国有资产监督管理委员会关于印发《促进大中小企业融通发展三年行动计划》的通知	2018 年 11 月	鼓励大企业发展供应链金融，开展订单和应收账款融资、仓储金融等服务，帮助上下游中小供应商提高融资效率、降低融资成本
74		自然资源部、中国工商银行关于促进海洋经济高质量发展的实施意见	2018 年 7 月	形成海洋经济供应链金融服务模式
75		工业和信息化部关于印发《工业互联网平台建设及推广指南》和《工业互联网平台评价方法》的通知	2018 年 7 月	组织开展工业互联网试点示范（平台方向），培育协同设计、协同供应链管理、产品全生命周期管理、供应链金融等平台应用新模式
76		商务部等 8 部门关于开展供应链创新与应用试点的通知	2018 年 4 月	规范发展供应链金融服务实体经济
77		中华全国供销合作总社关于加快推进再生资源行业转型升级的指导意见	2018 年 4 月	大力发展供应链金融、互联网金融，解决企业融资问题，增强企业发展后劲
78		中国人民银行、发展改革委、教育部等关于印发《广西壮族自治区建设面向东盟的金融开放门户总体方案》的通知	2018 年 1 月	探索建立跨区域供应链合作融资模式，推动建立跨区域物流公司与银行业金融机构联盟、供应链金融服务圈
79		农业部办公厅关于进一步做好新型农业经营主体信息直报系统应用推广工作的通知	2017 年 12 月	2017 年，我部共支持 16 个省开展金融支农创新试点，领域涉及收入保险、天气指数保险、“保险+期货”、设施融资租赁、险资直贷、供应链金融等多个方面
80		工业和信息化部、国家发展和改革委员会、科学技术部等关于印发发挥民间投资作用推进实施制造强国战略指导意见的通知	2017 年 10 月	鼓励银行等金融机构开展供应链融资，为制造业民营企业产业链上下游提供金融服务，促进产业链相关企业协调发展
81		工业和信息化部关于印发《工业电子商务发展三年行动计划》的通知	2017 年 9 月	完善征信机制，开展信用销售、融资租赁、质押担保等供应链金融服务，有效缓解中小企业融资难问题
82		工业和信息化部关于开展小微企业金融知识普及教育活动的通知	2017 年 9 月	普及应收账款保理、交易和供应链融资相关知识

续表

序号	效力级别	文件名称	发布时间	相关条款描述
83	部门规章	工业和信息化部关于印发《制造业“双创”平台培育三年行动计划》的通知	2017年8月	推动企业间供应链管理、制造执行系统、工业电子商务、供应链金融等业务系统的横向集成
84		农业部关于政协十二届全国委员会第五次会议第0465号（农业水利类061号）提案答复的函	2017年8月	鼓励和引导金融机构创新抵质押贷款产品，开展农业供应链融资、电商融资、订单融资等多种服务
85		农业部对十二届全国人大五次会议第6635号建议的答复	2017年8月	依托人民银行应收账款融资服务平台和大数据技术，大力发展供应链融资、“互联网+电商”“电商+信贷”、家庭农场联保贷款等模式
86		中国银监会、中国保监会、河北省人民政府关于印发创建阜平县普惠金融示范县方案的通知	2017年7月	围绕产业集群小微企业，开展应收账款、应付账款、仓单质押等在线供应链金融服务
87		科技部关于印发《“十三五”现代服务业科技创新专项规划》的通知	2017年4月	依托大型电商平台、位置服务平台等，建设“金融+”创新服务平台，提供快捷支付、供应链金融等多元化服务，培育一批金融信息技术服务、第三方征信、大数据分析等金融科技服务企业
88		农业部办公厅关于开展农业产业化示范基地提质行动的通知	2017年4月	基于经营主体之间的产业链合作和中间品抵押，着力在示范基地内推进供应链金融业务，进一步密切企业间的合作
89		中华全国供销合作总社关于做好供销合作社综合改革试点经验复制推广工作的通知	2017年4月	积极拓展农技农机、收储加工、供应链金融等产业服务，形成了农业生产全程服务链
90		中国人民银行、工业和信息化部、银监会等关于金融支持制造强国建设的指导意见	2017年3月	研究推动制造业核心企业在银行间市场注册发行供应链融资票据
91		中国人民银行、财政部、商务部等关于金融支持服务贸易发展的指导意见	2017年2月	鼓励金融机构按照风险可控、商业可持续原则，创新适合服务贸易发展特点的金融产品和服务，大力发展出口信用保险保单融资，供应链融资等业务

续表

序号	效力级别	文件名称	发布时间	相关条款描述
92	部门规章	商务部等5部门关于印发《商贸物流发展“十三五”规划》的通知	2017年1月	扩大融资渠道，推广供应链金融
93		工业和信息化部关于印发软件和信息技术服务业发展规划（2016—2020年）的通知	2016年12月	鼓励企业基于产品智能化、供应链在线化的大数据分析挖掘开展供应链金融、融资租赁等新业务
94		国家发展改革委办公厅、中央网信办秘书局、商务部办公厅关于印发促进电子商务发展部际综合协调工作组工作制度及三年行动实施方案（2016—2018年）的通知	2016年12月	鼓励商业保理机构、电子商务企业开展供应链金融、商业保理服务
95		商务部外贸发展事务局关于组织参加2017年中国品牌商品（中东欧）展的通知	2016年12月	供应链金融物流支持
96		国家能源局关于印发《风电发展“十三五”规划》的通知	2016年11月	鼓励风电企业利用公开发行上市、绿色债券、资产证券化、融资租赁、供应链金融等金融工具，探索基于互联网和大数据的新型融资模式
97		商务部等10部门关于印发《国内贸易流通“十三五”发展规划》的通知	2016年11月	提高会展业综合带动效应，进一步推动融资租赁、典当、拍卖、直销等行业健康发展，规范发展供应链金融
98		工业和信息化部关于发布2016年工业转型升级（中国制造2025）重点项目指南的通知	2016年10月	有能力面向全行业提供高质量仓储、物流、供应链金融等服务，具有较强的中药材储备能力
99		工业和信息化部关于印发信息化和工业化融合发展规划（2016-2020年）的通知	2016年10月	引导第三方工业电子商务平台向网上交易、加工配送、技术服务、支付结算、供应链金融、大数据分析等综合服务延伸，提升平台运营服务能力
100		国家发展改革委办公厅关于印发《大众创业万众创新示范基地双创工作经验汇编》的通知	2016年10月	发展知识产权质押融资、联保或互保贷款、供应链融资等业务
101		工业和信息化部关于印发建材工业发展规划（2016—2020年）的通知	2016年9月	引导大型建材制造企业采购销售平台向行业电子商务平台转型，提高企业供应链协同水平，推动第三方电子商务平台向网上交易、加工配送、技术服务、支付结算、供应链金融、大数据分析等综合服务延伸

续表

序号	效力级别	文件名称	发布时间	相关条款描述
102	部门规章	中国人民银行对十二届全国人大四次会议第3595号建议的答复	2016年8月	大力推动知识产权、股权等质押融资产品创新，支持金融机构利用人民银行应收账款融资服务平台等金融基础设施开展应收账款、存货仓单等动产融资业务，盘活企业应收账款存量，促进供应链金融发展
103		国家发展改革委、水利部、税务总局关于推行合同节水管理促进节水服务产业发展的意见	2016年7月	鼓励金融机构开展绿色信贷，探索运用互联网+供应链金融方式，加大对合同节水管理项目的信贷资金支持
104		农业部办公厅关于创新农业社会化服务加快农垦现代农业建设的指导意见	2016年6月	鼓励开展多种形式的农业保险和互助合作保险，发展农业互联网金融、供应链金融等新业态，发挥融资租赁在社会化服务体系中的支撑作用
105		银行业专业人员职业资格考试办公室关于发布中国银行业专业人员职业资格考试部分科目考试大纲的公告	2016年4月	掌握供应链金融存货和应收账款管理的基本要求
106		国家发展改革委、供销合作总社、财政部等关于加快棉花现代物流发展的指导意见	2016年3月	为企业提供供应链管理、供应链金融以及信息查询等集成服务
107		中国人民银行、国家发展改革委、财政部等关于金融助推脱贫攻坚的实施意见	2016年3月	大力发展订单、仓单质押等产业链、供应链金融，稳妥推进试点地区农村承包土地的经营权、农民住房财产权等农村产权融资业务，拓宽抵质押物范围，加大特色产业信贷投入
108		中国人民银行关于金融支持中国（广东）自由贸易试验区建设的指导意见	2015年12月	支持金融机构开展供应链金融业务创新，促进自贸试验区创新型产业集群核心企业和产业链上下游企业做优做强
109		中国人民银行、国家发展改革委、财政部等关于印发《吉林省农村金融综合改革试验方案》的通知	2015年12月	发展供应链金融服务新模式，多种形式支持农业适度规模经营
110		工业和信息化部关于印发贯彻落实《国务院关于积极推进“互联网+”行动的指导意见》行动计划（2015—2018年）的通知	2015年11月	探索供应链金融、电子商务信用融资等小微企业融资新模式和新渠道

续表

序号	效力级别	文件名称	发布时间	相关条款描述
111	部门规章	工业和信息化部信息化推进司关于继续开展互联网与工业融合创新试点工作的通知	2015年3月	重点支持供应链金融、众筹孵化等网络金融服务模式创新
112		中国人民银行关于做好家庭农场等新型农业经营主体金融服务的指导意见	2014年12月	要开展“新型农业经营主体+农户”等供应链金融服务；对资信情况良好、资金周转量大的新型农业经营主体要积极发放信用贷款
113		商务部、银监会关于完善融资环境加强小微商贸流通企业融资服务的指导意见	2014年12月	引导商业银行针对小微商贸流通企业融资单体成本高的特点，大力发展供应链融资、商圈融资和企业群融资，降低贷款成本，简化审批手续，扩大放贷金额
114		商务部关于促进中小商贸流通企业健康发展的指导意见	2014年11月	鼓励引导中小商贸流通企业集中与商业银行对接，建立长期合作关系，发展互助担保融资、供应链融资、商圈融资
115		中国银监会、农业部关于金融支持农业规模化生产和集约化经营的指导意见	2014年7月	围绕地方特色农业，以核心企业为中心，捆绑上下游企业、农民合作社和农户，开发推广订单融资、动产质押、应收账款保理和产商银等多种供应链融资产品
116		中国人民银行关于贯彻落实《国务院办公厅关于支持外贸稳定增长的若干意见》的指导意见	2014年6月	稳步将供应链融资延伸到境外，带动中国装备、材料、产品、标准、技术和服务“走出去”，培育有核心竞争力的跨国企业集团
117		商务部、国家发展和改革委员会、财政部等13部门关于进一步加强农产品市场体系建设的指导意见	2014年2月	加强宏观信贷政策指导，鼓励银行业金融机构创新开展农产品仓储设施抵押、订单、仓单质押贷款等多种信贷产品和“农产品流通企业+农产品批发市场+专业大户”等供应链融资模式，拓宽农产品市场抵押担保范围
118		国务院国有资产监督管理委员会关于印发《关于以经济增加值为核心加强中央企业价值管理的指导意见》的通知	2014年1月	要利用商业信用和相对低成本的供应链融资，降低营运资金规模

续表

序号	效力级别	文件名称	发布时间	相关条款描述
119	部门规章	国家发展和改革委员会关于印发深圳前海深港现代服务业合作区产业准入目录的通知	2013年3月	将供应链金融服务纳入深圳前海深港现代服务业合作区产业准入目录
120		中华全国供销合作总社关于积极推进供销合作社系统开展农村金融服务的意见	2012年9月	针对系统中小企业多、抵质押物不足、融资需求量大等特点，可尝试与交通银行等进行供应链金融合作（供应链金融是指银行将龙头企业和它的上下游产业联系在一起提供灵活适用的金融产品和服务的一种模式）
121		中国人民银行、国家发展改革委、财政部等关于印发广东省建设珠江三角洲金融改革创新综合试验区总体方案的通知	2012年6月	切实解决中小企业融资难问题，开展供应链金融模式创新，稳步扩大面向中小企业的集合债、集合票据、短期融资券发行规模

2012年4月，国务院印发了《关于进一步支持小型微型企业健康发展的意见》，其中提到要“支持商业银行开发适合小型微型企业特点的各类金融产品和服务，积极发展商圈融资、供应链融资等融资方式”，之后印发的《国务院办公厅关于印发进一步支持小型微型企业健康发展重点工作部门分工方案的通知》《国务院关于深化流通体制改革加快流通产业发展的意见》《国务院办公厅关于印发深化流通体制改革加快流通产业发展重点工作部门分工方案的通知》等诸多行政法规中均提出要“积极发展融资租赁、商圈融资、供应链融资”。

为积极响应国务院的政策号召，中国人民银行、中华人民共和国工业和信息化部（以下简称“工业和信息化部”）、中华人民共和国司法部（以下简称“司法部”）、中国银行保险监督管理委员会（以下简称“银保监会”）、中国证券管理委员会（以下简称“证监会”）、中央农业领导小组办公室（以下简称“中央农办”）、中华人民共和国农业农村部（以下简称“农业农村部”）等部门也陆续出台了相关部门规章，以大力推动并支持开展供应链金融服务，因地制宜创新供应链金融产品。第十三届全国人民代表大会第四次会议《关于2020年国民经济和社会发展计划执行情况与2021年国民经济和社会发展计划的决议》和《中华人民共和国国民经济和社会发展第十四个五年规划和2035年远景目标纲要》更是明确指出要创新供应链金融服务模式，推动供应链金融信息数据、人力资源等服务创新发展，为供应链金融的发展提供了良好的政策环境。

二、供应链融资相关政策评述

从以上分析可以看出，国家相关政策大力支持供应链融资的发展，鼓励企业通过供应链融资的方式获得贷款，创新发展供应链融资模式，拓宽小微企业融资渠道，缓解融资难问题，为供应链融资的深入发展提供了良好的政策环境。

2021 年印发的《关于 2020 年国民经济和社会发展计划执行情况与 2021 年国民经济和社会发展计划的决议》和《中华人民共和国国民经济和社会发展第十四个五年规划和 2035 年远景目标纲要》中，提出创新供应链金融服务模式和推动供应链金融创新发展的要求。供应链融资相关行政法规多由国务院印发，其中服务自由贸易试验区、创新发展、产业高质量发展的政策居多，且政策均鼓励供应链融资的发展，具体包括加速供应链融资的应用、鼓励企业采用供应链融资手段融资、稳妥开展供应链融资业务、创新供应链融资业务等。中国人民银行、工业和信息化部、司法部、银保监会、证监会、中央农办、农业农村部等部门也积极响应国家号召，出台相关部门规章，细化落实并推动供应链融资发展的要求。除此之外，近年来中共中央和国务院也联合印发了多项党的方针政策支持供应链金融的发展。

第二节　小微企业供应链融资的模式与典型案例

目前，关于供应链融资的认知主要有三个视角，分别是基于商业银行视角的供应链融资、基于供应链核心企业视角的供应链融资和基于电子商务平台服务商视角的供应链融资。供应链融资是基于供应链核心企业与商业银行的合作。近年来，随着互联网技术快速发展，电子商务平台企业得到了快速发展，在供应链融资被银行和供应链核心企业广泛应用的背景下，电商企业也不再满足于以信息服务为主的原始盈利模式，而是利用供应链融资服务，面向平台上数量庞大的小微企业甚至个人客户群，开辟电商平台企业的新的业务增长点。在实践中，我国的阿里巴巴、敦煌网、苏宁云商、京东及金银岛等大型电子商务企业开展传统平台服务业务的同时，积极开展电商双边市场供应链融资服务，并根据自身特点开拓了不同类型的供应链融资运作典型模式。本节以商业银行、大型集团企业为研究对象，分析小微企业供应链融资业务的现状。关于以电商平台企业为核心开展的小微企业供应链融资业务，在下文详细叙述。

一、以金融机构为核心的供应链融资业务

（一）北京银行供应链融资业务

北京银行股份有限公司（BOB），原称“北京市商业银行”，成立于1996年，是一家新型的股份制商业银行。北京银行是中国最大的城市商业银行及北京地区第三大银行，秉承“为客户创造价值，为股东创造收益，为员工创造未来，为社会创造财富”的神圣使命，倡导“真诚所以信赖”的服务理念。北京银行自成立之初，就将服务首都经济作为自身发展最根本的定位。扎根首都、服务首都，是北京银行的立行之基，北京银行坚决贯彻落实北京市委市政府决策部署，不断加大对首都经济社会发展重点领域和薄弱环节的金融支持力度，并取得了良好成绩。

北京银行抢抓时代机遇，相继实现引资、上市、跨区域等发展突破，在北京、天津、上海、西安、深圳、杭州、长沙、南京、济南、南昌、石家庄、乌鲁木齐等十余个中心城市以及香港特别行政区、荷兰拥有670多家分支机构，探索了中小银行创新发展的经典模式。新时期，北京银行紧密围绕“服务实体经济、防控金融风险、深化金融改革”三项任务，强化党建引领，依法合规经营，加快数字化转型升级，加强全方位风险管控，扎实推动全行各项业务高质量发展。目前，北京银行供应链金融服务方案涵盖贸易流通业、生产制造业、零售业等多领域产业。

1. 北京银行供应链融资理念

北京银行以“财富1+1”命名公司金融服务品牌，表现了北京银行以客户需求为导向，为客户提供更加专业、精心、超值的金融服务，与客户共同成长的宗旨。“财富1+1”具体包含了“客户+银行”“真诚+专业”“您的财富+我的财富”“现在+未来”四层内在含义，全面阐述了北京银行公司金融服务的角色、态度、理念与愿景。

作为依托产业链、借助核心企业实力为中小企业提供融资的一把利器，供应链金融成为北京银行服务中小企业的重点方向。

核心企业在供应链当中处于非常关键的位置。北京银行与一些核心企业合作，让核心企业承担一定的回购责任，银行为下游的经销商提供授信，核心企业可以在第一时间收回货款，经销商彻底解决了资金压力问题。供应链金融中，核心企业是中心，中小企业是最大的受益者，银行是润滑剂，使得银行的资金与金融支持能满足供应链上任何一家企业在任何一个时点上的任何一个需求。

2. 北京银行产品种类

（1）北京银行 2008 年推出了“资金快链”供应链融资服务产品。“资金快链”金融服务品牌是北京银行公司金融服务品牌“财富 1+1”下的子品牌，是北京银行针对一个产业供应链中的单个企业，或上下游多个企业提供的全面金融服务。

（2）2019 年，北京银行借助中国北京世界园艺博览会发布了供应链金融创新产品“京信链”。“京信链”平台与区块链技术相结合，利用区块链技术分布式记账、不可篡改、可追溯、信任成本低等技术特性，解决供应链金融中信息不对称的核心问题，为构建供应链体系良好的信用环境提供有力的技术支持，提高整个供应链的融资效率，进而提升供应链的竞争力。

（3）目前北京银行的具体供应链融资产品有以下几种：

1）国内保理。适用对象为有人民币流动资金需求，基于真实贸易背景而产生应收账款的债权人。

商业承兑票据贴现。适用对象为贴现申请人应当是经工商行政管理部门（或主管机关）核准登记的企（事）业法人、其他经济组织或个体工商户。

2）信保保理。适用对象为有基于真实贸易背景而产生的应收账款，并投保了国内贸易信用保险的企业单位。

3）厂商银（储）。适用对象为实力强、信誉好，希望借助北京银行融资扶持经销商，扩大销售规模，迅速把企业做大的厂家；缺乏资金扩大销售规模又有发展潜力的经销商。

4）商银储。适用对象为生产北京银行所列属于一般仓单融资业务范围商品或货物的生产型企业，或拥有以上商品或货物完全物权的贸易型企业，包括大型企业和中小型企业。

3. 北京银行供应链金融特色发展：“互联网+网速贷”

北京银行的供应链金融业务的特色在于，即借互联网之力，推出了线下与线上服务齐发展的线上融资业务模式——“互联网+网速贷”，实现了供应链融资的全流程在线办理业务。包括科技链、在线买方保理融资、在线流动资金贷款、交易平台在线融资等一系列融资产品。实现了企业资金的快速融通，客户“足不出户”就可以享受到北京银行高效便捷的供应链服务，有效降低了企业财务成本，对客户个性化融资需求快速响应，帮助众多中小企业获得高效便捷的供应链在线金融服务。

（二）渤海银行供应链融资业务

渤海银行，全称为渤海银行股份有限公司，于 2005 年 12 月 30 日成立，2006 年 2 月正式对外营业，是我国唯一一家全新成立的全国性股份制商业银行，是自 2000 年以来第一家在发起设立阶段就引进境外战略投资者的全国性股份制商业银行，是第一家总部设在天津的全国性股份制商业银行。渤海银行作为最年轻的全国性股份制商业银行，具有显著的后发优势，致力于成为给客户最佳体验的现代财资管家。自开业以来，渤海银行以平均每年新设超过两家一级分行的速度，仅用 14 年就完成了全国主要省会及经济重要城市的战略布局。2020 年（按截至 2019 年末的一级资本），渤海银行在《银行家》公布的全球银行 1000 强榜单中排名第 133 位，比上一年的排名上升了 45 位，在所有上榜中国银行中名列第 27 位。

1. 渤海银行供应链融资理念

渤海银行秉承着“1+N”的供应链融资理念，理念框架如图 1-1 所示。渤海银行这种“1+N”的服务模式渗透到以核心企业为中心的产、购、销各个环节，能够为核心企业持续创造价值。具体表现在以下几个方面：

（1）能够降低核心企业的采购成本、扩大产销量，提升行业竞争力以及品牌知名度。

（2）能够加快资金流动速度，提高资金的使用效率。

（3）能够保持与上下游购、销的亲密关系，强化核心企业对上下游企业的控制力度，提升整个供应链的竞争力。

（4）核心企业以间接授信替代直接授信，能够优化报表、节约财务成本，同时通过制定、优化现金使用计划，能够完善理财规划，提高效益。

2. 渤海银行个性化融资方案

渤海银行的供应链融资业务采取了个性化融资方案，根据上下游客户需求并结合企业供应链特点，渤海银行针对供应商和经销商提出了两大综合融资方案，以降低整个供应链的融资成本，提高融资效率。

（1）针对供应商的业务方案。

订单融资。供应商可通过从信用良好的买方处获取有效订单，向渤海银行申请短期融资，用于该订单项下商品的备货、生产、加工等款项。

国内保理。在以供应商转让其应收账款为前提的情况下，为供应商提供一套集融资、催收、管理及坏账担保于一体的综合性金融服务。

融资租赁保理。该服务的前提条件是，出租人将融资租赁合同项下未到期应收租金债权转让给渤海银行，渤海银行将为出租人提供一套综合性金融服务，包括应收租金催收、管理、坏账担保及融资。

反向保理。在以赊销为付款方式的交易中，如果基础交易与应收账款之间没有争议，并且应收账款已转让给本行，渤海银行鉴于买方良好信用，将为供应商提供无追索权保理融资。

应收账款池融资。当应收账款批量转入渤海银行并保持稳定的余额下限时，渤海银行可根据应收账款池给予供应商授信。

应收账款质押融资。将应收账款质押给渤海银行进行融资。

（2）针对经销商。

保兑仓业务。生产商（卖方）、经销商（买方）和渤海银行签署《合作协议》，以生产商承担一定责任为前提，渤海银行可为经销商向生产商采购商品提供授信支持。

未来货权质押业务。经销商（买方）可将未来货权质押给渤海银行，渤海银行将以贷款、承兑、进口开证等形式提供融资，以满足经销商的采购需求。

货押业务。渤海银行可为经销商提供非标准仓单质押及动产质押项下融资业务。

3. 渤海银行线上供应链融资

渤海银行利用“资金流、订单流、货物流、信息流”四流合一的互联网数据驱动技术，通过网络实现了银行系统与客户 ERP 系统、供应链管理系统、物流仓储管理平台和互联网商务网站的无缝对接，整合了供应链金融合作平台，为供应链上下游企业提供在线金融、在线结算、在线理财等综合金融服务。

线上供应链融资产品具有以下特点：在线办理业务，融资灵活高效；实现在线数据共享，提高供应链管理效率；嵌入现金管理服务，提高资金使用效率。

（三）河北银行供应链融资业务

（原石家庄市商业银行）成立于 1996 年 5 月，是经中国人民银行批准的全国首批五家城市合作银行试点之一，也是河北省最早成立的城市商业银行。截至2014年12月底，设有石家庄营业管理部和12家分行（唐山分行、天津分行、邯郸分行、沧州分行、廊坊分行、保定分行、青岛分行、邢台分行、张家口分行、衡水分行、秦皇岛分行、承德分行）以及一家村镇银行（平山西柏坡冀银村镇银行）。作为河北省仅有的省属地方法人银行，河北银行直接听命于省级政府部门，能更精准地传达国家的政策命令。为扶持当地小微企业发展，河北银行开始积极发展供应链金融业务。

1. 河北银行供应链融资理念

河北银行凭借专业服务团队和综合金融服务平台，通过各种金融产品及其组合，为供应链上的客户提供适合客户特点的全方位、一体化金融服务，帮助客户拓展融资渠道、降低融资成本。

2012年河北银行借鉴平安银行提出的自偿性贸易融资理论，开始供应链金融业务的探索。河北银行作为一家区域性中小银行，努力寻找自己的特色，主动退出收益低的大型企业，战略上将中小企业作为河北银行的重点服务对象，逐渐提高竞争能力。处在行业供应链核心的都是大型企业集团，其资金实力强、信用良好，众多通过向其供货或者作为其经销商而围绕在周围的小微企业可以据此间接提高自己的信用等级。供应链融资在中小企业市场有较广阔的发展前景，但河北银行的供应链融资业务还处于初级阶段，很多地方还不够完善。

2. 河北银行产品种类

目前，河北银行能提供的供应链金融业务主要包括应收账款质押融资业务、国内信用保险保理、订单融资业务、国内信用证、标准仓单质押融资业务、融资租赁保理、票据池业务、应收账款池融资、厂仓银、保理表外融资、动产质押融资业务、商业承兑汇票保贴/保押、保兑仓。

在主要业务的基础上，做出了如下创新：

（1）银行承兑汇票快填敞口。银行承兑汇票快填敞口业务指河北银行为融资人核定一定期限内可循环使用银行承兑汇票额度的情况下，在该行的承兑汇票到期前，按照约定时间分次或一次交存保证金填满银行承兑汇票敞口后，河北银行为融资人循环签发银行承兑汇票的一种票据业务操作形式。

（2）合同能源管理融资业务。合同能源管理融资业务是指申请人采用合同能源管理形式，以未来分享的节能效益作为主要还款来源，向河北银行申请用于项目建设与运营并获得融资的业务。

（3）排污权担保融资。排污权担保融资业务是指申请人以主要污染物排放权为质押担保，向河北银行申请并获得融资的业务。

（4）增值贷业务。增值贷是指借款人以自有或第三方持有的房地产类押品向河北银行申请授信业务时，河北银行根据与借款人以往合作情况、合作前景及借款人自身经营情况等因素，在抵押授信之外给予借款人一定的信用授信额度；对借款人增加其他担保方式组合申请的，可办理组合增值授信业务。

3. 河北银行供应链金融特色发展："互联网+"背景下的信息化转型

近年来，为更加高效融入实体经济产业链、供应链，河北银行积极搭建供应链金融线上系统平台，发展数字化供应链金融。

产品数字化，开发出"账 E 通"线上供应链产品，通过数字化金融产品来扩充其业务范围。

流程数字化，梳理重构了公司金融的多项流程，通过流程优化提高金融业务开展效率。

管理数字化，加快网络化、量化管理工具的应用，通过管理工具的应用来提升其管理水平。

场景数字化，将公司金融切入客户的日常办公、经营场景，通过公司金融在具体场景中的应用来提升其金融业务水平。

后续河北银行还将加大自身平台系统研发力度，进行新一代现金管理平台、银企直联、企业网银和企业手机银行等一系列系统的升级换代，不断提升金融服务效率。

二、以大型企业集团为核心的供应链融资业务

（一）河钢集团供应链融资业务

河北钢铁集团有限公司（以下简称河钢集团）作为由原唐钢集团与邯钢集团合并而成的全球最大的钢铁集团之一，拥有优质的供应链资源，为集团提供供应链融资服务奠定了坚实的基础。自 2012 年起，河钢集团先后成立河钢财务、河钢保理以及河钢租赁等（类）金融企业，通过供应链融资促进上下游企业发展。同时，在经济社会数字化的趋势下，河钢集团搭建河钢供应链平台，依托自身巨大的流量和行业优势，为供应链企业提供更智能、便捷的线上供应链融资服务。

1. 传统供应链融资业务

（1）河钢财务。河钢财务是2012年由原中国银监会批准成立的非银行金融机构，可以为集团成员开具财务公司作为承兑人的银行承兑汇票，为成员企业提供资金归集、资金结算、资金管控和投融资管理等金融服务。商业票据是钢铁企业日常交易中通常采用的结算方式，而受到银行信贷规模的限制，上游供货商存有大量商业票据无法贴现，因而河钢集团创办了河钢财务，上游供货商可以通过河钢财务将商业票据贴现，实现资金融通，加速资金周转。

（2）河钢保理。河钢集团于2016年在中华人民共和国商务部（以下简称“商务部”）批准下成立了河钢保理这家类金融企业，为供应链企业提供应收账款管理、资信评估、信用风险担保等保理融资服务。卖方向买方（河钢集团或债务人）销售产品或服务形成应收账款，后通过河钢保理平台转让该应收账款，审核无误后向卖方提供融资款，买方则直接向河钢保理平台交付货款，完成整个应收账款融资流程。

（3）河钢租赁。河钢租赁是由商务部批准于2016年成立的一家类金融企业，通过开展租赁业务为供应链企业提供直接租赁、售后回租、杠杆租赁和委托租赁等融资租赁服务。

（4）河钢碳资产和河钢售电。针对特殊产品服务，河钢集团成立了基于碳资产和电力进行供应链融资的河钢集团碳资产管理有限公司（以下简称“河钢碳资产”）和河钢集团售电有限公司（以下简称“河钢售电”）。河钢碳资产秉持低碳发展理念，为供应链企业提供碳资产质押融资、碳资产回购融资、碳场外掉期、附加碳收益债券等全面的绿色融资服务。河钢售电依托于集团拥有的钢铁金融板块向公司客户提供电力融资业务。

2. 线上供应链融资业务

随着互联网和大数据技术的飞速发展，产业金融也进入了新的阶段。为顺应时代发展，推动企业实现数字化转型，河钢集团于2018年成立河钢供应链公司。河钢供应链公司旗下设有铁铁物联平台，旨在通过大数据、云计算以及区块链等技术，整合河钢集团供应链资源，优化供应链管理，为供应链企业提供更加便捷、智能的线上供应链融资服务。

在采购端，搭建“铁铁物联”平台。在传统钢铁市场，供应商没市场、资金周转慢，而采购商难以辨别商品优劣、采购成本高，双方由于信息不对称而无法匹配，因此铁铁物联打造了集采购交易、在线结算、金融增值服务为一体的电商平台——铁铁工业品超市。结合电子商务平台发展经验，铁铁工业品超市与知名品牌供应商以及电商平台合作，实现行业资源整合，有助于产品需求双方高度适配，降低交易成本，提高交易效率。

在金融端，设计河钢铁信。依托供应链管理平台，运用云计算等技术手段推出河钢铁信—— 一种体现双方真实贸易关系的信用凭证，将集团信用沿供应链传递，使得上游企业能够凭借集团信用降低融资成本，实现信用凭证电子化，信用额度可拆分、可流转、可融资。

在销售端，建设钢贸金融服务平台。以真实贸易背景为基础，充分发挥河钢集团整体产业链的优势，帮助中小型钢贸企业以及用钢终端企业快速解决银行授信问题并获得专项业务信贷，解决其订货融资需求。

（二）东疆保税港区供应链融资业务

东疆保税港区作为国家融资租赁创新示范区，肩负着招商引资，监督管理、防范化解地方金融风险，协调产融结合的重大使命。大宗、生鲜、跨境等多领域产业集团、供应链平台及金融机构在此汇聚，充分利用数字化效能，共同打造特色鲜明的区域供应链融资生态环境。

1. 供应链融资新模式

作为一个新兴示范区，天津东疆保税港区把供应链融资作为重要创新主线，不断完善供应链融资服务体系，提出“数字仓库+可信仓单+融资+交易+场外风控”五位一体的创新融资综合服务模式，集供应链融资手段、实体经济流通及风险控制于一身。基于数字仓库开展可信仓单融资，是首创的供应链融资模式，也是推进供应链融资数字化转型的关键一招，为拥有大量存货的中小企业扩展融资渠道。

（1）打造数字仓库。开展仓库智能化改造，大力建设数字仓库。围绕区块链、大数据等数字经济核心技术，改造基础设施，保障货物标记、追踪准确，确保货物和仓单的真实性和唯一性，为开展可信仓单融资模式打下坚实的物质基础。

（2）可信仓单融资模式。首创性提出“可信仓单”融资模式，以货权、物权为依托，“一站式”开展动产质押融资和交易流转。在该模式下，金融机构依据可信仓单质押，基于仓单在供应链中的综合价值确定融资抵押率，一方面通过重组物权价值，为融资提供全新的价值尺度，避免单纯以商品处置价值作为融资额度所带来的弊病，一定程度上扩大融资规模；另一方面提升仓单变现能力，为拥有存货的中小企业注入流动资金，注入发展活力，更好地支撑实体经济。该模式充分保留了供应链中物权载体的金融价值，使之与产业链价值相匹配，从而激活中小企业融资意愿。

2. 供应链提质增效新方向

（1）促进供应链融资数字化转型。为提升企业融资效率，促进供应链融资的数字化转型，天津东疆保税港区对接供应链数字信息服务平台与企业，实现应收账款票据化；成立金融中心，实行市场化运作，促进产融结合，推动供应链融资产业化、供应链融资票据化、数字化发展，进而实现线下供应链融资向线上供应链融资的转变。

（2）打造供应链融资综合服务平台。天津东疆保税港区创新性地搭建数字金融一体化服务平台，通过与金融机构、融资企业、征信部门系统对接，实现全线上融资业务，连通多主体以打造信息流、数字流、资金流“三流合一”的生态环境，打造聚合力强的平台；同时线上综合服务平台的构建更好地为传统交易、物流仓储、融资服务赋能，实现产业供应链升级、保证供应链融资新效能、新活力。

（三）国美集团供应链融资业务

国美控股集团有限公司（以下简称“国美集团”）运用类金融模式，同步兼并全渠道网络终端体系，在其产业供应链上占据主导权和控制权。国美集团将供应链视为集成体，与链上企业建立合作伙伴关系，通过链上核心主体的地位，协调、优化整个供应链上的物流、商流、信息流、资金流。

1. 供应链融资体系的形成

随着国美金融正式上线供应链金融平台，国美集团的供应链融资渐成体系。依托自身产业供应链优势与科技强项，国美金融一方面针对小微企业融资痛点研发线上保理产品，推动商业保理业务与其“6+1”新零售战略有机结合；另一方面在保证大数据风控的基础上向前延伸保理业务，通过创新科技手段带动普惠金融场景延展。

秉承该战略布局，国美金融供应链融资业务类型不断丰富、扩展，发展至今，涵盖商业保理、融资租赁、订单融资、预付款融资、信用贷款、票据贴现、仓单融资等，快速解决企业在发展过程中遇到的资金问题，致力于打造企业一站式融资服务平台。

2. 供应链融资业务模式

国美金融供应链融资业务主要划分为内循环和外循环两大方面。

（1）生态圈内部供应链融资业务。国美金融依托自身优势，贴合上下游企业需求，开发出账云贷、货运贷、信云贷、票云贷四种供应链融资业务模式，形成国美生态圈内部供应链融资循环。

1）账云贷。国美账云贷属于商业保理模式，主要面向供应商。供应商将对国美电器的应收账款转让给国美金控，从国美金控旗下的商业保理公司融资。该供应链融资模式以其上游供应商的应收账款为基础，以三个月内随结随还的模式为依托，由国美集团按账期向商业保理公司还款，剩余差额尾款由商业保理公司支付给供应商。该供应链融资模式聚焦客户群体、采用灵活授信方式，通过应收账款转让提前变现未来资金流，促进资金流动，缓解供应商由于应收账款积压造成的流动资金不足压力。

2）货云贷。国美货云贷是一种存货质押模式，主要面向供应商。供应商以存货为质押，在相应的额度内向国美金融申请贷款，并明确融资期限与还款方式；贷款期间，供应商应通过补货的方式将存货质押余额保持在约定水平；至账期末进行结算。该供应链融资模式通过存货质押的手段，有效盘活供应商库存、促进存货向现金流转换，为供应商注入资金活力。

3）信云贷。国美信云贷是一种运用企业信用开展融资业务的全线上信用类贷款模式，主要面向供应商。该模式与供应商实现系统对接，根据其销售流水、库存量、往来贸易、纳税额等经营性数据，通过智能风控建立授信评价模型，对供应商的信用风险量化评级，实现大数据风控，从而确定授信额度，向供应商发放贷款，以保证其融资需求。有效解决中小企业信用低、难获融资的问题。

4）票云贷。国美票云贷属于票据质押业务。该模式以电子汇票业务为依托，利用客户持有的承兑汇票做质押开展信贷业务，更适用于多种真实交易场景。

（2）生态圈外部供应链融资业务。在形成自身生态圈供应链融资内循环的基础上，国美金融供应链融资业务向外辐射、对外输出，打开供应链融资外循环的新局面。通过整体评估核心企业在供应链上的经营运作情况，重点评估核心企业的支付能力与信用状况，以提升整条供应链核心竞争力、实现三主体共赢局面为总体目标，为围绕核心企业的上下游中小企业提供融资服务，推动物流、信息流、资金流的“三流合一”，从而实现供应链“供—产—销”的顺利运转。

3. 结合区块链的供应链融资平台

在开发供应链金融业务的同时，国美金融融合互联网与区块链技术，将风控模型、资金结算等功能一并整合，打造一体化的供应链融资平台，构建了一个能够同时实现供应链全链人员管理、交易过程、融资服务、资金管理等功能的综合业务系统，简化操作流程、避免多系统复杂操作。其优势在于：

第一，打造灵活便捷、易于多渠道整合管理的融资端。

第二，将区块链技术贯穿交易全过程，确保任何信息的变动均有据可查，实现"去中介化"，保证融资信息高度透明。

第三，实现对链上中小企业超前授信、动态调整、随需随用，高度灵活。

通过打造结合区块链的供应链融资平台，为供应链上的关联企业提供全方位的融资服务，为整条供应链注入活力。

第三节　本章小结

本章先对 2012 年以来关于供应链融资的相关政策文本进行了分析，结果表明：国家政策大力支持供应链融资业务发展，其中 2021 年印发的《关于 2020 年国民经济和社会发展计划执行情况与 2021 年国民经济和社会发展计划的决议》和《中华人民共和国国民经济和社会发展第十四个五年规划和 2035 年远景目标纲要》提出创新供应链金融服务模式和推动供应链金融创新发展的要求。

在分析相关政策背景的基础上，对开展小微企业供应链融资的典型企业案例及模式展开论述。本章分析了渤海银行、北京银行、河北银行三家地方商业银行为核心开展的小微企业供应链融资业务，以及河钢集团、东疆保税港区、国美集团三家企业为核心开展的小微企业供应链融资业务。以这六家企业为代表分析了不同类型的供应链融资业务开展情况。

第四章　电商供应链融资的模式及典型案例

本章在梳理电商平台供应链融资基本模式的基础上，分别介绍 B2B 电商平台供应链融资、B2C 电商平台供应链融资、C2C 电商平台供应链融资的典型案例，并对各类案例进行比较分析，为后文信任机制和信用评价奠定实务分析基础。本章所涉及的案例大都是国内知名电商平台，且其开展的电商平台小微企业供应链融资业务非常具有代表性，因此在本章作为典型案例进行论述。

第一节　电商的发展及电商平台供应链融资的基本模式

一、我国电子商务的发展现状

随着互联网和大数据技术的蓬勃发展，近年来我国电商保持良好发展势头，国家统计局数据显示，2016~2020 年，全国电商交易额从 26.10 万亿元增长到 37.21 万亿元（见图 4-1），年均增长率为 9.3%，全国网购用户规模已达 7.82 亿。我国电商正在从高速增长迈向高质量发展阶段，新技术应用日益深入，日益成为促进产业结构转型升级、推动区域经济协调发展的重要引擎。具体而言，具有以下几个特点：

（1）我国电商规模仍然保持增长态势，创新模式不断涌现。目前，常见的电商模式主要有 B2B、B2C、C2C、O2O 等，并且随着经济的发展电商模式不断扩充，例如供给对需求，门店线下等模式，经济的不断发展，将会滋生更多不同门类、不同模式的电商平台。2020 年受新冠肺炎疫情影响，全球经济萎缩，线下受阻，电商的优越性凸显，在保持自身交易额稳步增长的同时创新电商模式，在避免密切接触、保障卫生和防疫安全的前提下为广大消费者提供基本生活物资。同时，社交电商、直播电商等模式飞速发展，商务部数据显示，2020 年电商平台直播超 2400 万场，累计观看人数超 1200 亿人次，其中包括线下实体企业以及市镇干部直播推广，对国内经济发展作用显著。在国内经济社会发展的大环境、大趋势下，以及政府政策的激励下，国内电商规模将进一步扩大。

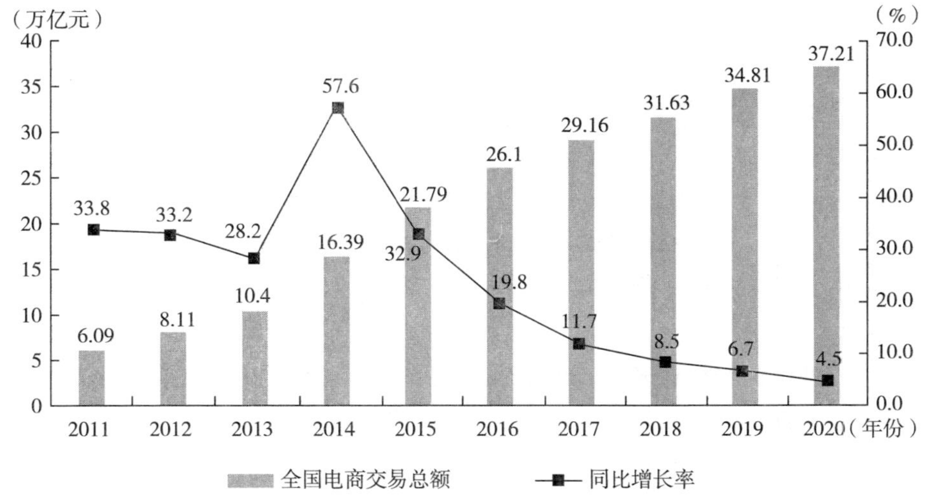

图 4-1　2011~2020 年全国电商交易额

资料来源：国家统计局。

（2）电商服务业迅猛发展，逐渐形成功能完善的业态体系。2020 年，电商服务业营业收入达 5. 45 万亿元，同比增长 21. 88%（见图 4-2）。

从电商交易情况来看，近年来出现了一些新的发展趋势。一是发展模式不断演变。近年来 B2B 与 B2C 加速整合，并由信息平台向交易平台转变。2020 年，电商交易服务收入为 1. 15 万亿元，增速为 36. 33%，其中 B2B、B2C 和 C2C 交易服务收入分别为 1517 亿元（增速 40%）、6503 亿元（增速 36. 5%）和 3349 亿元（34. 5%），B2B 和 B2C 模式下的交易服务收入占比提升。二是电商行业竞争激烈，市场日益集中。电商行业中，以阿里巴巴、京东商城为代表的第一梯队拉开了与其他中小型电子商务企业的差距；电商服务业中，如快递行业、在线教育行业等，均存在电商龙头企业以资金、技术和数据等优势占据较高市场份额，余下中小微企业数量众多而市场份额较少。

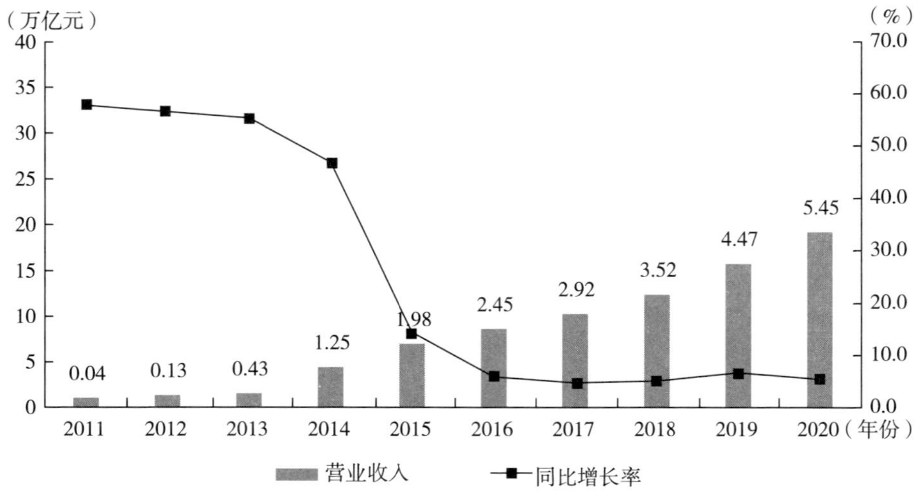

图 4-2 2011~2020 年中国电商服务业营业收入

资料来源：《中国电子商务报告（2020）》。

从支撑性电商服务业来看，近年来出现了不少重大变化。比如，各方面的功能日益独立显现，呈现高度分工的局面；新一代信息技术在电商服务中得到快速应用，大数据正逐渐让数据挖掘发挥其精准营销功能，采购业务也在智能技术支持下逐渐实现数字化；电商平台的功能日益全能化。最后，从衍生性电商服务来看，围绕网络交易派生出一些新的服务行业，如电商企业代运营、产品营销推广、电商教育培训等。

（3）电商发展环境不断改善。全社会电商应用意识不断增强，应用技能得到有效提高。相关部门协同推进电商发展的工作机制建立，围绕电子认证、网络购物等主题，出台了一系列政策、规章和标准规范，为构建良好的电商发展环境进行了积极探索。随着直播电商模式的飞速发展，其中存在的问题也日益显露。为规范直播电商环境，2020 年 11 月 6 日，发布《市场监管总局关于加强网络直播营销活动监管的指导意见》，国家广播电视总局官网随后发布《关于加强网络秀场直播和电商直播管理的通知》，多部门联合推进直播电商相关规范和监管工作，整治直播电商行业中刷单炒信、假冒伪劣、服务配套不完善等问题。同时，电商行业以阿里巴巴、京东等龙头企业为首占据大部分市场份额，使得余下中小微企业几乎没有发展空间，为此，在国家大力整顿行业垄断的背景下，2020 年 11 月，国家市场监督管理总局就《关于平台经济领域的反垄断指南（征求意见稿）》公开征求意见，并对阿里巴巴存在的垄断竞争行为进行罚款惩治。

此外，从地区角度详细分析我国电商发展现状可以发现，不同地区电商行业发展参差不齐。2020 年，各地电商交易规模持续增长，其中全国网络零售额排名前十的地区如图 4-3 所示。从图 4-3 中可以看出，包括广东、浙江、上海等排名前 7 以及河北在内的八个地区都属于东部地区，而安徽和河南都属于中部地区，西部和东北地区甚至整体在 10 名之后。同时，排名第一的广东占比 24.33%，而排名第十的河南占比只有 1.91%，这表明我国电商行业发展集中于东部和中部地区，以广东为首的东部地区电子商务行业发展极为繁荣。

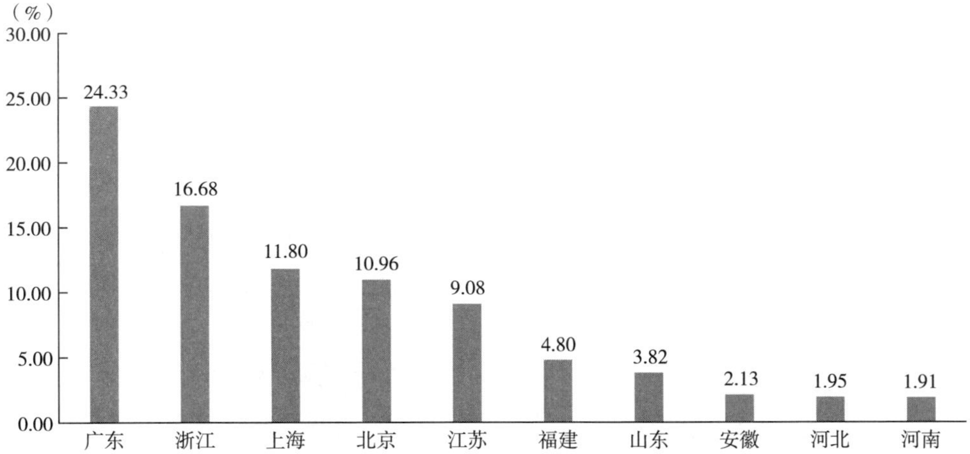

图 4-3　2020 年全国网络零售额前十位省份占比

资料来源：中国电子商务报告（2020）。

二、电商供应链融资的基本模式

电商平台上存在大量的中小微企业，它们具有很大的融资需求，而基于电商平台服务商开展的供应链融资业务为平台上需要融资的众多中小微企业提供了一种有效的融资方式。本章先对不同电商平台的供应链融资产品进行深入分析和对比研究，归纳总结我国电商平台供应链融资的特征，为供应链融资的发展完善提供参考。这里所说的电商平台供应链融资，是指基于电商平台服务商，将中小微企业、金融机构、中介服务机构的资金需求、资金供给和中介服务信息进行有效对接，为电商平台上开展业务并有资金需求的中小微企业提供各种形式的融资服务。

基于电商的供应链融资业务按照不同角度进行模式分类。按照电商平台的性质，电商平台供应链融资可以分为基于 B2B 电商平台的供应链融资模式（如阿里巴巴、敦煌网、快塑网等）、基于 B2C 电商平台的供应链融资模式（如天猫、京东商城、唯品会、苏宁易购等）以及基于 C2C 电商平台的供应链融资模式（如淘宝等）。

按照资金来源的不同，基于电商平台的供应链融资业务可以分为基于银行资金的电商供应链融资模式（如敦煌网+平安银行、金银岛+建设银行等），以及基于自有资金的电商供应链融资模式（如阿里巴巴+蚂蚁金服、京东+京保贝等）。

按照信用质押物的不同，基于电商平台的供应链融资业务可以分为电子订单融资模式、电子仓单融资模式和网络信用融资模式。基于电商平台的供应链融资模式及典型案例总结如表 4-1 所示。

表 4-1 基于电商平台的供应链融资模式及典型案例

序号	按照电商平台类型		按照资金来源不同		按照信用质押物不同
	模式	典型案例	模式	典型案例	
1	基于 B2B 电商平台的供应链融资模式	阿里巴巴、敦煌网、金银岛	自有资金	阿里巴巴+蚂蚁金服	电子订单模式 电子仓单模式 网络信用模式
			银行资金	敦煌网+平安银行 金银岛+建设银行	
2	基于 B2C 电商平台的供应链融资模式	天猫、京东商城、唯品会、苏宁易购	自有资金	天猫+蚂蚁金服 京东+京保贝	电子订单模式 电子仓单模式 网络信用模式
			银行资金	苏宁易购+交通银行	
3	基于 C2C 电商平台的供应链融资模式	淘宝	自有资金	淘宝+蚂蚁金服	电子订单模式 网络信用模式

第二节 B2B 电商平台供应链融资典型案例分析

B2B 在线供应链融资逐渐成为撬动 B2B 交易的创新支点。供应链融资以电商平台为中心，以真实存在的交易为依托，通过资金流撬动交易等形成产业链闭环。现在的供应链融资市场也是受到市场的高度重视而发展火热，成为 B2B 的标配，综合 B2B 电商和大宗电商也走在实践前沿。B2B 模式是电子商务中历史最长，同时也是发展最完善的商业模式，B2B 模式也能够迅速给企业带来利润和回报。

一、中驰车福

中驰车福成立于 2010 年，是集网上商城平台、汽车数据平台、供应链云平台等于一体的综合化垂直类服务平台。目前已在全国设立 20 多家分支机构，业务覆盖全国近 30 个省份。2016 年公司营业收入超过 20 亿元，且持续高速增长。量子金福是中驰车福的子公司，由中驰车福 100%控股，是一家创新的互联网+供应链融资的金融科技平台，致力于通过大数据风控技术及信息技术将电商平台及核心企业的外部征信数据、内部业务数据转化为信用资产，提高企业供应链业务效率，助力电商平台及核心企业的业务起飞。

中驰车福并没有采用企业通常采用的推出供应链融资产品的方式，而是拥有一家主要服务于中驰车福，为其提供支付、结算及供应链融资业务等整套解决方案的子公司——量子金福。量子金福旗下设有金易结、金易采两款产品和量子云平台一个在线供应链融资云平台。

（1）金易结。金易结是一款专门为核心企业上游优质会员量身打造的创新供应链融资产品，具备在线开通、信用支付、免息账期、延期融资、随借随还、一键还款等优势。使采购更简单、支付更便捷、运转更高效。

（2）金易采。金易采是一款专门针对核心企业向上游采购而设计的金融产品，产品拥有按单借款、线上对账、快速放款、随借随还、操作简单等特点。

（3）量子云平台——在线供应链融资云平台。量子云平台是量子金福自主研发的在线供应链融资云平台，提供多角色专属门户和操作平台；量子金福可以承建系统，也可以为核心企业提供在线运营托管服务。

综上所述，中驰车福作为 B2B 平台，合理运用 B2B 平台的供应链融资模式，主要运用了电子订单融资模式，成立子公司量子金福为中驰车福提供服务，同时也为中小企业买卖双方提供专属门户和操作平台，还可以承建系统。

二、天物大宗

天物大宗成立于 2012 年，隶属于“世界 500 强企业”天津物产集团有限公司，致力于搭建集大宗商品采购、销售、物流、信息等业务和服务于一体的网上交易平台，创建传统贸易与电商相结合的经营模式。目前，天物大宗平台已经推出的供应链融资产品有三款，分别是贸易通、银企通和随意融。

（1）贸易通。贸易通是一款为客户提供贸易贷款的供应链融资产品。通过贸易通，客户只需支付定金，就可以享受平台帮忙订货、付款、安全仓储的服务，大大降低了客户的采购成本。申请流程也极为简单，为中小企业客户提供了极大的便利。

（2）银企通。银企通下还有四款产品，分别是预付融、现货贷、货押通和赊销宝。

1）预付融：预付融是一款提供贷款订货服务的产品。通过预付融，中小企业在订购货物时，只需支付定金，即可在线申请融资预付全部货款，缓解了中小企业的融资难问题。

2）现货贷：现货贷是一款可以提供给客户贷款买现货服务的产品。中小企业通过现货贷，在购买现货时，可在线向平台申请融资完成订单支付，缓解了中小企业的融资难问题。

3）货押通：货押通是一款提供给中小企业现货换钱服务的产品。中小企业通过货押通，可以以自有现货做质押，在线快捷申请融资，缓解中小企业融资难的痛点。

4）赊销宝：赊销宝是一款可以让中小企业进行应收账款转让的产品。如果面对融资问题的中小企业有基于交易合同所产生的应收账款，那么中小企业可以通过赊销宝将债权转让获得资金，达到融资的目的。

（3）随意融。随意融主要为客户提供三种服务，分别是担保服务、典当服务和融资租赁服务。

1）担保服务：随意融的担保服务为中小企业提供担保，最终签订合同，为中小企业放款，达到帮助中小企业融资的目的。

2）典当服务：随意融的典当服务为中小企业通过典当来融资提供了机会，解决中小企业融资难的问题。典当服务完成后，中小企业还可以根据自己的资金情况选择赎当、续当或绝当。

3）融资租赁：随意融的融资租赁服务为中小企业解决了融资难问题，企业可以选定设备享受融资租赁。随意融的融资租赁服务不仅省税金、成本低、融资额度高，而且使用期限长。

综上所述，天物大宗作为B2B平台，充分运用了B2B平台的供应链融资模式，电子信用融资模式、电子订单融资模式和电子仓单融资模式都有应用，所推出的供应链融资产品具有多样性，产品全面考虑平台上买卖双方的融资难问题。

三、金银岛

金银岛专注产业互联网，是中国领先的产业互联网平台，是中国大宗产品电商及产业链金融的开创者和领导者。自2004年成立伊始，金银岛就致力于为大宗产品市场"建立市场标准、创造信用环境"。在产业互联网领域，金银岛率先实现了信息流、资金流、物流的"三流合一"，为客户提供大宗产业资讯、产业链金融、产业互联网云交易三大服务。

金银岛并没有推出供应链融资产品，而是与中国建设银行、中国工商银行、广发银行、昆仑信托、国投瑞银、中正基金和中农基金合作，为平台买家和卖家提供融资服务，金银岛可以享受的融资服务产品种类也非常多，如煤炭、矿石、有色、石油、塑料、橡胶和钢铁。主要的融资服务有：

（1）集合采购。集合采购是指购销双方签订购销合同后，融资主体先向上游供货商支付货款，货款由金融机构提供贷款支持（预付款总额不高于上游供货商预先核定额度）。货物、资金、交易接受金银岛监管。融资主体销货回款后，可循环使用。当融资主体不提货时，上游供货商承担退货/退款、回购责任。集合采购利用平台优势，集合多家交易商的采购需求，利用融资服务形成规模资金，统一向上游采货，形成了价格优势，降低了运营成本。

（2）集合销售。集合销售是指融资主体将赊销形成的应收账款转让给金融机构，以获得贷款支持。应收账款的债务人是银行认可的具有偿债能力的企业。融资主体能提供完整、有效的债权转让文件。终端客户到期支付货款，用于偿还银行贷款。集合销售利用平台优势，集合多家上游企业的销售需求，统一向指定下游销货，提升供货能力。融资服务帮助上游企业提前回笼资金。

（3）代理销售。代理销售是指购销双方签订购销合同后，融资主体先向下游供货商供货，货款由金融机构提供贷款支持（预付款总额不高于上游供货商预先核定额度）。货物、资金、交易接受金银岛监管。下游销货回款后，可循环使用。代理销售利用平台优势，帮助上游供货商解决货物分销问题，降低上游运营成本。致力于整合产业链，减少中间环节，提高货物中转率。

（4）仓单融资。仓单融资是指融资主体将电子仓单质押给银行进行融资的融资方式。获得货值 70%的银行贷款。融资主体分批偿还银行贷款，分批解押、销售。

（5）订单融资。订单融资是指购销双方签订合同后，融资主体凭借金银岛确认的电子订单向银行申请贷款的融资方式。

综上所述，金银岛作为 B2B 平台，较充分地运用了 B2B 平台的供应链融资模式，主要运用了电子订单融资模式和电子仓单融资模式两种，所推出的供应链融资产品也全面考虑了平台上买卖双方融资难问题。

四、敦煌网

敦煌网成立于 2004 年，是中国首个实现在线交易的跨境电商 B2B 平台，以中小额外贸批发业务为主，致力于帮助中国中小企业通过跨境电商平台走向全球市场，开辟一条全新的国际贸易通道，让在线交易更加简单、更加安全、更加高效。

敦煌网贷款面向全平台企业和个人卖家开放。针对企业卖家，先后与中国建设银行合作推出“e 保通”、与招商银行合作推出“敦煌网生意一卡通”、与民生银行合作推出“敦煌新 e 贷白金信用卡”。除此之外，敦煌网还推出了敦煌电商数据贷、结汇宝和回款宝，帮助敦煌网卖家实现资金快速周转，不再出现货款压滞。

（1）e 保通。2011 年，敦煌网和建设银行推出“e 保通”。该产品主要依据订单开展服务。对于符合要求的用户，在其产生订单之后，用户需要把发货信息传送回敦煌网，确认信息准确之后，会反馈给建设银行，建设银行在收到信息之后会将 80%的资金发放给用户，另外 20%的资金要等到买家确认收到后再发放。

（2）敦煌网生意一卡通。敦煌网还和招商银行合作发行联名金融服务卡“敦煌网生意一卡通”。在正常情况下，类似招商银行“生意贷”等产品，用户必须拥有营业执照才能申请，但现在只要求用户在敦煌网上有半年的交易记录，就能申请该借记卡。拿到这张卡的用户最先享受的是所有结算都免费。根据用户订单交易数据与招商银行信用值的匹配，用户可以申请到 5 万~150 万元的额度。

（3）敦煌新 e 贷白金信用卡。敦煌新 e 贷白金信用卡是民生银行联合敦煌网为敦煌网卖家量身打造的专属服务，为信用卡白金卡级别。敦煌网卖家可根据自己在敦煌网的综合交易情况获得最高 50 万元的授信额度，无须提供抵押担保。敦煌新 e 贷白金信用卡具有以下优点，包括：①高额度：依据用户的实际交易确定额度，同时根据敦煌网用户的经营情况可追加授信额度，新 e 贷项目授信额度最高 50 万元；②高效率，线上申请，银行直接上门开卡，一对一人工服务；③高取现率，额度 90%的电话转账提现，操作方便，无取现费用；④高年限使用，一次核准、授信循环使用三年，可支配性强，随取随用，支持众多还款途径，随借随还；⑤低利率：按日计息手续费率为 0.045%；按分期手续费率为 0.72%~0.8%（年息为 8.6%~9.6%）。

（4）敦煌电商数据贷。敦煌电商数据贷，定位为专为中小电商解决融资难题的大数据金融服务综合平台。基于敦煌大数据，借款用户仅需在线提交个人有效身份信息与一个或多个不同平台的店铺经营数据即可进行实时授信，进而更加高效快捷地为用户解决资金周转问题。

（5）结汇宝。结汇宝产品向外贸电商客户提供，基于外币兑人民币的外汇交易产品。满足外贸电商客户的换汇需求，通过即期外汇和远期外汇交易方式，以具有竞争力的汇率价格为客户提供优质的结汇服务。

（6）回款宝。回款宝是一款信用融资产品，发货即放款，让客户资金周转倍增，低门槛使用，自由灵活还款。

综上所述，敦煌网 B2B 平台较充分地运用了 B2B 平台的供应链融资模式，主要运用了电子信用融资模式和电子订单融资模式两种，所推出的供应链融资产品全面考虑了平台上买卖双方融资难问题。

五、B2B 电商平台供应链融资典型业务的比较分析

（一）各电商平台供应链融资业务的比较

根据以上对电商平台供应链融资产品及其实施情况的介绍，从平台涉及领域、成立时间、供应链融资开始时间、供应链融资产品模式、产品受益方和对应产品的融资方式 6 个方面进行了对比，见表 4-2。

表 4-2　典型 B2B 电商平台供应链融资业务比较

平台及所涉领域	平台成立时间	金融业务开始时间	金融产品名称	融资方	质押物	资金来源
中驰车福——汽配类	2010 年	2016 年	金易结	卖家/买家	电子订单	银行资金
			金易采	核心买家		
			量子云平台	卖家/买家		

续表

平台及所涉领域	平台成立时间	金融业务开始时间	金融产品名称		融资方	质押物	资金来源
天物大宗——钢铁	2012 年	2014 年	贸易通		买家	电子订单	银行资金
			银企通	预付融	买家		
				现货贷	买家		
				货押通	卖家/买家	电子仓单	
				赊销宝	卖家/买家	电子订单	
			随意融	担保服务	卖家/买家	电子信用	
				典当服务	卖家/买家		
				融资租赁	卖家/买家		
金银岛——煤炭	2004 年	2009 年	集合采购		买家	电子订单	银行资金
			集合销售		买家		
			代理销售		买家		
			仓单融资		卖家/买家	电子仓单	
			订单融资		卖家/买家	电子订单	
敦煌网——对外贸易	2004 年	2011 年	e 保通		卖家	电子订单	银行资金
			敦煌生意一卡通		卖家	电子信用	
			新 e 贷白金信用卡		卖家		
			敦煌电商数据贷		卖家		
			结汇宝		卖家/买家	电子订单	
			回款宝		卖家	电子信用	

（二）B2B 电商平台供应链融资业务的特征分析

基于前文以及各平台供应链融资业务的对比分析，可以归纳出 B2B 电商平台供应链融资业务的一些特征。

（1）与 B2C 和 C2C 电商平台相比，B2B 平台上的客户规模以及每笔业务的金额较大，资金需求量也相对较大，因此，除了少数 B2B 电商平台（如阿里巴巴）具有自有金融资金支持之外，大部分 B2B 平台都采用与商业银行合作的方式来满足供应链资金融通需求。

（2）B2B 电商平台供应链融资业务的开展，最早是在钢铁、化工橡塑、石化等大宗物资相关领域展开的，而农业、小型汽配、外贸等领域的电商平台供应链融资的起步相对较晚。这也是因为大宗物资交易的资金需求量大，且金融机构对大笔金额的融资业务管理上相对比较容易，而在处理小笔金额的融资业务时投入的精力和成本会比较大。因此，金融机构更愿意从事大宗物资的供应链融资业务。随着电商平台供应链融资业务的成熟，一些金融机构逐渐介入单笔业务额相对较小的供应链融资业务。而且，由于大宗商品电商平台相对规模较大，一般在平台成立当年或者成立后 2 年内就可以涉足供应链融资业务，而农业、小型汽配、外贸类电商平台通常在成立后 5~7 年开始涉足供应链融资业务，这也可能是因为业务量小的企业需要更多的时间来累计信用信息，从而降低供应链融资业务开展的风险。

（3）电子订单融资、电子仓单融资和电子信用融资是电商平台供应链融资的三种典型模式。这三种模式在 B2B 电商平台供应链融资业务中都有采用。其中，电子订单融资模式应用最为广泛且频率最高。而随着我国信用体系的不断建立和大数据技术的发展，而且网络交易信息容易获取、保存的特点，网络交易的信用越来越多地被运用到电商平台供应链融资业务中，从而电子信用融资模式也被越来越多的 B2B 电商平台采用。相对来说，由于电子仓单融资涉及物流企业的监管问题，虽然仓单监管能够降低供应链融资的风险，但是花费的成本相对较高，监管过程也比较复杂，因此相对于电子订单和电子信用融资模式而言，电子仓单融资业务在电商平台供应链融资业务中的运用比传统供应链融资业务要少一些。这也体现了电商平台供应链融资业务与传统线下供应链融资业务的区别。

（4）不同特点的 B2B 电商平台都能够针对实际情况制定适合自己发展的融资模式和融资方案。电商平台都能充分考虑平台上买卖双方的资金需求，推出的供应链融资产品呈现出多样化、创新化的特点。面对小微企业融资、申请贷款难的情况，金融机构已经从过去相对呆板的授信制度转向依据互联网交易信息向小微企业提供比较变通的贷款方式，并且与各电商平台合作帮助小微企业解决问题。银行开始从原先只为大企业服务转变为针对小微企业推出相应产品。而现在的 B2B 电商交易平台也在帮助银行，跟银行合作推出供应链融资产品帮助小微企业解决融资难问题，如与中农网合作的金融机构多达 26 家。

第三节　B2C 电商平台供应链融资典型案例分析

本书选取了天猫、京东商城、唯品会、苏宁易购 4 家国内主流电商平台，对其提供的供应链融资产品及其应用情况进行分析。

一、天猫

天猫是中国最大的企业对消费者购物网站，由淘宝网分离而成，其前身为淘宝商城。2012 年 1 月 11 日正式由淘宝商城更名为天猫，现为阿里巴巴集团的子公司之一。天猫同时支持淘宝的各项服务，如支付宝、集分宝支付等。迄今为止，天猫已经拥有 4 亿多买家，5 万多家商户。数据显示，天猫在 2018 年上半年中国 B2C 网络零售平台市场份额中占比 52.5%，依旧稳居首位。天猫通过与蚂蚁金服合作，通过蚂蚁金服提供的“网商贷”“花呗”“借呗”等产品为平台商户和用户提供小额贷款服务。

（1）“网商贷”是经营类贷款服务，是由网商银行及其合作方针对小微企业和个人创业者推出的经营性贷款总称，是一款免抵押免担保的信用类贷款。网商银行，是由蚂蚁金服作为大股东发起设立的中国第一家核心系统基于云计算架构的商业银行，于 2015 年 6 月 25 日正式开业。网商贷作为经营性贷款，要求必须是经营者，且经营性行为和数据需要被系统评估到，依据大数据评估，结合经营情况、信用情况、使用情况等多维度进行分析，确定发放贷款额度。一般可提供 6 个月和 12 个月的借款周期，利息按天计算。

（2）“借呗”是消费类借款服务，主要面向个人。借款时，可以选择放款到支付宝账户或绑定的银行卡中，不限制购物场景，可用于消费、装修、旅游等。额度根据每个账户使用情况的不同，系统通过对每个账户的消费、还款等信息进行评估，以此来确定可借额度。当一段周期内的行为良好，可借额度可能提升，反之则会下降。借款单次支用金额可从一元到当前可借额度不等，一般可借 3 个月、6 个月或 12 个月，可提前还款也可按期还款，提前还款的利息按照实际使用天数来计算，按期还款会在还款日自动代扣，避免了逾期影响信用的风险。

（3）“花呗”是主要面向个人的、依托于场景的信用消费工具。主要应用于淘宝、天猫和部分外部商家，用户在消费时，可以选择使用花呗的额度，享受“先消费，后付款”的服务，花呗额度确定的方式与借呗额度确定的方式类似，花呗账单还款类似于信用卡还款，期限为一个月，按期还款不收利息，逾期会按照每天 0.05%的利息收取逾期罚息。此外花呗账单还可以分期还款、最低还款等。花呗账单分期还款，一般可分 3、6、9、12 期不等，具体费率以还款页面利率为准；花呗最低还款指出账后可针对账单先最低还款一部分，剩余未还款金额按日计息。

二、京东商城

京东是中国最大的自营式电商企业，京东商城是京东旗下的 B2C 电商平台，是一个仓储、物流、支付、贷款配套的金融综合服务平台，有着优质的上游供应商以及下游消费者和快速的自建物流网络，积累了海量数据，拥有很多潜在的金融业务客户。2012 年，京东商城开始发展供应链融资业务，并与同为京东旗下的京东金融联合推出“京保贝”“京小贷”“动产融资”等面向商户和企业的金融产品，和“白条”“白条闪付”“金条”等面向消费者的金融产品。

（1）“京保贝”的服务对象主要是通过应收账款融资的企业，是京东金融推出的池保理融资方案。其资金来源是京东自有资金。供应商在客户端进行申请，需求信息会从京东商城的零售业务系统自动传递到保理业务系统。保理业务系统可以通过 ERP 系统了解供应商以往的交易数据以及信用状况，在此基础上为融资额度的核定提供参考。当融资申请金额在一定范围内时，根据相应的风险控制模型，线上系统会自动判断是否同意融资申请以及融资金额，京东商城的网银系统会完成资金的发放工作。帮助供应商解决融资难、放款慢、应收账款周转周期长的问题。

（2）“京小贷”的服务对象主要是京东商城开放平台商家，具体分为订单贷款、提前收款、信用贷款。订单贷款是以在途的订单为依据，经审核通过后进行贷款，期限为 2 个月，订单贷款可以加快商家资金回笼，提高销售周转。提前收款是通过“卖家已发货/买家未确认收货”这一在途资金进行贷款，期限为 1 个月，这便于商家及时收回货款，加快资金周转。信用贷款主要是结合店铺的综合经营情况，评定出具体授信额度，有利于缓解商家的资金紧张的局面。

（3）“动产融资”的服务对象主要是全网企业商户，需要企业以自有动产作为质押，向京东金融申请融资的业务，具体有预付款融资、现货融资、采购融资三种业务，动产融资便于盘活企业库存，缓解企业的库存压力。

（4）“白条”和“金条”都是针对消费者提供的金融服务。京东白条是京东金融推出的“先消费，后付款”支付方式，与支付宝花呗类似；京东金条类似于支付宝借呗，是京东金融提供的现金借贷服务，借款可发放到本人储蓄卡或信用卡中，借款至信用卡等同于还信用卡，“金条”与“白条”的主要区别在于，“金条”可以提现，而“白条”大多适用于在京东商城的消费支付。

三、唯品会

唯品会成立于 2008 年，在中国开创了“名牌折扣+限时抢购+正品保障”的创新电商模式，唯品会定位于正品特卖，以独特的“精选品牌+深度折扣+限时抢购”正品特卖模式，为消费者带来高性价比的“网上逛街”愉悦购物体验。相对于蚂蚁金服、京东金融，唯品会的供应链融资起步较晚，2013年，唯品会基于平台供应商的资金需求，推出了首款供应链金融产品“唯易贷”，迈出了互联网金融业务的第一步。2015年，唯品会推出了针对平台用户的“唯品花”。

（1）“唯易贷”目前主要向唯品会的自家供应商开放，供应商在唯易贷上提交融资需求，唯品会提供采购合同，并向唯易贷提供应收账款信息，然后供应商与唯易贷签订贷款协议，唯易贷随即放款。与同类产品相比，唯易贷有较低的利率、无须担保抵押、最高5000万元的超大额度等优势。

（2）“唯品花”是针对唯品会平台用户的购物需求推出的“先消费，后还款”消费贷款产品，和支付宝花呗、京东白条属于同一类金融产品。

四、苏宁易购

苏宁易购成立于2009年，是苏宁易购集团股份有限公司旗下的B2C网上购物平台，现已覆盖传统家电、3C电器、日用百货等品类。2012年，苏宁易购开始实施供应链融资模式，并推出了“账速融”“信速融”“货速融”“票速融”“乐业贷”等针对不同企业贷款的金融产品以及针对个人消费贷款的“任性付”，实现了一站式供应链融资服务。

（1）“账速融”的目标客户主要是苏宁易购的供应商，主要有资产池融资、信用融资、结算单融资。资产池融资是根据企业在苏宁易购的应收账款池价值来计算融资额度以向供应商发放贷款，使供应商能够及时将资金投入下一轮生产活动。信用融资是根据企业的销售、结算及信用状况综合评估来确定给企业的贷款额度。结算单融资是以企业在苏宁易购应付未付的结算清单为依据来提供融资有利于企业提前回款，加速周转。

（2）“信速融”主要针对的是苏宁云台商户，为其提供基于店铺经营情况的信用贷款，具有准入门槛低、贷款成本低、放款速度快、还款方式易的特点。

（3）“货速融”主要是货物质押融资，货物需存放至苏宁物流，有存货融资、订单融资两种模式。存货融资是基于企业在苏宁仓储的存货提供融资，流动态管理质押物，不影响货物出售：订单融资是为企业采购货物提供的融资支持，为企业代付货款，可以减少企业自有资金占用。

（4）“票速融”是基于苏宁易购等核心企业开具的商业汇票提供票据贴现的

服务，分为针对苏宁易购票据的贴现和针对非苏宁易购票据的贴现，不限银行、不限金额，出票即可贴现，方便快捷。

（5）“乐业贷”是为经销商、代理商提供用于向核心企业采购货物的贷款，经销商、代理商凭采购订单或合同委托平台将货款支付至核心企业，企业可以融资期限内随借随还。

（6）“任性付”是针对个人消费贷款的一款产品，无须抵押、不用担保、低利息，用户最长可享受 45 天免息贷款或者最长 24 期的分期付款，能够让消费者先享后付。

五、B2C 电商平台供应链融资典型业务的比较分析

（一）各电商平台供应链融资业务的比较

通过以上 4 家电商平台典型 B2C 电商平台供应链融资业务及其实施情况，我们从平台成立时间、供应链融资业务开始时间、供应链融资产品、产品受益方、产品融资方式及资金来源 6 个方面进行对比，如表 4-3 所示。

表 4-3　典型 B2C 电商平台供应链融资业务的比较

<table>
<tr><th>平台</th><th>平台成立时间</th><th>金融业务开始时间</th><th colspan="2">供应链融资产品</th><th>产品受益方</th><th>产品融资方式</th><th>资金来源</th></tr>
<tr><td rowspan="3">天猫</td><td rowspan="3">2012 年</td><td rowspan="3">2007 年</td><td colspan="2">网商贷</td><td>卖家</td><td rowspan="3">网络信用</td><td>银行资金</td></tr>
<tr><td colspan="2">借呗</td><td rowspan="2">买方</td><td rowspan="2">自有资金</td></tr>
<tr><td colspan="2">花呗</td></tr>
<tr><td rowspan="9">京东商城</td><td rowspan="9">2007 年</td><td rowspan="9">2012 年</td><td colspan="2">京小贝</td><td rowspan="7">卖方</td><td rowspan="4">网络信用</td><td rowspan="9">自有资金</td></tr>
<tr><td rowspan="3">京小贷</td><td>订单贷款</td></tr>
<tr><td>提前收款</td></tr>
<tr><td>信用贷款</td></tr>
<tr><td rowspan="3">动产融资</td><td>预付款融资</td><td rowspan="3">网络订单
电子仓单</td></tr>
<tr><td>现货融资</td></tr>
<tr><td>采购融资</td></tr>
<tr><td colspan="2">白条</td><td rowspan="2">买方</td><td rowspan="2">网络信用</td></tr>
<tr><td colspan="2">金条</td></tr>
<tr><td rowspan="2">唯品会</td><td rowspan="2">2008 年</td><td rowspan="2">2013 年</td><td colspan="2">唯易贷</td><td>卖方</td><td rowspan="2">网络信用</td><td rowspan="2">自有资金</td></tr>
<tr><td colspan="2">唯品花</td><td>买方</td></tr>
</table>

续表

<table>
<tr><th>平台</th><th>平台成立时间</th><th>金融业务开始时间</th><th colspan="2">供应链融资产品</th><th>产品受益方</th><th>产品融资方式</th><th>资金来源</th></tr>
<tr><td rowspan="9">苏宁易购</td><td rowspan="9">2009 年</td><td rowspan="9">2011 年</td><td rowspan="3">账速融</td><td>资产池融资</td><td rowspan="8">卖方</td><td rowspan="8">网络订单
电子仓单
网络信用</td><td rowspan="9">自有资金</td></tr>
<tr><td>信用融资</td></tr>
<tr><td>结算单融资</td></tr>
<tr><td colspan="2">信速融</td></tr>
<tr><td rowspan="2">货速融</td><td>存活融资</td></tr>
<tr><td>订单融资</td></tr>
<tr><td colspan="2">票速融</td></tr>
<tr><td colspan="2">乐业贷</td></tr>
<tr><td colspan="2">任性付</td><td>买方</td><td>网络信用</td></tr>
</table>

（二）B2C 电商平台供应链融资业务的特征分析

对上述 4 家 B2C 电商平台的供应链融资业务从开始时间、受益方等 6 个方面对比分析，可以归纳出 B2C 电商平台的供应链融资业务的一些特征。

（1）B2C 电商平台所提供的融资产品的融资方式以网络信用为主，无须担保抵押，主要依托于平台所掌握的大量用户信息并对这些大数据进行分析。企业或个人向平台提出贷款申请，平台通过汇总企业或个人在平台上的各类信息并进行处理分析，评估其信用状况，以此来确定贷款额度，将贷款发放到用户手中。这种融资方式，对平台和平台用户来说，降低了融资的授款难度，增加了交易信用。

（2）B2C 电商平台提供的供应链融资产品的资金来源主要是企业的自有资金。除蚂蚁金服的“网商贷”是依赖浙江网商银行提供的资金外，其他电商平台的供应链融资产品的资金来源都是平台自有资金。并且蚂蚁金服的“网商贷”虽然依赖于浙江网商银行，但是浙江网商银行也是由蚂蚁金服作为大股东发起设立的民营银行。总体来讲，B2C 电商平台在开展供应链业务初期，大都采取与银行合作的方式推出贷款产品，由银行提供资金，平台为银行提供用户的信用信息来完成贷款业务，随着业务逐渐发展成熟，电商平台纷纷开始采用自有资金来为供应链融资产品提供资金支持。

（3）B2C 电商平台的供应链融资产品大多是面向中小微企业或者个人的。由于中小微企业生产规模较小、资产少、财务不规范、信息不够透明，信用体系不够健全等问题，很难申请到银行贷款，即使可以申请到，也只是很小的额度。各个电商平台推出的供应链融资服务有效地解决了这一问题，同时也将平台与供应商、用户更加紧密地联系在一起，有利于增加平台用户的忠诚度，减少客户流失。

第四节　C2C电商平台供应链融资典型案例分析

C2C模式是消费者之间通过电子商务平台进行交易的一种模式。这种模式的特点在于电商企业只提供一个网络平台，任由交易双方在平台上实现业务往来。代表企业有淘宝网、拍拍等。这里以淘宝网为例对其供应链融资业务进行分析。

一、淘宝网供应链融资典型案例分析

淘宝贷款是一项为淘宝买家和卖家提供的信用贷款和财富管理服务的融资服务。在2016年的“3·15”节目上，C2C模式中的淘宝网卖家刷单严重欺骗消费者被曝光，淘宝网面临着信用风险。虽然淘宝网是C2C模式中最大的电商平台，但是在没有口碑和众多消费者的情况下，信用风险的程度只会更大。但是，作为C2C模式下成功的典型案例，它拥有很多发展优势，包括：

（1）交流工具。淘宝网在2004年推出的“淘宝旺旺”，不仅拉近了买卖双方的聊天距离，还为买家提供消息提醒的服务，以防发生买家交易信息丢失。

（2）信用体系。经常使用淘宝网购物的消费者都知道，每次交易结束后都有卖家评价这一环节，评价分为好、中、差三种。买家的每次评价都会使淘宝网系统对卖家进行信用评级，以便新老客户进行购物选择。

二、淘宝网供应链融资特征分析

从成立时间、企业经营领域、供应链融资产品、融资模式、资金来源五方面对淘宝网供应链融资业务进行分析，如表4-4所示。

表4-4　典型C2C平台供应链融资特征分析

企业名称	成立时间	企业经营领域	供应链融资产品	融资模式	资金来源
淘宝网	2003年	网络零售	淘宝贷	电子信用	自有资金

（1）2003 年淘宝网的成立宣告了中国成功进入 C2C 模式新篇章。和易趣相比，淘宝网以免费的方式吸引商家，使得商家数量赶超易趣；2004 年由于支付宝成立，淘宝网开始进军服务行业，正式甩开易趣，奠定了其在 C2C 模式中的地位。淘宝网作为典型的代表，拥有庞大数量的店铺和个人客户，平时的交易额和成交量保持稳定状态，特殊时间就会成倍增长。

（2）淘宝网的崛起为国内提供了方便、安全的交易平台，卖家不仅可以入驻淘宝网，直接面对买家；而买家也可以对相似产品进行比对，直接和卖家沟通，选择心仪的产品。针对淘宝网自身的发展优势，有想以此模式创立企业的或者其他想向 C2C 模式进军的企业，要重点关注淘宝网成功的关键优势，创建属于自家平台的交流工具、制定更完善的信用评级体系。

第五节　本章小结

本章主要围绕电子商务背景下供应链融资模式这一方向进行典型案例分析。从 B2B、B2C、C2C 进行多案例分析入手，归纳整理多家电商企业的供应链融资产品等重要信息并进行对比分析，采用质性研究方法，对供应链融资模式进行概括总结，得出如下结论：

（1）电商供应链融资按照信用质押物分类可以分为电子订单融资模式、电子仓单融资模式、电子信用融资模式；按照电商平台性质分类，可以分为基于 B2B 电商平台的供应链融资模式、基于 B2C 电商平台的供应链融资模式以及基于 C2C 电商平台的供应链融资模式；按照资金来源分类，可以分为基于银行资金的电商供应链融资模式，以及基于自有资金的电商供应链融资模式。

（2）B2B、B2C、C2C 电商模式下的供应链融资业务都取得了不错的发展，而且电子订单、电子仓单、融资信用等模式在 B2B 电商供应链融资业务、B2C 电商供应链融资业务、C2C 电商供应链融资业务中均有体现。每种模式下不同案例中的供应链融资业务可以相互借鉴。

第二篇　电商供应链融资信任机制研究

第五章　电商供应链融资信任关系及信任传导机制分析

本章主要通过理论研究以及序贯博弈方法分析电商供应链融资信任关系以及信任传导效应，为下文分析电商供应链融资信任机制及其影响因素提供依据。首先，通过对电商供应链融资授信过程、各主体间信任关系的构建以及最终形成的信任模式进行分析，厘清电商供应链融资中金融机构、电商平台与小微企业之间的信任关系。其次，在厘清信任关系的基础上分析信任传导产生的正面效应和负面效应，通过序贯博弈方法分析金融机构、电商平台与小微企业三者之间在融资过程中从商业信任向金融信任转变的信任传导。最后，通过算例分析验证序贯博弈结果的有效性，得出电商供应链融资的信任传导效应。

第一节　电商供应链融资信任关系

在电商平台供应链融资活动中，参与主体包括小微企业、金融机构、电商平台、支付平台和物流平台等，其中最核心的信任关系便是小微企业和金融机构之间的金融信任，支付平台、物流平台等第三方平台企业在电商供应链融资活动中均起到了增强金融机构与小微企业间信任的作用。虽然不同的融资模式会导致融资活动参与主体之间信任关系不同，但不管是电子订单融资、电子仓单融资还是网络信用融资模式，参与主体间信任关系的关键仍然是建立起相互间的依赖性，同时降低信任关系中的不确定性，从而提升信任者对被信任者的认可程度，最终形成信任者对被信任者执行某一事务的信任意愿指导授权行为。因此，为了金融机构与小微企业之间金融信任的达成以及维持，降低电商供应链融资风险，本章主要将电商供应链信任问题聚焦于小微企业与电商平台以及电商平台与金融机构间的商业信任如何在融资活动中成功传导即成为小微企业与金融机构间的金融信任，信任关系具体包括：金融机构与小微企业间的金融信任、金融机构与电商平台以及电商平台与小微企业间的商业信任。本节首先明确不同电商供应链模式下的授信过程；其次根据授信过程厘清随着融资活动的进行，各参与主体之间信任关系建立的过程；最后分析目前电商供应链融资形成的信任模式。

一、电商供应链融资授信过程

按照供应链融资业务开展过程中信用质押物的不同，电商双边市场供应链融资业务模式可以分为电子订单融资模式、电子仓单融资模式和网络信用融资模式。这三种模式均由传统供应链融资模式演进而来，电子订单融资与应收账款融资模式均围绕交易的债权展开，从传统模式中的线下实物交易形成的债权授信演化为线上网络交易形成的电子订单债权授信；电子仓单融资与存货质押融资模式均是以存货为标的的融资担保模式，从传统模式中的实物存货质押融资演化为网络交易中电子仓单质押融资；网络信用融资与预付账款融资模式均体现为融资方依靠供应链关系实现信用增值，授信依据从传统模式中的依靠与核心企业的业务往来为依据演化为以电商双边市场中交易记录产生的网络信用为依据。

第一，电子订单融资模式。电子订单融资以融资企业与交易方签订的买卖协议或者服务合同作为担保，同时结合融资企业在电商平台上的信用状况，向金融机构提出贷款申请。金融机构根据电子商务平台关于订单的真实性、合法性审查以及物流行业关于融资企业的货物流转状况评价出是否满足贷款需求，对满足其风控条件的资金需求，企业通过开立专用账户发放贷款。资金需求方利用融集的资金按时生产，准时发货，金融机构依据融集资金数额扣除本息后，融资企业与金融机构的贷款协议解除。

第二，电子仓单融资模式。基于电商的仓单融资是在电商平台上，融资企业以金融机构认可的、专业仓储机构确认出具的电子仓单为质押，向金融机构申请贷款的融资业务；也可以认为是在电商平台上以实际的电子订单向所在平台直接质押融资，这一过程直接跳过金融机构，免去了有关金融机构的一系列手续问题。

第三，网络信用融资模式。基于网络信用的融资模式是以小微企业在电商平台的交易记录为基础形成小微企业的网络信用，通过捆绑电商平台信用为借款方小微企业提供信用保障，进而为小微企业进行放贷。

综合以上不同电商供应链融资模式下小微企业、电商平台与金融机构间进行融资的过程，电商供应链融资主体间合作流程可简化如图 5-1 所示。

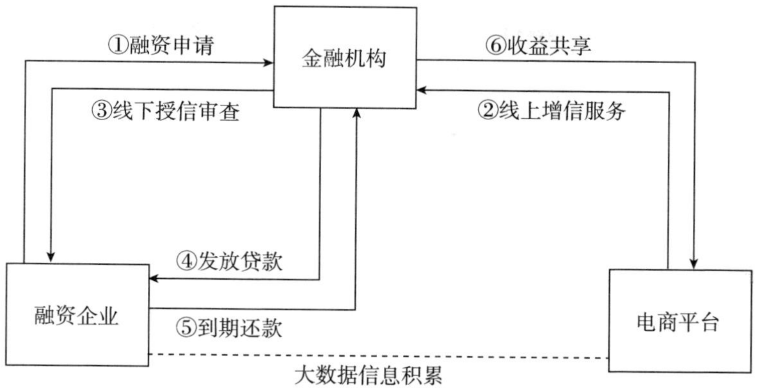

图 5-1　电商供应链融资主体合作流程

二、电商供应链融资参与主体间信任关系构建

根据电商供应链融资整个交易过程，从金融交易初到交易决策，再到贷款发放，针对金融活动的三个关键阶段，建立参与方的信任关系。具体包括以下几种情况：

（1）金融交易初期，通过制度契约和企业声誉，建立初始信任关系。电商供应链融资根据国家金融政策，选择和扶持小微企业，国家政策初步影响金融机构、电商平台以及小微企业之间的信任。另外，金融机构也需要对电商供应链融资活动的各个参与方进行合作意向判断，包括小微企业和电商平台，通过各参与主体的声誉来形成初步印象；同样，电商平台也需要根据企业声誉对金融机构以及小微企业做出是否进行合作的决策，形成初步印象；小微企业亦然。最终，在国家政策、企业声誉以及主体间合作契约形成的制度、声誉两方面影响因素的基础上，金融机构、电商平台与小微企业之间达成初次合作，共同建立起初始信任关系。

（2）确定初始信任关系后，金融机构和电商平台针对借款方小微企业的不同特征分别进行线下和线上的信用评估，从而评估融资风险，进一步决定是否放贷以及放贷规模。不同企业具有诸如管理能力、营利能力、服务能力等不同的个性特征，这些个性特征可从侧面反映出小微企业履约还款的可能性。通过这些个性特征对借款方的信用评分来决定贷款额度，也就是通过信用评分来决策融资行为，规避信用风险。

（3）在确定了融资规模发放贷款后，金融交易中还款情况直接影响小微企业和电商平台的声誉，通过声誉效应在电商供应链融资交易活动中不断发生变化调整，影响各参与主体间的信任程度，全流程管控信用风险。

三、电商供应链融资信任模式形成

传统供应链融资的信任机制是基于核心企业信用捆绑，而电商供应链融资则是基于电商平台信用及其掌握的大数据产生的创新授信模式。

传统贸易融资的授信模式为以核心企业的信用为基础，融资方提供的债权、货权等为依据，金融机构通过对核心企业以及质押物两方面的评级决定是否向小微企业放贷。因此，传统供应链融资模式下金融机构更看重融资方企业的财务状况和抵质押物，再加上银保监会等对不良资产率的硬性监管，致使小微企业普遍融资难。同时，在传统供应链融资模式下，信用随着供应链逐渐递减，核心企业可能为了降低生产成本，将信用担保作为议价条件而导致逆向选择；或者信用程度底的企业与物流监管方勾结，通过虚假仓单和重复质押骗贷，导致信息不对称下的道德风险。

随着电商和大数据的飞速发展，电商供应链融资运用现代互联网技术，可以控制商流、资金流、物流和信息流的闭环运作，取消了原有的传统供应链核心企业信用，形成了基于金融机构、电商平台、小微企业、物流监管企业等各平台共同构建的平台信用。因此，在这种授信模式下，金融机构通过电商平台，以大数据技术为依托，能够掌握更详尽的小微企业交易信息，精准评判小微企业还款意愿和还款能力，有效降低小微企业和金融机构间的信息不对称，降低融资过程中可能产生的逆向选择和道德风险。

第二节　电商供应链融资信任传导过程

各个主体之间的合作关系不是静态的，而是动态变化的，那么信任也会在各方利益主体之间进行动态传递。信任传导的路径可以分为链式传导，交互式传导以及集中式传导。本书将电商供应链融资中小微企业、电商平台以及金融机构的信任传导假定为链式传导。由于小微企业与金融机构间信息不对称程度以及外部融资风险过高，金融机构对小微企业的信任程度过低，无法直接构成信任关系。

在电商背景下，小微企业与电商平台建立起信任关系，电商平台与金融机构建立信任关系，进而形成了小微企业与金融机构间接的信任关系。金融机构通过与电商平台合作，初步观察小微企业的信用情况，尝试进行信任传导，产生初始信任，进一步达成与小微企业之间的合作行为，即通过“金融机构—电商平台—小微企业”的路径进行信任的链式传导。

一、小微企业与电商平台间的商业信任

在电商供应链融资中，融资机构在电商平台上进行商业交易，依靠电商平台的巨大流量扩大销售规模，而电商平台则通过向企业收取广告费用、收入分成、融资手续费等方式实现盈利，双方以此形成最初的商业信任。以淘宝平台为例，淘宝平台的收入主要是由广告业务以及资金利息和贷款业务构成的，盈利模式具体如下：

第一，支付宝盈利。支付宝是淘宝提供的第三方支付工具，在淘宝上进行交易必须使用支付宝进行结算。基于此，支付宝盈利成为淘宝的重要盈利方式之一。随着淘宝每年的交易总额不断上涨，大量的资金流通需要通过支付宝这个第三方支付平台完成，因而支付宝每年的利息收入十分可观。但淘宝主要是通过支付宝发放贷款盈利，信贷对象大多为淘宝上的商家，放贷数额较小，但无须担保。淘宝会根据商家的信用记录进行信用评级，以此来决定放贷数额。

第二，网络广告收费。网络广告业务如今已成为淘宝收入最高的业务。庞大的用户群体和超高的流量能够使淘宝广告发挥更好的宣传效果，同时购物平台本身具有的强大消费力使得广告的转化率更高，因此受到许多网络卖家的青睐，广告收入也一直是淘宝总收入中最重要的组成部分。

第三，增值服务费。增值服务以满足额外需求为主要目的，是淘宝面向买家和卖家提供的服务。淘宝每年的成交额巨大，但是由于采取了免费战略，淘宝不能在 C2C 市场上收取交易提成，真正获得的利润并不多，于是淘宝便为卖家的宣传开设了不同类型的增值服务。通过研究卖家的社会结构以及分析卖家的宣传需求，淘宝在常规性费用的基础上，又新增了店铺装饰、铺位推荐和首页广告等方面的服务，并相应地收取增值服务费。

因此，电商平台商家通过电商平台实现更多的销售收入，并且将一部分收入以手续费、广告费等形式分配给电商平台，双方互惠互利，达成合作共赢，形成最初的商业信任。在融资活动中，电商平台以最初的商业信任为基础，在对小微企业进行信用评估的基础上，向金融机构做出是否推荐放贷的建议，最终小微企

业还款完成融资活动。其中，企业线上信用评估结果以及最终是否还款均会影响电商平台与小微企业间的商业信任，也决定了商业信任能否转化为金融信任，而新的商业信任又影响着以后商业活动中电商平台选择提供给小微企业的流量规模，影响双方的收益，进而影响下一次活动中的金融信任。如此循环往复，双方间的商业信任随着商业活动和金融活动的进行不断发生变化，并且时刻影响着小微企业与金融机构间的金融信任。

二、电商平台与金融机构间的商业信任

在传统供应链融资中，金融机构立足于供应链上各企业间真实的交易情况，将供应链核心企业的信用水平作为重要考量因素，以其真实交易收入为还款保障，帮助供应链中各小微企业破解资金周转难题，向其提供融资服务。但是在实践过程中，传统供应链金融模式对核心企业资产控制力的要求较高，运营成本较高，金融机构也受到自身机制体制等因素的限制。

随着大数据时代的到来和互联网金融的迅猛发展，基于电商平台的供应链融资顺势而生，金融机构与电商平台各自掌握不同维度的客户数据，若双方共享数据就能更全面地知悉客户情况，为客户提供更快速、优质的金融服务。为弥补金融机构信用数据作为其授信依据的不足，电商平台利用其掌握的有关小微企业的商流、物流、资金流等企业电商信用数据为小微企业获取融资创造了新的可能。金融机构与电商平台是各自追逐自身利益最大化且在一定领域存在竞争的一对理性主体，两者构成了一种不稳定的利益关系。双方能否通过多次合作形成彼此间的商业信任成为电商供应链融资活动能否成功的关键。金融机构与电商平台间的信息不对称及利益诉求上的不协调导致了合作过程中彼此的不信任，从而出现资源共享不充分、客户数据共享不足、技术层面合作难执行以及协同性差等问题。在合作过程中，由于对双方行为的监测和评估存在一定难度，为机会主义行为的滋生提供了空间，增加了合作风险，甚至产生合作关系破裂的严重后果。在金融机构同电商平台合作关系达成之前以及合作关系搭建过程中，双方主体始终都在信任与不信任、守信与不守信方面进行博弈。

因此，以往文献研究以及大量实践中为降低电商平台的投机行为概率，提高双方的商业信任，设计形成了电商平台与金融机构间的收益共享机制以及惩罚机制。电商平台与金融机构通过收益共享机制实现风险共担和利益共享，提高电商平台诚信合作的积极性，电商平台不再只获得金融机构提供的固定服务费用，而是收益与

融资活动成功与否息息相关，并且电商平台越诚信，金融机构对电商平台的信任度就会越高，此时为达成长期合作，金融机构就会提高向电商平台分配收益的比例，电商平台就能获得更高的收益。在收益共享机制的保障下，电商平台与金融机构能够达成长期高效的合作模式，两者间由此形成的商业信任程度也就越高，越有利于将其转换为金融信任，保障电商供应链融资活动的成功。

三、小微企业与金融机构间的金融信任

电商供应链融资活动中的金融信任是指小微企业与金融机构之间由于借贷关系而产生的信任，良好的信任是顺利完成交易的前提，只有彼此间充分信任，才能降低交易成本，提高交易效率。如图 5-2 所示，在商业信任阶段，也就是电商供应链融资活动的初始阶段，由于小微企业与金融机构间存在信息不对称，使得金融机构对小微企业的金融支持度不足。在此阶段，小微企业与电商平台收益共享，互利共赢，通过多次合作形成商业信任；电商平台与金融机构通过收益共享机制实现风险共担，进而形成电商平台与金融机构间的商业信任。

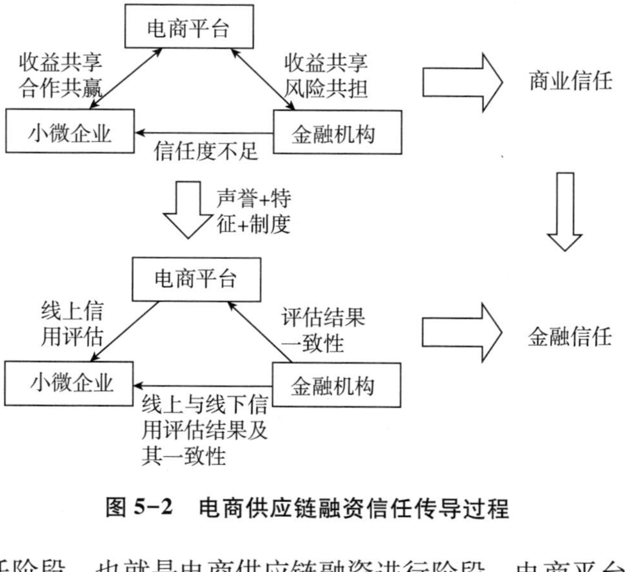

图 5-2 电商供应链融资信任传导过程

在金融信任阶段，也就是电商供应链融资进行阶段，电商平台的介入降低了小微企业与金融机构间的信息不对称，提高了金融机构与小微企业达成信任的可能性。首先，电商平台对小微企业进行线上信用评估，并结合企业声誉以及之前双方间的商业信任为金融机构提供是否贷款的建议；其次，金融机构对小微企业进行线下信用评估，在电商平台放贷意见以及对电商平台声誉和商业信任程度的

基础上，对小微企业是否放贷进行决策，最终达成小微企业与金融机构间的金融信任；最后，金融机构对违约企业建立惩罚机制，降低了小微企业的违约概率，提高了小微企业与金融机构间的金融信任。在此过程中，电商平台与小微企业、金融机构与电商平台间的商业信任，最终都转化成了小微企业与金融机构间的金融信任，促进了电商供应链融资活动的达成。

第三节 电商供应链融资信任传导效应

一、构建博弈模型

本节构建了序贯博弈模型，对小微企业、电商平台、金融机构在电商供应链融资中的行为策略进行了分析。在市场经济条件下，电商供应链融资中的博弈参与方分别为小微企业、电商平台和金融机构，且他们都是具有有限理性的契约经济人，都是自利的，在交易行为选择中都受追逐自身经济效用或利益最大化目的的支配，是其追求各种获利机会的行为表现。电商供应链融资由小微企业因资金需求发起，先发生决策；而序贯博弈，就是指参与人的决策有时间先后，后决策的参与人知道先决策的参与人已经做出的决策的博弈形式。因此，本节选用序贯博弈模型来进行电商供应链融资分析。契约不完全、信息不对称等情况很容易诱发小微企业、电商平台和金融机构的机会主义行为动机，他们总是谋求在各种契约限制下实现自身经济利益或者效用的最大化。因此，本节提出如下基本假设（参数设置见表 5-1）：

H1：博弈参与者为小微企业、电商平台和金融机构，小微企业为借款企业，电商平台作为核心企业，金融机构作为资金提供者。把小微企业融资模式分成信任传导下的供应链融资和普通的供应链融资，有信任传导的供应链融资中，通过进行信任传导，小微企业通过电商平台提供的融资授信支持，金融机构会提供更优惠的利率和更宽松的授信条件；普通供应链融资是在电商平台不传导信任的情形下，小微企业向金融机构申请贷款。

H2：博弈模型的参与主体小微企业、电商平台和金融机构均符合“理性经济人”假设，即博弈参与主体能够完全考虑对弈者行为选择之间的相互作用及其可能产生的影响，都可以在客观条件的限制下通过选择自己的行动策略实现自身效用水平最大化。同时，“所有参与人都是理性的”为各方共同知识。三方参与者用 i 表示，$i=1$、2、3 分别表示小微企业、电商平台和金融机构。

H3：若小微企业、电商平台、金融机构均严格执行契约协定，不存在信用缺失行为，则三个主体的净收益是一定的。即不存在信用风险的电商供应链融资业务给三方带来的收益和成本都是确定的。设小微企业、电商平台、金融机构三方在普通供应链融资中的合理净收益分别为 R_1、R_1、R_1。

H4：在信任传导阶段，各参与方的策略集为：小微企业（诚实、不诚实）、电商平台（传导、不传导）、金融机构（信任、不信任）。小微企业选择诚实策略的概率为 q_1，选择不诚实策略的概率为 $1-q_1$；电商平台选择信任传导策略的概率为 q_2，选择不传导策略的概率为 $1-q_2$；金融机构选择信任策略的概率为 q_3，选择不信任策略的概率为 $1-q_3$。

H5：小微企业选择诚实时策略的融资成本为 C_1，若电商平台同意进行信任传导，即电商平台选择传导策略，则其需尽力传导信任，以此获得金融机构的信任，因此需要对质押物情况、小微企业的资质等信息进行信任传导，进而产生额外成本 C_2。若通过信任传导融资成功，即信任产生正面效应，则小微企业获得 B_1 的收益，电商平台获得 B_2 的额外收益，即多于正常经营所获利润 R_2 的部分，包括节约的时间成本以及减少的劳动成本等。如果电商平台进行信任传导，且金融机构选择信任，那么金融机构就能够减少对小微企业的融资审查成本，获得额外收益 B_3；反之，产生信任的负面效应，导致融资效率降低，产生额外成本 C_3。

表 5-1　博弈模型相关参数设定

含义 \ 参与者	小微企业	电商平台	金融机构
选择诚实/传导/信任的概率	q_1	q_2	q_3
合理净收益	R_1	R_2	R_3
融资成本	C_1		
传导成本		C_2	
额外成本			C_3
额外收益	B_1	B_2	B_3
惩罚	H_1	H_2	H_3
融资总额		A	

二、博弈行为分析

建立电商供应链融资的中小型企业—电商平台—金融机构三方序贯博弈模型，用三方博弈树演示该模型博弈过程，如图 5-3 所示。其中，小微企业可以选择诚实或不诚实，电商平台可以选择传导或不传导，金融机构可以选择信任或不信任。进行博弈行为分析，该三方序贯博弈模型共有八种组合博弈策略，用数字 1~8 分别表示这八种博弈策略。通过分析，得出了最优传导路径，即图 5-3 节点 1。该策略代表小微企业选择诚实，电商平台进行信任传导，金融机构选择信任。此时电商供应链融资顺利进行，能有效解决小微企业融资效率低的问题，假定此时小微企业收益为 R_1，进行融资活动的成本为 C_1；电商平台有效地进行了信任传导，增加的额外收益为 R_2，但同时产生额外成本 C_2；金融机构选择信任，同时也能保证整个融资链的效率减少审查成本，收益为 R_3，额外支出 C_3 为 0。

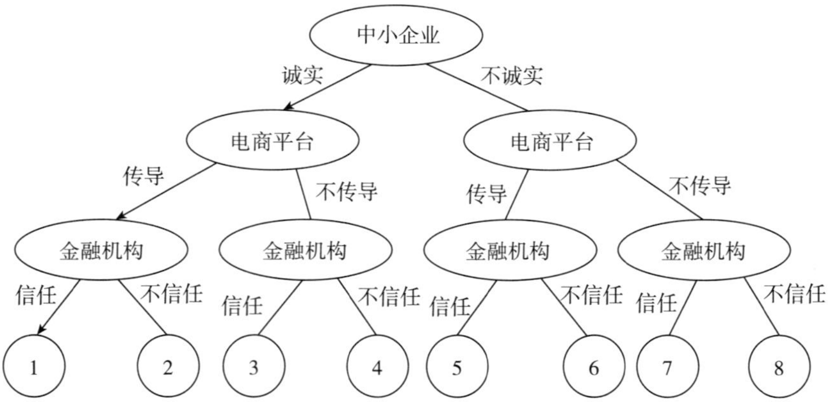

图 5-3　小微企业—电商平台—金融机构三方初始信任传导的序贯博弈树

不同博弈策略下的博弈收益结果如表 5-2 所示。

表 5-2　收益矩阵

博弈结果	博弈策略	参与主体的收益
1	（诚实，传导，信任）	$(R_1-C_1,\ R_2-C_2,\ R_3)$
2	（诚实，传导，不信任）	$(-C_1,\ -C_2,\ 0)$

续表

博弈结果	博弈策略	参与主体的收益
3	（诚实，不传导，信任）	$(-C_1,\ H_2,\ R_3-H_3)$
4	（诚实，不传导，不信任）	$(-C_1,\ -H_2,\ 0)$
5	（不诚实，传导，信任）	$(A+B_1-H_1,\ B_2-H_2,\ -A-H_3)$
6	（不诚实，传导，不信任）	$(0,\ -C_2,\ 0)$
7	（不诚实，不传导，信任）	$(R_1+A-H_1,\ 0,\ -A-H_3)$
8	（不诚实，不传导，不信任）	$(0,\ 0,\ 0)$

三、序贯博弈结果分析

在一个典型序贯决策动态博弈模型中，每一个参与者的行为策略选择存在先后顺序，后行动者能够观察并根据先行动者的策略选择进行不同行为下的期望收益/成本的选择。因此，可以采用逆推法来求解该模型的收益矩阵。

根据逆推法的法则，首先，从第三个子博弈开始选择，即从金融机构的收益最大化角度进行选择。在节点 1 和节点 2 之间，选择保留节点 1。在节点 3 和节点 4 之间，若金融机构进行贷款的收益大于选择其他项目而导致的损失，即 $R_3>H_3$，则选择保留节点 3，反之选择保留节点 4。在节点 5 和节点 6 之间，选择保留节点 5。在节点 7 和节点 8 之间，选择保留节点 8。

其次，从电商平台的收益最大化角度进行选择。在节点 1 和节点 3 或节点 1 和节点 4 之间，若在小微企业选择诚实的情况下，电商平台进行信任传导的净收益大于不进行信任传导导致的损失，即 $R_2-C_2>-H_2$，选择保留节点 1，反之选择保留节点 3 或者节点 4。在节点 5 和节点 8 之间，若在小微企业不诚实的情况下，电商平台在进行信任传导时的净收益大于不传导时的净收益，即 $B_2-H_2>0$，选择保留节点 5，反之选择保留节点 8。

最后，从小微企业的收益最大化角度来进行选择。考虑到小微企业发展最需要的就是资金支持，在电商供应链融资中，乐观预期小微企业收获的效益一定大于融资成本，即 $R_1-C_1>0$，并且由于企业需要长期发展，因此违约成本（H_1）也必定大于暂时的净收益。从图 5-3 可以看出，博弈树右侧分支的所有节点中小微企业净收益都是 0 或者小于 0，左侧分支中若电商平台选择保留节点 1，此时小微企业应当选择保留节点 1，小微企业选择的最佳策略是诚实政策；若电商平台选择保留节点 3 或者节点 4，此时小微企业应当选择保留右侧分支的节点，小微企业选择的最佳策略是不诚实政策。

综合上述分析可以得到该三方序贯博弈的纳什均衡解。

当 $R_2-C_2>-H_2$ 时，纳什均衡解为节点 1，即小微企业选择诚实策略，电商平台进行信任传导，金融机构选择信任。该纳什均衡解表明在小微企业诚实的前提下，若电商平台积极进行信任传导的净收益大于选择不传导时的净损失，并且小微企业与金融机构顺利达成贷款合同，三方同时受益。同时，这也是持续信任的最主要条件。

当 $R_2-C_2<-H_2$ 且 $B_2-H_2>0$ 时，纳什均衡解为节点 5，即小微企业选择不诚实政策，电商平台进行信任传导，金融机构选择信任。该纳什均衡解表明在小微企业缺乏诚实支持的前提下，若电商平台在信任传导中的净收益大于不进行传导时的净收益，即小微企业与电商平台建立信任关系，双方都可能受益，但是最终结果明显不如小微企业选择诚实的情况。

当 $R_2-C_2<-H_2$ 且 $B_2-H_2<0$ 时，纳什均衡解为节点 8，即小微企业选择不诚实政策，电商平台不传导信任，金融机构不信任。该纳什均衡解表明在中小型企业缺乏诚实的前提下，若电商平台在信任传导中的净收益小于不进行传导时的净收益，它们的信任关系难以建立，不利于以后持续信任，小微企业融资难题仍然无法解决。

综上分析可知，通过逆向推理归纳法得出，电商平台供应链融资中各参与主体博弈后的均衡结果为（诚实，传导，信任），即小微企业选择诚实策略、电商平台选择传导策略、金融机构选择信任策略。在博弈均衡状态下，关于三者的收益函数如表 5-3 所示。

表 5-3 各收益函数

博弈参与者	收益函数
小微企业	$R_{诚实}=q_1\ [R_1-C_1-(1-q_2)\ H_1+q_2q_3B_1]$
电商平台	$R_{传导}=q_2\ [R_2-q_1C_2-q_1\ (1-q_3)\ H_2+(1-q_1)\ q_3B_2]$
金融机构	$R_{信任}=q_3\ [R_3+q_2\ (1-q_1)\ (B_3-A-H_3)\ ]$

四、算例分析

为了更直观地描述电商供应链金融合作过程中参与三方的决策情况，本节采用算例分析，结合模型假设设置参数取值，验证上文结论。在供应链融资过程中，参与三方分别为小微企业、电商平台和金融机构，小微企业的收益函数为 $R_{诚实}=q_1\,[R_1-C_1-(1-q_2)\,H_1+q_2q_3B_1]$，电商平台的收益函数为 $R_{传导}=q_2\,[R_2-q_1C_2-q_1\,(1-q_3)\,H_2+(1-q_1)\,q_3B_2]$，金融机构的收益函数为 $R_{信任}=q_3\,[R_3+q_2\,(1-q_1)\,(B_3-A-H_3)\,]$。其中，假定融资金融（$A$）为固定值，由于小微企业是供应链融资中的主动发起方，因此选择诚实的概率（q_1）比电商平台选择传导的概率（q_2）以及金融机构选择信任的概率（q_3）要大并呈递减趋势。而关于合理净收益 R_1、R_2、R_3 的假设，作为发起方，小微企业也有更大的优势，因此假设合理净收益（R）逐级递减。在进行融资成本假设中，根据电商平台对小微企业的信任管理、信息把控以及跟金融机构的商业关系，它的成本（C_2）应当是最低的；小微企业可以通过与电商平台进行合作，使得融资成本（C_1）相较于金融机构的成本（C_3）更低。而供应链融资能否成功完成，重点在于金融机构是否愿意进行贷款，根据理性经济人的假定，金融机构获得的额外收益（B_3）将大于小微企业和电商平台的额外收益。最后，关于违约惩罚（H）的设定，为满足金融机构理性经济人的假定，金融机构的收益函数 $R_{信任}=q_3\,[R_3+q_2\,(1-q_1)\,(B_3-A-H_3)\,]$ 要大于 0，因此在设定合同条款时，金融机构为确保自身利益不受损失，自身的违约金（H_3）将是三者中最小的，并且为了防止小微企业违约，会将小微企业的违约金（H_1）设定得很高，但并不会超过融资金额 A，同理，电商平台的违约金（H_2）次之。具体的各变量参数取值如表 5-4 所示。

表 5-4　各变量参数取值

参数	q_1	q_2	q_3	R_1	R_2	R_3	C_1	C_2	C_3	B_1	B_2	B_3	H_1	H_2	H_3	A
值	0.9	0.8	0.6	220	210	200	120	110	150	100	100	120	500	100	80	1000

将各变量取值代入图 5-3 中的博弈树，可得到博弈结果，如表 5-5 所示。

表 5-5　代入变量值的博弈模型

小微企业	电商平台	金融机构	
		信任	不信任
诚实	传导	（100，100，200）	（-120，-110，0）
	不传导	（-120，100，120）	（-120，-100，0）

续表

小微企业	电商平台	金融机构	
		信任	不信任
不诚实	传导	(720, 0, -1080)	(0, -110, 0)
	不传导	(720, 0, -1080)	(0, 0, 0)

从表5-5可知，当金融机构具有完全理性的时候，不管电商平台是否选择信任传导，在小微企业诚实的前提下，金融机构都会选择信任以最大化自己的物质收益，按照逆向归纳法，不难推出金融机构选择节点1（诚实，传导，信任）、节点3（诚实，不传导，信任），由于典型序贯博弈的特点，后行动者能够观察并根据先行动者的策略选择进行不同行为下选择，金融机构预料到小微企业的不诚实选择，那么就会选择不信任，因此，可能出现节点6（不诚实，传导，不信任）、节点8（不诚实，不传导，不信任），三方收益为0或为负，从而整个电商供应链融资无法构建。考虑小微企业具有有限理性人特性，那么它的诚实概率（q_1）影响着整个供应链能否进行下去。为了能获得长久可靠的融资来源，小微企业选择诚实的概率（q_1）的概率可能会很大，那么电商平台以及金融机构在可预见的情况下选择节点1（诚实，传导，信任）的可能性也会加大。此时参与主体的收益分别为：

$$R_{诚实}=q_1[R_1-C_1-(1-q_2)H_1+q_2q_3B_1]=43.2 \tag{5.1}$$

$$R_{传导}=q_2[R_2-q_1C_2-q_1(1-q_3)H_2+(1-q_1)q_3B_2]=64.8 \tag{5.2}$$

$$R_{信任}=q_3[R_3+q_2(1-q_1)(B_3-A-H_3)]=73.92 \tag{5.3}$$

因此，节点1（诚实，传导，信任）得到检验，符合命题。

五、信任传导效应分析

在电商供应链融资信任传导过程中，由于各主体存在直接或间接的关系，相互产生影响，从而导致各节点在信任传导过程中相互作用、相互影响，信任的性质和强度在传导过程中可能会发生改变，从而实现信任的增值或减值。这也就是信任传导的正面效应和负面效应。

如果信任传导产生的三方总收益大于未传导时的收益，则信任通过传导路径产生逐级放大效应。信任使其合作参与方得到行为激励，大家都能在合作过程中各司其职，在合作中除了考虑自身的收益，还会为对方的利益着想，在各方利益主体之间存在的信任可以使每个成员都能专心履责。在充满信任的社会网络中，扮演不同角色的成员都会持久地奉献自己的智慧与能力，并且愿为实现共同承诺付出最大的努力。

信任也会有消极的一面，各主体之间的信任随时间推移逐步建立和发展，在没有相互交往的情境下，交易各方根据对彼此固有特征的判断、收集对方资料信息以及从各方面对对方进行考察，从而形成初始信任，但是它非常容易受负面事件或被信任者负面行为的影响而被破坏，这种信任负面效应会间接导致各方利益都受损。

第四节　本章小结

本章主要是围绕电商供应链融资信任关系及其信任传导效应展开研究，得出如下主要结论：

（1）电商供应链融资参与主体间的信任关系。在金融交易初期，金融机构、电商平台和小微企业三方通过制度契约和企业声誉建立起初始信任关系；随后金融机构与电商平台针对借款小微企业的特征差异分别进行线下、线上的信用调查评分，并以此为依据决策融资规模；而由还款情况所产生的声誉效应，使得信任程度在电商供应链融资交易活动中不断调整。在此基础上形成基于支付平台、物流平台、电商平台等多平台信用的电商供应链融资各主体间协同合作、风险共担、利益共享的授信模式。

（2）电商供应链融资信任传导效应。在电商供应链融资信任传导过程中，小微企业与电商平台之间以及电商平台与金融机构之间的商业信任在特征、制度、声誉三大因素的影响下传导成为小微企业与电商平台之间的金融信任。通过序贯博弈揭示信任在电商供应链融资中的信任传导，求解得到序贯均衡解为（诚实，传导，信任），即电商供应链融资达到稳定的状态下，小微企业会选择诚实策略、电商平台会选择传导策略、金融机构则易选择信任策略。同时，电商供应链融资中信任传导存在正面效应和负面效应：一方面，如果信任传导产生的三方总收益大于未传导时的收益，则信任通过传导路径产生逐级放大效应；另一方面，电商供应链主体之间的信任非常容易受负面事件或被信任者负面行为的影响而被破坏，这种信任负面效应会间接导致各方利益都受损。

第六章　电商供应链融资信任博弈分析

本章依据前文对电商供应链融资信任传导的研究，运用演化博弈方法构建金融机构、电商平台与小微企业三者间的信任博弈模型，分析电商供应链融资在多次合作后达到的稳定状态，并且得出影响电商供应链融资信任机制的主要因素。最后，通过 MatLab 进行仿真分析，探索主体之间收益分配机制、惩罚机制以及小微企业信用评价机制的存在对于电商供应链融资信任机制的具体影响，具体分析在电商供应链融资中能够影响金融机构、电商平台与小微企业间从商业信任到金融信任成功传导的因素。

第一节　演化博弈理论

演化博弈理论的来源为演化理论和博弈论，演化理论中存在两个重要的机制，即自然选择和突变机制。进化生物学家约翰·梅纳德·史密斯（1982）因在《演化与博弈论》一书中，率先将博弈论的思想用于分析生物演化，揭示动物群体进化过程中的竞争行为和选择问题，被称为演化博弈论之父。随后，安德鲁·斯科特、范伯格等经济学家将演化博弈逐渐应用于经济问题的研究中。演化博弈克服了经典博弈论的完全理性和完全信息假设，以群体行为而不是单个个体为研究对象，并利用复制动态力学的方法研究群体达到动态平衡的行为调整过程。演化博弈论与经典博弈论一脉相承，又有所区别。演化博弈论是以完全理性假设的经典博弈论为基础的，最早的演化博弈理论研究都是以鹰鸽博弈、囚徒困境等经典博弈模型发展而来的。然而与经典博弈论不同的是，演化博弈论在理性假设前提、研究对象、动态和均衡的概念、均衡到达过程等方面与之存在差别。演化博弈论的研究对象是动态的群体，研究内容主要是了解群体行为的动态变化过程，寻找影响群体行为选择的因素以及选择的变化规律。演化博弈论研究中有两个重要的概念——演化稳定策略（Evolutionary Stable Strategy）和复制动态（Replicator Dynamics）。其中，演化稳定策略最早由梅纳德·史密斯和普莱斯（1973）在演化生物学的研究中提出。从静态来看，如果选择的某一特定行为方式的种群能够不被突变群体入侵，而偏离该种行为模式的个体将会具有更低的生存能力，这种行为方式被称为是演化稳定的；从动态来看，如初始状态下，存在多种行为方式，而随着时间的推移，某一特定行为方式在种群中逐渐占据主导地位，那么这个特定的行为方式就是演化稳定策略。而复制动态是比较常见的动态决策机制，最早由泰勒和琼克在 1978 年提出。它描述的是低理性层次博弈方模仿优势策略，调整自身的策略选择，其核心在于群体中采用优势策略的个体逐渐增加。在由有限理性（理性程度可以很低）博弈方组成的群体中，比平均水平好的策略会逐步被更多博弈方采用，从而群体中采用各种策略的博弈方的比例会发生变化。复制动态方程可用以下微分方程表示：

$$\frac{dx_i}{dt}=x_i\ (u_{si}-\bar{u}) \tag{6.1}$$

式中，s_i 表示博弈中可供选择的纯策略，x_i 表示选择策略 i 的个体在群体中所占的比例，u_{si} 表示选择策略 i 的个体所得到的期望收益，$\bar{u}$ 表示所有博弈方的平均期望收益。

在现实生活中，参加电商供应链融资业务的金融机构、电商平台和小微企业不只是某三家特定企业，而是三个群体，即金融机构群体、电商平台企业群体和小微企业群体。由于金融机构、电商平台和小微企业理性层次和学习速度均有所不同，即根据多次博弈的经验来调整策略的选择概率，收益较低的企业会学习收益较高的企业，调整自身信任策略选择，最终使电商供应链融资系统达到平衡。本章将以“复制动态方程”和“演化稳定策略”为模型基础，构建基于“金融机构—电商平台—小微企业”之间演化博弈的信任机制，研究三者之间的信任机制。

第二节 电商供应链融资信任博弈关系

一、电商供应链融资信任博弈主体界定

电商供应链融资涉及的参与主体有金融机构、电商平台、小微企业、物流仓储企业、第三方支付企业等。与传统供应链金融相比，由于业务融通和商业贸易的电子化，小微企业的电子信用可审查，核心企业对小微企业融资的信用担保不再是研究必要考虑的前提条件。另外，第三方支付平台只承担资金转移的责任，物流仓储企业只承担运输管理货物的过程，两者在博弈过程中对其他参与主体决策的影响不大。因此，为简化模型，本章假定并将研究主体的范围缩小至小微企业、电商平台以及金融机构。在电商平台与金融机构共同对小微企业进行授信的模式中，主要存在金融机构与电商平台之间的博弈，电商平台和小微企业之间的博弈以及小微企业与金融机构之间的博弈。

二、电商供应链融资信任机制中的博弈关系

（一）金融机构与小微企业的博弈

小微企业和金融机构之间存在博弈过程，两者之间能否建立信贷关系是电商供应链融资的开始。金融机构作为资金的提供方，小微企业作为资金的需求方，按照融资约定，金融机构提供企业所需资金，解决企业生产经营中的资金短缺，小微企业按期偿还本息，两者建立良好的合作关系，电商供应链融资顺利开展。但是，金融机构与电商平台联合授信，只能从电商平台处获取小微企业的电商交易信息情况，若电商平台审查结果失误将会给金融机构带来巨大的损失，或是小微企业在经营过程中出现决策失误，无法回收资金以致难以偿还金融机构贷款。小微企业违约虽然获得了贷款本息的收益，但是在未来将会失去金融机构的信任，金融机构将不会再次给违约企业提供贷款，企业只能从其他途径以更高的利息获取资金。在这个博弈过程中，金融机构的策略选择为（放贷，不放贷），小微企业的策略选择为（还款，违约）。

（二）金融机构与电商平台的博弈

电商供应链融资模式下，金融机构与电商平台审查的分工不同，由于信息获取渠道不同，金融机构主要负责审查小微企业的资产和盈利情况，而电商平台负责审查其商业往来，以确保小微企业具有获得后续资金并偿还贷款的能力。金融机构利用电商平台记录的小微企业相关信用信息，减少信息不对称程度，放低小微企业的融资门槛，降低放款风险。但是，在金融机构与电商平台联合授信的电商供应链融资模式下，由于金融机构是主要的资金提供方，若电商平台不因小微企业的违约行为而承担责任，则容易产生小微企业与电商平台合谋的情况，合谋收益按比例分享，导致出现违约风险。因此，金融机构与电商平台之间存在收益共享以及惩罚机制，金融机构通过与电商平台共享利息收入并且在小微企业违约时对电商平台收取一定数额的罚金来降低小微企业与电商平台合谋的可能性。在这个博弈过程中，金融机构对电商平台的策略选择为（信任，不信任），电商平台对小微企业策略选择为（推荐，不推荐）。

（三）电商平台与小微企业的博弈

本章基于金融机构与电商平台联合授信模式，电商平台对小微企业的商业信息和贸易往来进行审核，是连接金融机构和小微企业的中介，是金融机构与小微企业进行融资活动的桥梁和纽带。在与小微企业博弈的过程中，第三方电商平台具有双向作用，一方面是为金融机构审核小微企业的商贸往来，提供小微企业的电子信用评估，以弥补其金融信任的不足，降低金融机构的贷款风险；另一方面是在平台已注册的会员中选择融资对象，帮助小微企业获得金融机构贷款以扩大生产经营，提升公众形象，拓宽平台的经营范围和盈利空间。这一博弈过程是电商供应链金融业务开展和稳定运行的重要环节，假设收益共享机制与惩罚机制使得电商平台与小微企业之间不存在合谋的情况，则第三方电商平台根据线上信用评估结果可选择的策略空间为（推荐，不推荐）；而小微企业根据自身收益及能力情况会产生能否如约还款的结果，即策略选择空间为（还款，违约）（见表6-1）。

表6-1　电商供应链融资信任博弈参与主体策略选择

小微企业	电商平台	金融机构	
		放贷	不放贷
还款	推荐	（还款，推荐，放贷）	（还款，推荐，不放贷）
	不推荐	（还款，不推荐，放贷）	（还款，不推荐，不放贷）

续表

小微企业	电商平台	金融机构	
		放贷	不放贷
违约	推荐	（违约，推荐，放贷）	（违约，推荐，不放贷）
	不推荐	（违约，不推荐，放贷）	（违约，不推荐，不放贷）

第三节 电商供应链融资信任博弈模型设计

一、变量设定及模型假设

（一）小微企业损益变量

K 表示企业在从金融机构或其他途径取得资金（L）后，通过企业自身正常生产销售可以获得的收益率；r_1、r_2 分别表示企业向金融机构、其他借款方获取资金（L）的贷款利率。企业出于自身利益最大化通常会选择向金融机构贷款，后通过运营形成收入，在向金融机构还本付息之后达到盈利的目的，或者在无法从金融机构获取贷款时，从其他途径获取资金盈利，因此金融机构贷款利率应低于其他借款途径利率，且两者都小于企业运营收益率，即 $k>r_2>r_1$。

k' 表示企业在从金融机构或其他途径取得资金（L）后，选择违约的情况下运营可以获取的收益率。假设小微企业不存在恶意违约的情况，则 $k>k'$。

α 表示企业向电商平台支付的运营成本的比例，企业运营成本主要包括广告费用以及电商平台按照一定收入比例收取的运营费用。企业在选择投放广告规模时通常是依据当前状态下企业销售规模，因此在一段时间内企业销售规模不变的情况下，α 为常数，且 $\alpha\epsilon(0, 1)$。

F_1、F_3 分别表示企业从金融机构、其他途径获得借款后选择违约时所付出的罚金，为了防止小微企业违约，罚款金额应大于企业原本需偿还的贷款本息和，即 $F_1>(1+r_1)L$，$F_3>(1+r_2)L$。

Δk_1、Δk_2 表示电商平台对小微企业信任程度的变化导致小微企业运营收益率的变动值。在电商平台运营模式中，如果电商平台信任小微企业，那么电商平台就会选择将更多流量倾斜到小微企业，例如在平台举办大型促销活动时允许小微企业参加，在同等价位下优先给小微企业分配广告播放席位，因此电商平台对于小微企业的信任程度越高，小微企业所能获得的隐藏收益就越高，其收益率也就越高，所以小微企业在金融活动中的行为策略会影响电商平台对其的信任，进而影响企业的收益率。按照企业贷款顺序的先后，Δk_1 表示在企业申请贷款初始，电商平台对小微企业的线上信用评估结果所影响的企业运营收益率变动值；Δk_2 表示在企业结束贷款时，是否选择守约还款影响小微企业收益率的变动值。

（二）电商平台损益变量

β 表示电商平台与金融机构合作取得的收益分配所占比例。在电商平台与金融机构联合授信的模式下，金融机构选择与电商平台采取收益共享的机制来分配所得的利息收入，从而减少电商平台与小微企业合谋的可能性，降低融资风险。

$\Delta\beta_1$、$\Delta\beta_2$ 表示金融机构对电商平台的信任程度变化导致电商平台所获收益分配的比例变动值。金融机构对电商平台的信任程度越高，与电商平台合作的意愿也就越强，因而愿意向电商平台分配更多的收益以达到扩大贷款规模、获取更多收益的目的，即 β 随之增大。按照金融活动顺序，$\Delta\beta_1$ 表示线上与线下信用评估结果的一致程度所影响的金融机构与电商平台间收益分配系数变动值，双方对企业信用评估结果的一致性影响金融机构对电商平台的初始信任度，进而影响两者之间的收益分配比例；$\Delta\beta_2$ 表示小微企业是否守约所影响的电商平台分配所得收益比例变动值，金融机构发放贷款后，企业是否还款影响金融机构对电商平台的持续信任，进而影响两者之间的收益分配比例。

C_1 表示电商平台对小微企业进行线上信用评估所付出的成本。

F_2 表示在小微企业违约且电商平台信任违约企业的情况下，金融机构向电商平台索取的推荐低信用企业罚金。

（三）金融机构损益变量

$1-\beta$ 表示在电商平台与金融机构收益共享机制下，金融机构可分得的收益所占比重。

r_1 表示在融资活动中，金融机构对小微企业的贷款利率。若小微企业违约，则金融机构将把小微企业拉入信用黑名单，并且不会再为违约企业提供贷款。

C_2 表示金融机构对小微企业进行线下信用评估所付出的成本。

（四）参与主体行为概率

x 表示小微企业守约还款的概率，y 表示电商平台信任小微企业，推荐金融机构对小微企业发放贷款的概率，z 表示金融机构选择信任电商平台，且针对是否放贷与电商平台做出一致选择的概率。其中，$0<x<1$，$0<y<1$，$0<z<1$。

二、收益矩阵构建

（一）参数设置

根据上述假设以及参数描述，电商供应链融资信任博弈模型具体参数设置如表 6-2 所示。

表 6-2　电商供应链融资信任机制演化博弈参数设置

参数	含义
x	小微企业选择还款策略的概率
y	电商平台选择推荐策略的概率
z	金融机构选择放贷策略的概率
α	企业向电商平台支付的运营成本占销售收入的比重
β	金融机构与电商平台收益分配系数，电商平台为 β，金融机构为 $1-\beta$
$\Delta\beta_1$	线上与线下信用评估结果的一致程度所影响的金融机构与电商平台间收益分配系数变动值
$\Delta\beta_2$	企业是否还款所影响的金融机构与电商平台间收益分配系数变动值
L	企业申请贷款总额
k	企业正常运营的收益率
k'	企业违约情形下的无法正常运营的收益率
Δk_1	电商平台信用评估结果所影响的企业运营收益率变动值
Δk_2	企业是否还款所影响的运营收益率变动值
r_1	金融机构贷款利率
r_2	企业从其他途径获取资金的利率
C_1	电商平台对企业进行线上信用评估的成本
C_2	金融机构对企业进行线下信用评估的成本
F_1	金融机构对小微企业违约的罚金
F_2	金融机构对电商平台推荐低信用企业的罚金
F_3	企业从其他渠道获得资金时的违约成本

（二）收益矩阵

根据表 6-2 的参数设置，我们可以具体得到参与主体各方每个策略下的收益，三方博弈的收益矩阵如表 6-3 所示。

表 6-3　电商供应链融资信任机制三方博弈收益矩阵

小微企业	电商平台	金融机构	
		放贷 z	不放贷 $1-z$
还款 x	推荐 y	$(1-\alpha)Lk-Lr_1+(1-\alpha)L(\Delta k_1+\Delta k_2)+L(r_2-r_1)\alpha Lk+\beta Lr_1-C_1+\alpha L(\Delta k_1+\Delta k_2)+(\Delta\beta_1+\Delta\beta_2)Lr_1(1-\beta)Lr_1-C_2-(\Delta\beta_1+\Delta\beta_2)Lr_1$	$(1-\alpha)Lk-Lr_2+(1-\alpha)L\Delta k_1\alpha Lk-C_1+\alpha L\Delta k_1-\Delta\beta_1 Lr_1-C_2+\Delta\beta_1 Lr_1$
	不推荐 $1-y$	$(1-\alpha)Lk-Lr_1+(1-\alpha)L(\Delta k_2-\Delta k_1)+L(r_2-r_1)\alpha Lk+\beta Lr_1-C_1+\alpha L(\Delta k_2-\Delta k_1)-(\Delta\beta_1+\Delta\beta_2)Lr_1(1-\beta)Lr_1-C_2+(\Delta\beta_1+\Delta\beta_2)Lr_1$	$(1-\alpha)Lk-Lr_2-(1-\alpha)L\Delta k_1\alpha Lk-C_1-\alpha L\Delta k_1+\Delta\beta_1 Lr_1-C_2-\Delta\beta_1 Lr_1$
违约 $1-x$	推荐 y	$(1-\alpha)Lk'+L-F_1+(1-\alpha)L(\Delta k_1-\Delta k_2)-L(r_2-r_1)\alpha Lk'-F_2-C_1+\alpha L(\Delta k_1-\Delta k_2)+(\Delta\beta_1-\Delta\beta_2)Lr_1F_1+F_2-L-C_2-(\Delta\beta_1-\Delta\beta_2)Lr_1$	$(1-\alpha)Lk'+L-F_3+(1-\alpha)L\Delta k_1\alpha Lk'-C_1+\alpha L\Delta k_1-\Delta\beta_1 Lr_1-C_2+\Delta\beta_1 Lr_1$
	不推荐 $1-y$	$(1-\alpha)Lk'+L-F_1+(1-\alpha)L(-\Delta k_1-\Delta k_2)-L(r_2-r_1)\alpha Lk'-C_1+\alpha L(-\Delta k_1-\Delta k_2)+(\Delta\beta_2-\Delta\beta_1)Lr_1F_1-L-C_2-(\Delta\beta_2-\Delta\beta_1)Lr_1$	$(1-\alpha)Lk'+L-F_3-(1-\alpha)L\Delta k_1\alpha Lk'-C_1-\alpha L\Delta k_1+\Delta\beta_1 Lr_1-C_2-\Delta\beta_1 Lr_1$

三、三方博弈模型均衡分析

（一）构建三方收益期望函数

根据表 6-3 可知，小微企业在博弈时选择“还款”策略的期望收益 U_x、选择“违约”策略的期望收益 U_{1-x} 和平均期望收益 $\overline{U_x}$ 分别为：

$$\begin{aligned} U_x = & yz[(1-\alpha)Lk-Lr_1+(1-\alpha)L(\Delta k_1+\Delta k_2)+L(r_2-r_1)]+ \\ & y(1-z)[(1-\alpha)Lk-Lr_2+(1-\alpha)L\Delta k_1]+ \\ & z(1-y)[(1-\alpha)Lk-Lr_1+(1-\alpha)L(\Delta k_2-\Delta k_1)+L(r_2-r_1)]+ \\ & (1-y)(1-z)[(1-\alpha)Lk-Lr_2-(1-\alpha)L\Delta k_1] \end{aligned} \tag{6.2}$$

$$U_{1-x}=yz[(1-\alpha)Lk'+L-F_1+(1-\alpha)L(\Delta k_1-\Delta k_2)-L(r_2-r_1)]+$$
$$y(1-z)[(1-\alpha)Lk'+L-F_3+(1-\alpha)L\Delta k_1]+$$
$$z(1-y)[(1-\alpha)Lk'+L-F_1+(1-\alpha)L(-\Delta k_1-\Delta k_2)-L(r_2-r_1)]+$$
$$(1-y)(1-z)[(1-\alpha)Lk'+L-F_3-(1-\alpha)L\Delta k_1] \quad (6.3)$$

$$\overline{U_x}=xU_x+(1-x)U_{1-x} \quad (6.4)$$

电商平台在博弈时选择“推荐”策略的期望收益 U_y、选择“不推荐”策略的期望收益 U_{1-y} 和平均期望收益 $\overline{U_y}$ 分别为：

$$U_y=xz[\alpha Lk+\beta Lr_1-C_1+\alpha L(\Delta k_1+\Delta k_2)+(\Delta\beta_1+\Delta\beta_2)Lr_1]+$$
$$x(1-z)[\alpha Lk-C_1+\alpha L\Delta k_1-\Delta\beta_1 Lr_1]+$$
$$z(1-x)[\alpha Lk'-F_2-C_1+\alpha L(\Delta k_1-\Delta k_2)+(\Delta\beta_1-\Delta\beta_2)Lr_1]+$$
$$(1-x)(1-z)[\alpha Lk'-C_1+\alpha L\Delta k_1-\Delta\beta_1 Lr_1] \quad (6.5)$$

$$U_{1-y}=xz[\alpha Lk+\beta Lr_1-C_1+\alpha L(\Delta k_2-\Delta k_1)-(\Delta\beta_1+\Delta\beta_2)Lr_1]+$$
$$x(1-z)[\alpha Lk-C_1-\alpha L\Delta k_1+\Delta\beta_1 Lr_1]+$$
$$z(1-x)[\alpha Lk'-C_1+\alpha L(-\Delta k_1-\Delta k_2)+(\Delta\beta_2-\Delta\beta_1)Lr_1]+$$
$$(1-x)(1-z)[\alpha Lk'-C_1-\alpha L\Delta k_1+\Delta\beta_1 Lr_1] \quad (6.6)$$

$$\overline{U_y}=yU_y+(1-y)U_{1-y} \quad (6.7)$$

金融机构在博弈时选择“放贷”策略的期望收益 U_z、选择“不放贷”策略的期望收益 U_{1-z} 和平均期望收益 $\overline{U_z}$ 分别为：

$$U_z=xy[(1-\beta)Lr_1-C_2-(\Delta\beta_1+\Delta\beta_2)Lr_1]+$$
$$x(1-y)[(1-\beta)Lr_1-C_2+(\Delta\beta_1+\Delta\beta_2)Lr_1]+$$
$$y(1-x)[F_1+F_2-L-C_2-(\Delta\beta_1-\Delta\beta_2)Lr_1]+$$
$$(1-x)(1-y)[F_1-L-C_2-(\Delta\beta_2-\Delta\beta_1)Lr_1] \quad (6.8)$$

$$U_{1-z}=xy[-C_2+\Delta\beta_1 Lr_1]+x(1-y)[-C_2-\Delta\beta_1 Lr_1]+$$
$$y(1-x)[-C_2+\Delta\beta_1 Lr_1]+(1-x)(1-y)[-C_2-\Delta\beta_1 Lr_1] \quad (6.9)$$

$$\overline{U_z}=zU_z+(1-z)U_{1-z} \quad (6.10)$$

（二）构建演化博弈的复制动力系统

根据上面对博弈三方不同策略选择下的期望收益和平均收益的分析，得到三方各自的动态复制方程。

$$\frac{dx}{dt}=F(x)=x(U_x-\overline{U_x})=x(1-x)(U_x-U_{1-x})=x(1-x)[z(F_1-F_3+L(r_2-r_1)+2(1-\alpha)L\Delta k_2)+(1-\alpha)L(k-k')-L+F_3-Lr_2] \tag{6.11}$$

电商平台的复制动态方程为：

$$\frac{dy}{dt}=F(y)=y(U_y-\overline{U_y})=y(1-y)(U_y-U_{1-y})=y(1-y)[xz(4\Delta\beta_2Lr_1+F_2)+z(2(2\Delta\beta_1-\Delta\beta_2)Lr_1-F_2)+2\alpha L\Delta k_1-2\Delta\beta_1Lr_1] \tag{6.12}$$

金融机构的复制动态方程为：

$$\frac{dz}{dt}=F(z)=z(U_z-\overline{U_z})=z(1-z)(U_z-U_{1-z})=z(1-z)[xy(F_2-4\Delta\beta_2Lr_1)++F_1-L+(2\Delta\beta_1-\Delta\beta_2)Lr_1+x((1-\beta)Lr_1-F_1+L+2\Delta\beta_2Lr_1)+y(F_2-2(2\Delta\beta_1-\Delta\beta_2)Lr_1)] \tag{6.13}$$

若令 $g(y,\ z)=z(F_1-F_3+L(r_2-r_1)+2(1-\alpha)L\Delta k_2)+(1-\alpha)L(k-k')-L+F_3-Lr_2$，$h(x,\ z)=xz(4\Delta\beta_2Lr_1+F_2)+z(2(2\Delta\beta_1-\Delta\beta_2)Lr_1-F_2)+2\alpha L\Delta k_1-2\Delta\beta_1Lr_1$，$m(x,\ y)=xy(F_2-4\Delta\beta_2Lr_1)+x((1-\beta)Lr_1-F_1+L+2\Delta\beta_2Lr_1)+y(F_2-2(2\Delta\beta_1-\Delta\beta_2)Lr_1)+F_1-L+(2\Delta\beta_1-\Delta\beta_2)Lr_1$，则联立式（6.11）、式（6.12）、式（6.13）得到小微企业、电商平台与金融机构演化博弈的复制动力系统为：

$$\begin{aligned}&F(x)=x(1-x)g(y,\ z)\\&F(y)=y(1-y)h(x,\ z)\\&F(z)=z(1-z)m(x,\ y)\end{aligned} \tag{6.14}$$

（三）求解演化博弈模型的均衡点

在上述复制动力系统中，令 $F(x)=F(y)=F(z)=0$，可求出其中 8 个局部均衡点为 $P_1(0,\ 0,\ 0)$，$P_2(1,\ 0,\ 0)$，$P_3(0,\ 1,\ 0)$，$P_4(0,\ 0,\ 1)$，$P_5(1,\ 1,\ 0)$，$P_6(1,\ 0,\ 1)$，$P_7(0,\ 1,\ 1)$，$P_8(1,\ 1,\ 1)$，所形成的区域 $\Omega=\{(x,\ y,\ z)\mid 0<x<1;\ 0<y<1;\ 0<z<1\}$。除上述 8 个局部均衡点外，在区域 Ω 内还存在 1 个混合策略均衡解 $P_9(x_0,\ y_0,\ z_0)$，P_9 满足式(6.15)，使得 $F(x)\equiv F(y)\equiv F(z)\equiv 0$，因而 P_9 点表示系统处于稳定状态。

$$\begin{cases}g(y,\ z)=0\\h(x,\ z)=0\\m(x,\ y)=0\end{cases} \tag{6.15}$$

求解式（6.15）可得：

$$\begin{cases} x_0=\dfrac{z_0[2(2\Delta\beta_1-\Delta\beta_2)Lr_1-F_2]-F_1+2\alpha L\Delta k_1-2\Delta\beta_1 Lr_1}{-z_0(4\Delta\beta_2 Lr_1+F_2)} \\ y_0=\dfrac{x_0[(1-\beta)Lr_1-F_1+L+2\Delta\beta_2 Lr_1]-L+(2\Delta\beta_1-\Delta\beta_2)Lr_1}{2(2\Delta\beta_1-\Delta\beta_2)Lr_1-x_0(F_2-4\Delta\beta_2 Lr_1)-F_2} \\ z_0=\dfrac{L+Lr_2-(1-\alpha)L(k-k')-F_3}{F_1-F_3+L(r_2-r_1)+2(1-\alpha)L\Delta k_2} \end{cases}$$

令 $x=0$，1 可得：

$$\begin{cases} h(0,\ z)=0 \\ m(0,\ y)=0 \end{cases} \quad \begin{cases} h(1,\ z)=0 \\ m(1,\ y)=0 \end{cases} \tag{6.16}$$

求解式（6.16）可得两个边界平衡点：

$$P_{10}\left(0,\ \frac{F_1-L+(2\Delta\beta_1-\Delta\beta_2)Lr_1}{2(2\Delta\beta_1-\Delta\beta_2)Lr_1-F_2},\ \frac{2\Delta\beta_1 Lr_1-2\alpha L\Delta k_1}{2(2\Delta\beta_1-\Delta\beta_2)Lr_1-F_2}\right)$$

$$P_{11}\left(1,\ \frac{(1-\beta+2\Delta\beta_1+\Delta\beta_2)Lr_1}{2(2\Delta\beta_1+\Delta\beta_2)Lr_1-2F_2},\ \frac{2\Delta\beta_1 Lr_1-2\alpha L\Delta k_1}{2(2\Delta\beta_1+\Delta\beta_2)Lr_1-F_2}\right)$$

同理，令 $y=0$，1，$z=0$，1 代入式（6.16）可得余下两个平衡点：

$$P_{12}\left(\frac{L-F_1-(2\Delta\beta_1-\Delta\beta_2)Lr_1}{(1-\beta)Lr_1-F_1+L+2\Delta\beta_2 Lr_1},\ 0,\ \frac{L+Lr_2-(1-\alpha)L(k-k')-F_3}{F_1-F_3+L(r_2-r_1)+2(1-\alpha)L\Delta k_2}\right)$$

$$P_{13}\left(\frac{L+(2\Delta\beta_1-\Delta\beta_2)Lr_1-F_2-F_1}{(1-\beta)Lr_1-F_1+L-2\Delta\beta_2 Lr_1+F_2},\ 1,\ \frac{L+Lr_2-(1-\alpha)L(k-k')-F_3}{F_1-F_3+L(r_2-r_1)+2(1-\alpha)L\Delta k_2}\right)$$

当 $x=y=0$，1，$x=0$，$y=1$ 或 $x=1$，$y=0$ 时，$F(x)\equiv F(y)\equiv 0$，此时 $m(x,y)=xy(F_2-4\Delta\beta_2 Lr_1)+x((1-\beta)Lr_1-F_1+L+2\Delta\beta_2 Lr_1)+y(F_2-2(2\Delta\beta_1-\Delta\beta_2)Lr_1)+F_1-L+(2\Delta\beta_1-\Delta\beta_2)Lr_1$ 均不为 0，因而只有当 $z=0$，1 时，$F(z)=z(1-z)m(x,\ y)=0$，故只能得出纯策略纳什均衡解；同理可得，当 $y=z=0$，1，$y=0$，$z=1$，$y=1$，$z=0$ 以及 $x=z=0$，1，$x=0$，$z=1$，$x=1$，$z=0$ 时，也只能得出纯策略纳什均衡解。因此，该演化博弈模型还存在 4 个边界平衡点：P_{10}、P_{11}、P_{12}、P_{13}。

（四）博弈主体稳定性分析

首先，对小微企业进行稳定性分析：$\frac{dx}{dt}$表示小微企业选择“还款”策略概率随着时间推移的变化速率；$x=0$，1，$z^*=\frac{L+Lr_2-(1-\alpha)L(k-k')-F_3}{F_1-F_3+L(r_2-r_1)+2(1-\alpha)L\Delta k_2}$为方程 $F(x)=0$ 的解。

$$F'(x)=(1-2x)\left[z\left(F_1-F_3+L\left(r_2-r_1\right)+2\left(1-\alpha\right)L\Delta k_2\right)+\left(1-\alpha\right)L\left(k-k'\right)-L+F_3-Lr_2\right] \tag{6.17}$$

当 $z=z^*$ 时，$F(x)\equiv 0$，此时小微企业的策略选择达到均衡状态，其不论是选择“还款”还是“违约”策略，都不会随着时间推移而改变自身的策略选择。

当 $z>z^*$ 时，即 $z\left(F_1-F_3+L\left(r_2-r_1\right)+2\left(1-\alpha\right)L\Delta k_2\right)+\left(1-\alpha\right)L\left(k-k'\right)-L+F_3-Lr_2>0$ 时，$F'(0)>0$，$F'(1)<0$，则此状态下，$x=1$ 为进化稳定策略，小微企业倾向于选择“还款”策略。

当 $z<z^*$ 时，即 $z\left(F_1-F_3+L\left(r_2-r_1\right)+2\left(1-\alpha\right)L\Delta k_2\right)+\left(1-\alpha\right)L\left(k-k'\right)-L+F_3-Lr_2<0$ 时，$F'(1)>0$，$F'(0)<0$，则此状态下，$x=0$ 为进化稳定策略，小微企业倾向于选择“违约”策略。

根据以上分析，可得小微企业策略演化相位图，如图 6-1 所示。

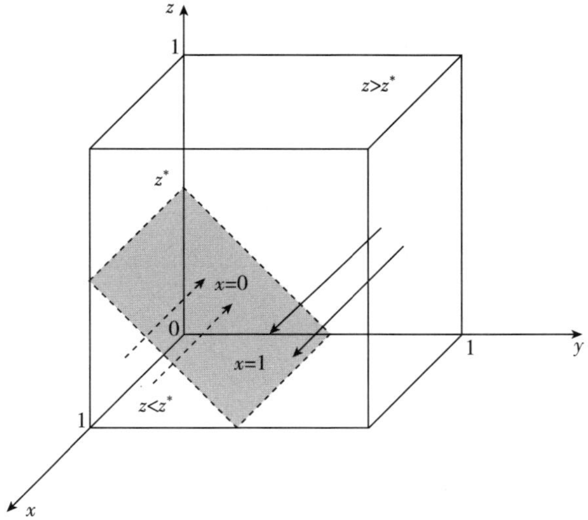

图 6-1　小微企业策略演化相位图

其次，对电商平台进行稳定性分析：$\frac{\mathrm{d}y}{\mathrm{d}t}$表示电商平台选择“推荐”策略概率随着时间推移的变化速率；$y=0$，1，$x^*=\frac{z^*\left[2(2\Delta\beta_1-\Delta\beta_2)Lr_1-F_2\right]+2\alpha L\Delta k_1-2\Delta\beta_1Lr_1}{-z^*(4\Delta\beta_2Lr_1+F_2)}$ 为方程 $F(y)=0$ 的解。

$$F'(y)=(1-2y)\left[xz(4\Delta\beta_2Lr_1+F_2)+z(2(2\Delta\beta_1-\Delta\beta_2)Lr_1-F_2)+2\alpha L\Delta k_1-2\Delta\beta_1Lr_1\right] \tag{6.18}$$

当 $x=x^*$ 时，$F(y)\equiv 0$，此时电商平台的策略选择达到均衡状态，其不论选择“推荐”还是“不推荐”策略，都不会随着时间推移而改变自身的策略选择。

当 $x>x^*$ 时，即 $xz(4\Delta\beta_2 Lr_1+F_2)+z(2(2\Delta\beta_1-\Delta\beta_2)Lr_1-F_2)+2\alpha L\Delta k_1-2\Delta\beta_1 Lr_1>0$ 时，$F'(0)>0$，$F'(1)<0$，则此状态下，$y=1$ 为进化稳定策略，电商平台倾向于选择“推荐”策略。

当 $x<x^*$ 时，$xz(4\Delta\beta_2 Lr_1+F_2)+z(2(2\Delta\beta_1-\Delta\beta_2)Lr_1-F_2)+2\alpha L\Delta k_1-2\Delta\beta_1 Lr_1<0$ 时，$F'(1)>0$，$F'(0)<0$，则此状态下，$y=0$ 为进化稳定策略，电商平台倾向于选择“不推荐”策略。

根据以上分析，可得电商平台策略演化相位图，如图 6-2 所示。

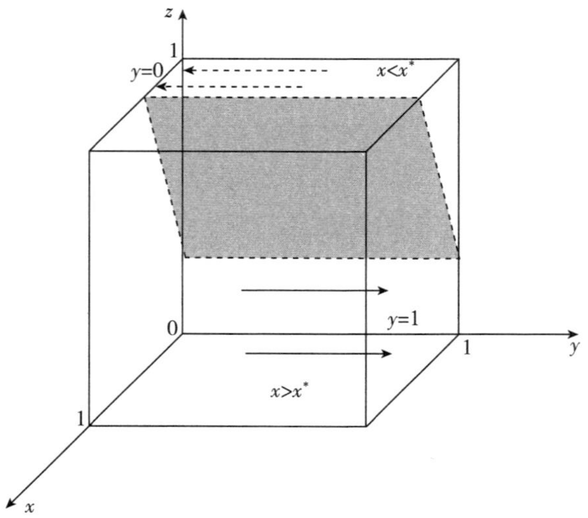

图 6-2　电商平台策略演化相位图

最后，对金融机构进行稳定性分析：$\frac{dz}{dt}$表示金融机构选择“放贷”策略概率随着时间推移的变化速率；$z=0$，1，$y^*=\frac{x^*[(1-\beta)Lr_1-F_1+L+2\Delta\beta_2 Lr_1]+F_1-L+(2\Delta\beta_1-\Delta\beta_2)Lr_1}{2(2\Delta\beta_1-\Delta\beta_2)Lr_1-x^*(F_2-4\Delta\beta_2 Lr_1)-F_2}$为方程 $F(z)=0$ 的解。

$$F'(z)=(1-2z)[xy(F_2-4\Delta\beta_2 Lr_1)+x((1-\beta)Lr_1-F_1+L+2\Delta\beta_2 Lr_1)+y(F_2-2(2\Delta\beta_1-\Delta\beta_2)Lr_1)+F_1-L+(2\Delta\beta_1-\Delta\beta_2)Lr_1] \tag{6.19}$$

当 $y=y^*$ 时，$F(z)\equiv 0$，此时金融机构的策略选择达到均衡状态，其不论选择“放贷”还是“不放贷”策略，都不会随着时间推移而改变自身的策略选择。

当 $y>y^*$ 时，即 $xy(F_2-4\Delta\beta_2Lr_1)+x((1-\beta)Lr_1-F_1+L+2\Delta\beta_2Lr_1)+y(F_2-2(2\Delta\beta_1-\Delta\beta_2)Lr_1)+F_1-L+(2\Delta\beta_1-\Delta\beta_2)Lr_1>0$ 时，$F'(0)>0$，$F'(1)<0$，则此状态下，$z=1$ 为进化稳定策略，金融机构将选择“放贷”策略。

当 $y<y^*$ 时，即 $xy(F_2-4\Delta\beta_2Lr_1)+x((1-\beta)Lr_1-F_1+L+2\Delta\beta_2Lr_1)+y(F_2-2(2\Delta\beta_1-\Delta\beta_2)Lr_1)+F_1-L+(2\Delta\beta_1-\Delta\beta_2)Lr_1<0$ 时，$F'(1)>0$，$F'(0)<0$，则此状态下，$z=0$ 为进化稳定策略，金融机构将选择“不放贷”策略。

根据以上分析，可得金融机构策略演化相位图，如图 6-3 所示。

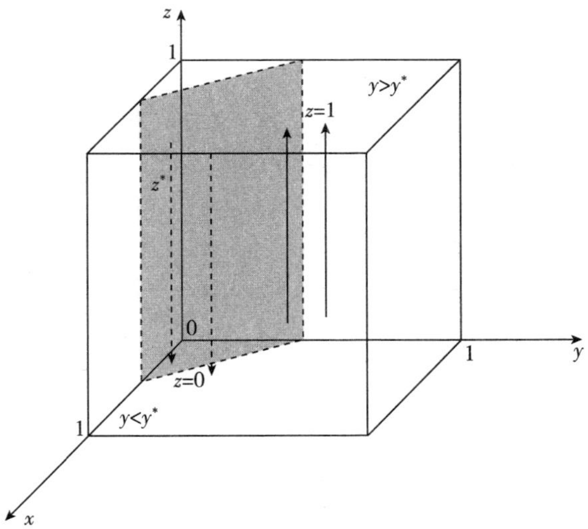

图 6-3　金融机构策略演化相位图

（五）系统稳定性分析

根据复制动态系统，可计算得出雅可比矩阵 J：

$$J=\begin{bmatrix}\dfrac{\partial F(x)}{\partial x} & \dfrac{\partial F(x)}{\partial y} & \dfrac{\partial F(x)}{\partial z}\\ \dfrac{\partial F(y)}{\partial x} & \dfrac{\partial F(y)}{\partial y} & \dfrac{\partial F(y)}{\partial z}\\ \dfrac{\partial F(z)}{\partial x} & \dfrac{\partial F(z)}{\partial y} & \dfrac{\partial F(z)}{\partial z}\end{bmatrix} \tag{6.20}$$

其中，

$$\frac{\partial F(x)}{\partial x}=(1-2x)[z(F_1-F_3+L(r_2-r_1)+2(1-\alpha)L\Delta k_2)+(1-\alpha)L(k-k')-L+F_3-Lr_2]$$

$$\frac{\partial F(x)}{\partial y}=0$$

$$\frac{\partial F(x)}{\partial z}=x(1-x)[F_1-F_3+L(r_2-r_1)+2(1-\alpha)L\Delta k_2]$$

$$\frac{\partial F(y)}{\partial x}=y(1-y)[z(4\Delta\beta_2Lr_1+F_2)]$$

$$\frac{\partial F(y)}{\partial y}=(1-2y)[xz(4\Delta\beta_2Lr_1+F_2)+z(2(2\Delta\beta_1-\Delta\beta_2)Lr_1-F_2)+2\alpha L\Delta k_1-2\Delta\beta_1Lr_1]$$

$$\frac{\partial F(y)}{\partial z}=y(1-y)[x(4\Delta\beta_2Lr_1+F_2)+2(2\Delta\beta_1-\Delta\beta_2)Lr_1-F_2]$$

$$\frac{\partial F(z)}{\partial x}=z(1-z)[y(F_2-4\Delta\beta_2Lr_1)+(1-\beta)Lr_1-F_1+L+2\Delta\beta_2Lr_1]$$

$$\frac{\partial F(z)}{\partial y}=z(1-z)[x(F_2-4\Delta\beta_2Lr_1)+F_2-2(2\Delta\beta_1-\Delta\beta_2)Lr_1]$$

$$\frac{\partial F(z)}{\partial z}=(1-2z)[xy(F_2-4\Delta\beta_2Lr_1)+x((1-\beta)Lr_1-F_1+L+2\Delta\beta_2Lr_1)+y(F_2-2(2\Delta\beta_1-\Delta\beta_2)Lr_1)+F_1-L+(2\Delta\beta_1-\Delta\beta_2)Lr_1]$$

根据李雅普诺夫判别法(间接法)，当雅可比矩阵的所有特征值 $\lambda<0$ 时，该均衡点是渐进稳定点；当雅可比矩阵中所有特征值 $\lambda>0$ 时，该均衡点是鞍点；当雅可比矩阵的特征值 λ 有正有负时，该均衡点是不稳定点。下面对 4 个边界均衡点和 8 个局部纯策略均衡点的稳定性进行讨论，将其分别代入雅克比矩阵 J 中，分别求得各局部均衡点所对应的矩阵 J 的特征值。

首先对 4 个边界均衡点进行分析，即 P_{10}、P_{11}、P_{12}、P_{13}。以 $P_{10}(0,\ y_1,\ z_1)$ 为例，$y_1=\frac{F_1-L+(2\Delta\beta_1-\Delta\beta_2)Lr_1}{2(2\Delta\beta_1-\Delta\beta_2)Lr_1-F_2}$，$z_1=\frac{2\Delta\beta_1Lr_1-2\alpha L\Delta k_1}{2(2\Delta\beta_1-\Delta\beta_2)Lr_1-F_2}$，计算可知：

$$\frac{\partial F(0)}{\partial x}=g(y_1,\ z_1)$$

$$\frac{\partial F(0)}{\partial y}=0;\quad \frac{\partial F(0)}{\partial z}=0$$

$$\frac{\partial F(y_1)}{\partial x}=y_1(1-y_1)[z_1(4\Delta\beta_2Lr_1+F_2)];\quad \frac{\partial F(y_1)}{\partial y}=0$$

$$\frac{\partial F(y_1)}{\partial z}=y_1(1-y_1)[2(2\Delta\beta_1-\Delta\beta_2)Lr_1-F_2]$$

$$\frac{\partial F(z_1)}{\partial x}=z_1(1-z_1)[y(F_2-4\Delta\beta_2Lr_1)+(1-\beta)Lr_1-F_1+L+2\Delta\beta_2Lr_1]$$

$$\frac{\partial F(z_1)}{\partial y}=z_1(1-z_1)[F_2-2(2\Delta\beta_1-\Delta\beta_2)Lr_1];\quad \frac{\partial F(z_1)}{\partial z}=0$$

由此，可得特征值行列式如下：

$$|1-\lambda E|=\begin{vmatrix} g(y_1,\ z_1)-\lambda & 0 & 0 \\ \frac{\partial F(y_1)}{\partial x} & -\lambda & \frac{\partial F(y_1)}{\partial z} \\ \frac{\partial F(z_1)}{\partial x} & \frac{\partial F(z_1)}{\partial y} & -\lambda \end{vmatrix}$$

$$=(g(y_1,\ z_1)-\lambda)\cdot\left(\lambda^2-\frac{\partial F(y_1)}{\partial z}\frac{\partial F(z_1)}{\partial x}\right)=0$$

从而求得 $P_{10}\left(0,\ \frac{F_1-L+(2\Delta\beta_1-\Delta\beta_2)Lr_1}{2(2\Delta\beta_1-\Delta\beta_2)Lr_1-F_2},\ \frac{2\Delta\beta_1Lr_1-2\alpha L\Delta k_1}{2(2\Delta\beta_1-\Delta\beta_2)Lr_1-F_2}\right)$ 对应的特征值为：$\lambda_{10,1}=g(y_1,\ z_1)$，$\lambda_{10,2}$，$\lambda_{10,3}$ 为方程 $\lambda^2-\frac{\partial F(y_1)}{\partial z}\frac{\partial F(z_1)}{\partial x}=0$ 的根，显然 $\lambda_{10,2}$，$\lambda_{10,3}$ 若存在则正负相反。

同理，将其余三个边界均衡点分别代入式（6.19）求解特征值，得出四个边界均衡点对应的特征值，如表 6-4 所示。

表 6-4 边界均衡点特征值

均衡点	特征值 λ_1	特征值 λ_2	特征值 λ_3
P_{10} $(0,y_1,z_1)$	g (y_1,z_1)	$\lambda_{10,2}$	$\lambda_{10,3}$
P_{11} $(1,y_2,z_2)$	$-g$ (y_2,z_2)	$\lambda_{11,2}$	$\lambda_{11,3}$
P_{12} $(x_3,\ 0,z_3)$	$\lambda_{12,1}$	h (x_3,z_3)	$\lambda_{12,3}$
P_{13} $(x_4,\ 1,z_4)$	$\lambda_{13,1}$	$-h$ (x_4,z_4)	$\lambda_{13,3}$

注：$\lambda_{11,2}$，$\lambda_{11,3}$ 为方程 $\lambda^2-\frac{\partial F(y_2)}{\partial z}\frac{\partial F(z_2)}{\partial x}=0$ 的根，$\lambda_{12,1}$，$\lambda_{12,3}$ 为方程 $\lambda^2-\frac{\partial F(x_3)}{\partial z}\frac{\partial F(z_3)}{\partial x}=0$ 的根，$\lambda_{13,1}$，$\lambda_{13,3}$ 为方程 $\lambda^2-\frac{\partial F(x_4)}{\partial z}\frac{\partial F(z_4)}{\partial x}=0$ 的根。

由表 6-4 可知，每一个边界均衡点计算得出的三个特征值中均存在一对异号根，因而 4 个边界均衡点均不满足稳定点的条件，即 P_{10}、P_{11}、P_{12}、P_{13} 均为不稳定点。下文将重点对 8 个局部均衡点进行稳定性分析。将 8 个均衡点：$P_1(0, 0, 0)$，$P_2(1, 0, 0)$，$P_3(0, 1, 0)$，$P_4(0, 0, 1)$，$P_5(1, 1, 0)$，$P_6(1, 0, 1)$，$P_7(0, 1, 1)$，$P_8(1, 1, 1)$ 分别代入矩阵（6.19）之中，可得各均衡点的特征值，见表 6-5。

表 6-5　局部均衡点的特征值

均衡点	特征值
$P_1(0, 0, 0)$	$\lambda_1=(1-\alpha)L(k-k')-(1+r_2)L+F_3$ $\lambda_2=2\alpha L\Delta k_1-2\Delta\beta_1 Lr_1$ $\lambda_3=F_1-L+(2\Delta\beta_1-\Delta\beta_2)Lr_1$
$P_2(1, 0, 0)$	$\lambda_1=-((1-\alpha)L(k-k')-(1+r_2)L+F_3)$ $\lambda_2=2\alpha L\Delta k_1-2\Delta\beta_1 Lr_1$ $\lambda_3=(1-\beta+2\Delta\beta_1+\Delta\beta_2)Lr_1$
$P_3(0, 1, 0)$	$\lambda_1=(1-\alpha)L(k-k')-(1+r_2)L+F_3$ $\lambda_2=-(2\alpha L\Delta k_1-2\Delta\beta_1 Lr_1)$ $\lambda_3=F_1+F_2-L-(2\Delta\beta_1-\Delta\beta_2)Lr_1$
$P_4(0, 0, 1)$	$\lambda_1=(1-\alpha)L(k-k')-(1+r_2)L+F_1+2(1-\alpha)L\Delta k_2+2L(r_2-r_1)$ $\lambda_2=2\alpha L\Delta k_1+2(\Delta\beta_1-\Delta\beta_2)Lr_1-F_2$ $\lambda_3=-(F_1-L+(2\Delta\beta_1-\Delta\beta_2)Lr_1)$
$P_5(1, 1, 0)$	$\lambda_1=-((1-\alpha)L(k-k')-(1+r_2)L+F_3)$ $\lambda_2=-(2\alpha L\Delta k_1-2\Delta\beta_1 Lr_1)$ $\lambda_3=(1-\beta-2\Delta\beta_1-\Delta\beta_2)Lr_1$
$P_6(1, 0, 1)$	$\lambda_1=-((1-\alpha)L(k-k')-(1+r_2)L+F_1+2(1-\alpha)L\Delta k_2+2L(r_2-r_1))$ $\lambda_2=2\alpha L\Delta k_1+2(\Delta\beta_1+\Delta\beta_2)Lr_1$ $\lambda_3=-(1-\beta+2\Delta\beta_1+\Delta\beta_2)Lr_1$
$P_7(0, 1, 1)$	$\lambda_1=(1-\alpha)L(k-k')-(1+r_2)L+F_1+2(1-\alpha)L\Delta k_2+2L(r_2-r_1)$ $\lambda_2=-(2\alpha L\Delta k_1+2(\Delta\beta_1-\Delta\beta_2)Lr_1-F_2)$ $\lambda_3=-(F_1+F_2-L-(2\Delta\beta_1-\Delta\beta_2)Lr_1)$
$P_8(1, 1, 1)$	$\lambda_1=-((1-\alpha)L(k-k')-(1+r_2)L+F_1+2(1-\alpha)L\Delta k_2+2L(r_2-r_1))$ $\lambda_2=-(2\alpha L\Delta k_1+2(\Delta\beta_1+\Delta\beta_2)Lr_1)$ $\lambda_3=-(1-\beta-2\Delta\beta_1-\Delta\beta_2)Lr_1$

情形 1：当 $2\alpha L\Delta k_1-2\Delta\beta_1 Lr_1>0$ 且 $(1-\beta-2\Delta\beta_1-\Delta\beta_2)Lr_1>0$ 时，即电商平台处在金融机构不放贷并且小微企业违约的情况下选择推荐小微企业所获取的净收益大于其选择不推荐小微企业所获取的净收益，同时金融机构在小微企业守约且电商平台推荐小微企业的情况下选择放贷所获取的净收益大于选择不放贷所获取的净收益，此时由表 6-6 可知，这种情形下系统存在（1，1，1）一个均衡点，即系统 ESS 为（还款，推荐，放贷）。

情形 2：当 $2\alpha L\Delta k_1-2\Delta\beta_1 Lr_1>0$ 且 $(1-\beta-2\Delta\beta_1-\Delta\beta_2)Lr_1<0$ 时，即电商平台处在金融机构不放贷并且小微企业违约的情况下选择推荐小微企业所获取的净收益大于其选择不推荐小微企业所获取的净收益，同时金融机构在小微企业守约且电商平台推荐小微企业的情况下选择放贷所获取的净收益小于选择不放贷所获取的净收益，此时由表 6-6 可知，这种情形下系统存在（1，1，0）一个均衡点，即系统 ESS 为（还款，推荐，不放贷）。

情形 3：当 $2\alpha L\Delta k_1-2\Delta\beta_1 Lr_1<0$ 且 $(1-\beta-2\Delta\beta_1-\Delta\beta_2)Lr_1>0$ 时，即电商平台处在金融机构不放贷并且小微企业违约的情况下选择推荐小微企业所获取的净收益小于其选择不推荐小微企业所获取的净收益，同时金融机构在小微企业守约且电商平台推荐小微企业的情况下选择放贷所获取的净收益大于选择不放贷所获取的净收益，此时由表 6-6 可知，这种情形下系统存在（1，1，1）一个均衡点，即系统 ESS 为（还款，推荐，放贷）。

情形 4：当 $2\alpha L\Delta k_1-2\Delta\beta_1 Lr_1<0$ 且 $(1-\beta-2\Delta\beta_1-\Delta\beta_2)Lr_1<0$ 时，即电商平台处在金融机构不放贷并且小微企业违约的情况下选择推荐小微企业所获取的净收益小于其选择不推荐小微企业所获取的净收益，同时金融机构在小微企业守约且电商平台推荐小微企业的情况下选择放贷所获取的净收益小于选择不放贷所获取的净收益，此时由表 6-6 可知，这种情形下系统不存在纯策略纳什均衡点。

表 6-6　均衡点的局部稳定性

均衡点	情形 1			稳定性	情形 2			稳定性	情形 3			稳定性	情形 4			稳定性
	λ_1	λ_2	λ_3		λ_1	λ_2	λ_3		λ_1	λ_2	λ_3		λ_1	λ_2	λ_3	
P_1（0，0，0）	+	+	+	不稳定点	+	+	+	不稳定点	+	−	+	不稳定点	+	−	+	不稳定点
P_2（1，0，0）	−	+	+	不稳定点	−	+	+	不稳定点	−	−	+	不稳定点	−	−	+	不稳定点

续表

均衡点	情形1			稳定性	情形2			稳定性	情形3			稳定性	情形4			稳定性
	λ_1	λ_2	λ_3		λ_1	λ_2	λ_3		λ_1	λ_2	λ_3		λ_1	λ_2	λ_3	
P_3 (0, 1, 0)	+	−	+	不稳定点	+	−	+	不稳定点	+	+	+	不稳定点	+	+	+	不稳定点
P_4 (0, 0, 1)	+	×	−	不稳定点	+	×	−	不稳定点	+	×	−	不稳定点	+	×	−	不稳定点
P_5 (1, 1, 0)	−	−	+	不稳定点	−	−	−	ESS	−	+	+	不稳定点	−	+	−	不稳定点
P_6 (1, 0, 1)	−	+	−	不稳定点	−	+	−	不稳定点	−	+	−	不稳定点	−	+	−	不稳定点
P_7 (0, 1, 1)	+	×	−	不稳定点	+	×	−	不稳定点	+	×	−	不稳定点	+	×	−	不稳定点
P_8 (1, 1, 1)	−	−	−	ESS	−	−	+	不稳定点	−	−	−	ESS	−	−	+	ESS

四、信任机制演化博弈仿真分析及讨论

（一）参数假设

本章采用 MatLab 软件对小微企业、电商平台和金融机构的信任博弈进行建模，对三方策略的动态演化过程在不同初始条件下进行仿真，根据仿真分析结果，对参与博弈主体的商业信任和金融信任两方面的多个因素进行讨论。基于前文分析的假设条件，现对收益矩阵中各个参数的初始值做出如下假设：$\alpha=10\%$、$\beta=40\%$、$\Delta\beta_1=10\%$、$\Delta\beta_2=10\%$、$L=10$、$k=30\%$、$\Delta k_1=10\%$、$\Delta k_2=10\%$、$k'=20\%$、$r_1=6\%$、$r_2=10\%$、$F_1=11$、$F_2=1$、$F_3=15$。小微企业、电商平台和金融机构保持合作的初始意愿为 $x=y=z=0.5$。

（二）小微企业收益率变动值对模型演化的影响

作为小微企业与电商平台间收益分配的重要参数，小微企业的收益率一方面影响小微企业的盈利能力，另一方面也影响电商平台可以从小微企业处获得的收益值，因此随着金融活动中电商平台对小微企业信任程度的变化，小微企业的收益率也会随之发生变化。本章在上述初始数值的基础上，保持其余参数不变，讨论小微企业收益率变动值 Δk_1、Δk_2 的变化对模型演化结果的影响。

当 Δk_1、Δk_2 同时发生变化且 $\Delta k_1=\Delta k_2$ 时，设置三组数值：$\Delta k_1=\Delta k_2=0.05$；$\Delta k_1=\Delta k_2=0.1$；$\Delta k_1=\Delta k_2=0.15$。复制动力系统随时间推移演化 40 次的仿真结果如图 6-4 所示。

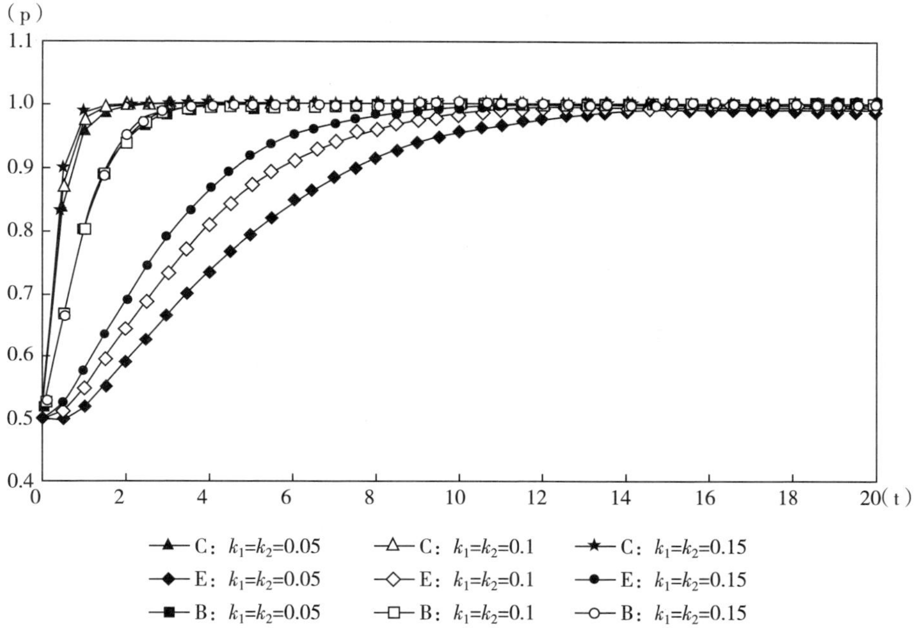

图 6-4　小微企业收益率变动值 Δk_1、Δk_2 变化下的演化结果（$\Delta k_1=\Delta k_2$）

由图 6-4 可知，小微企业收益率变动值会对电商平台和小微企业的策略选择产生影响，随着两个融资收益率变动值，即电商平台对小微企业特征和声誉两方面信任程度的增加，电商平台会向着推荐的稳定点演化，小微企业会向着守约的稳定点演化。在初始阶段随着小微企业收益变动值的增加小微企业选择守约还款策略的演化速率进一步提高，趋于稳定的时间逐渐缩短但变化幅度并不明显；而对于电商平台，随着小微企业收益率变动值的增加，其选择“推荐”策略的概率逐步增加，在演化结果趋于平衡的时间大幅减少，变动较为明显。这表明在电商供应链融资金融活动中，电商平台对小微企业的线上信用评估以及小微企业是否还款两方面的影响会使得电商平台在融资活动进行的不同阶段变动对小微企业的信任程度，进而影响电商平台是否愿意将更多的平台流量向小微企业倾斜，最终影响小微企业收益率的变动，而这种变动值又最终在演化过程中影响小微企业和电商平台的策略选择以及双方演化趋于稳定的时间。但是，此时只讨论了特征方面信用评估结果以及声誉方面企业是否还款两部分同时变化导致的收益率的变化，尚不能将两者对电商平台以及小微企业的影响分离。因此，下文将讨论只有 Δk_1 或只有 Δk_2 发生变化的情况，分别分析其对于电商平台和小微企业策略选择及演化的影响。

首先，当只有 Δk_1 发生变化且 $\Delta k_2=0.1$ 时，设置四组数值：$\Delta k_1=0.05$，$\Delta k_2=0.1$；$\Delta k_1=0.1$，$\Delta k_2=0.1$；$\Delta k_1=0.15$，$\Delta k_2=0.1$；$\Delta k_1=0.2$，$\Delta k_2=0.1$。复制动力系统随时间推移演化 40 次的仿真结果如图 6-5 所示。

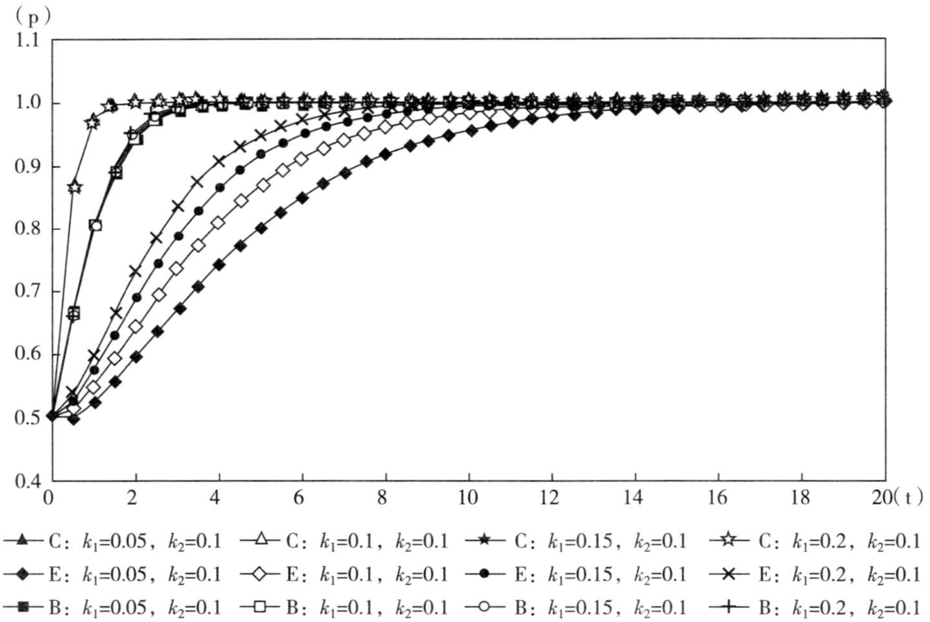

图 6-5　小微企业收益率变动值 Δk_1 变化下的演化结果

由图 6-5 可知，电商平台在金融活动中由小微企业特征方面信任评估引起的小微企业初始收益值变动值 Δk_i 对电商平台有显著影响，而对小微企业则无明显影响。随着小微企业初始收益值变动值 Δk_i 的增加，电商平台向“推荐”策略演化的速率逐渐提高，达到稳定点的演化时间也随之缩短。这表明，在电商供应链融资活动伊始，电商平台对小微企业进行线上信用评估，评估结果初步影响电商平台对小微企业的信任程度，进一步影响小微企业收益率变动。这种变动值越大，就表明小微企业线上信用评估结果的重要程度越高，电商平台就更依赖初始的信用评估结果，也就导致在小微企业初始信用评估结果为高信用企业的情况下电商平台趋向于选择向金融机构推荐小微企业的概率越大，并且最终电商平台趋向于平衡的演化次数越少，越容易使整个电商供应链融资信任机制趋于稳定。

其次，当只有 Δk_2 发生变化且 $\Delta k_1=0.1$ 时，设置四组数值：$\Delta k_1=0.1$，$\Delta k_2=0.05$；$\Delta k_1=0.1$，$\Delta k_2=0.1$；$\Delta k_1=0.1$，$\Delta k_2=0.15$；$\Delta k_1=0.1$，$\Delta k_2=0.2$。复制动力系统随时间推移演化 40 次的仿真结果如图 6-6 所示。

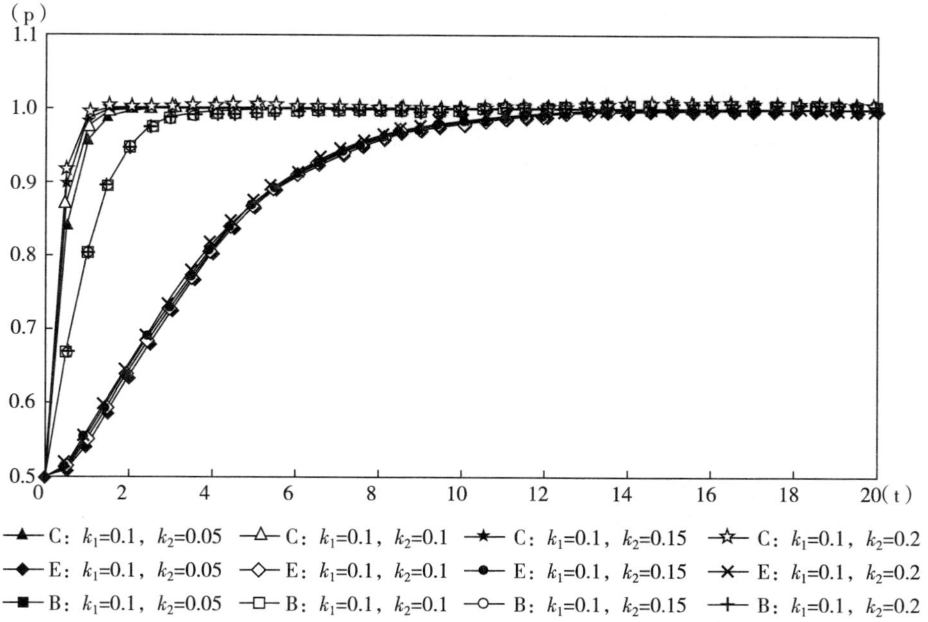

图 6-6　小微企业收益率变动值 Δk_1 变化下的演化结果

由图 6-6 可知，电商平台在金融活动中由小微企业声誉方面企业是否还款引起的小微企业收益变动值 Δk_2 对电商平台无显著影响，而对小微企业有明显影响。随着小微企业收益变动值 Δk_2 的增加，小微企业向守约还款策略的演化速率逐渐增加，斜率提高。这表明，在电商供应链融资活动伊始，小微企业是否还款影响电商平台对于小微企业信任程度的又一次变化，进而导致小微企业收益值的变动。这种变动值越大，表明小微企业是否还款对企业自身影响程度越大，也就导致企业越发重视融资活动还款结果对自身产生的影响，从而使得小微企业能更快向“还款”策略演化，电商供应链融资机制也能更快达到稳定状态。

综上所述，电商平台对于小微企业的信用评估结果以及小微企业的还款结果所引起的小微企业收益率的变化均会导致电商平台和小微企业向稳定均衡策略的演化速率，进而影响电商供应链融资信任机制的稳定状态。其中，电商平台对于小微企业的信用评估结果引起的小微企业收益率变动值主要对电商平台有显著影响，其越重视企业信用评估结果，向“推荐”策略的演化速率就会越高；而小微企业的还款结果所引起的小微企业收益率的变动值主要对小微企业有显著影响，企业越重视自身融资是否还款带来的影响，就会以越短的时间向“还款”策略演化。这两方面电商平台对于小微企业信任程度的变化程度大小共同影响双方向稳定机制演化，电商平台越重视线上信用评估结果，小微企业越重视自身还款结果所带来的影响，电商供应链融资信任机制就会越快趋于稳定。

（三）小微企业违约时收益率对模型演化的影响

小微企业在违约状态能够获得的最大收益率是小微企业做出是否违约决策的重要影响因素。本章在上述初始数值的基础上，保持其余参数不变，设置四组 k' 的变动值：$k'=0.1$，$k'=0.3$，$k'=0.5$，$k'=0.6$。讨论小微企业违约时收益率 k' 的变化对模型演化结果的影响，仿真结果如图 6-7 所示。

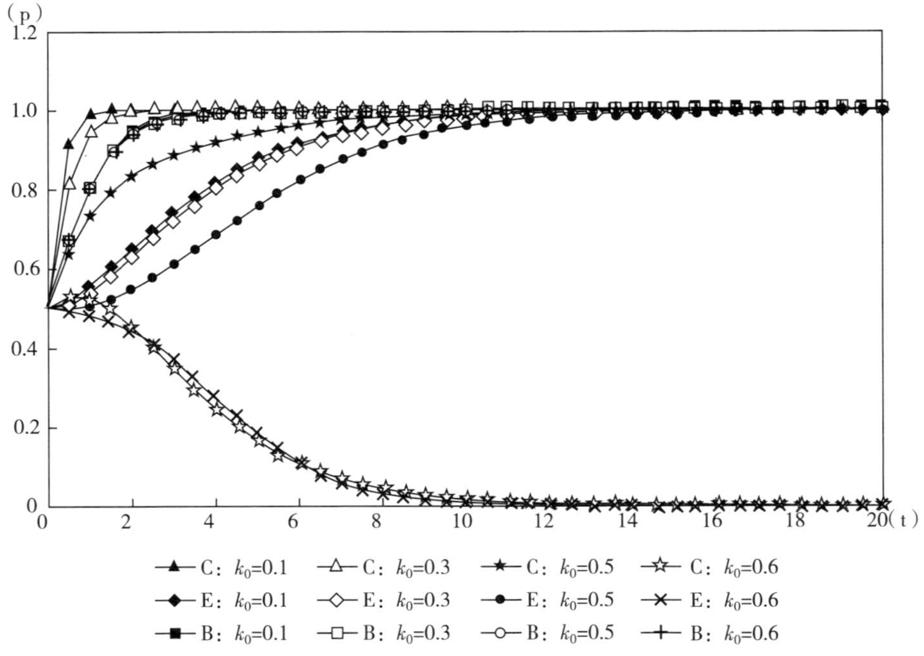

图 6-7　小微企业违约时收益率 k' 变化下的演化结果

由图 6-7 可知，小微企业违约时收益率 k' 在 0.5~0.6 时存在一个临界值：当 k' 小于这一临界值时，电商供应链融资系统最终会向（还款，推荐，放贷）策略演化，并且 k' 越小，小微企业和电商平台向（还款，推荐）策略演化的速率就越高；当 k' 大于这一临界值时，电商供应链融资参与主体决策会向（违约，不推荐，放贷）演化。这表明，小微企业在违约时能够获得的最大收益率是影响小微企业以及电商平台策略选择的重要因素，其能够获取的收益率越高，则选择违约的收益率就越大，而电商平台选择不推荐策略的概率就越大。因而，金融机构在判断是否发放贷款时应重点考虑小微企业违约能够获得的额外收益的大小，并且当电商平台选择不推荐时，金融机构应该出于谨慎心理选择是否发放贷款。

（四）小微企业违约成本对模型演化的影响

小微企业选择违约时所需要支付的罚金是小微企业做出是否违约决策的另一重要影响因素。在上述初始数值的基础上，保持其余参数不变，设置四组 F_1、F_3 的变动值：$F_1=6$，$F_3=10$；$F_1=9$，$F_3=13$；$F_1=11$，$F_3=15$；$F_1=13$，$F_3=17$。讨论小微企业违约罚金 F_1、F_3 的变化对模型演化结果的影响，仿真结果如图 6-8 所示。

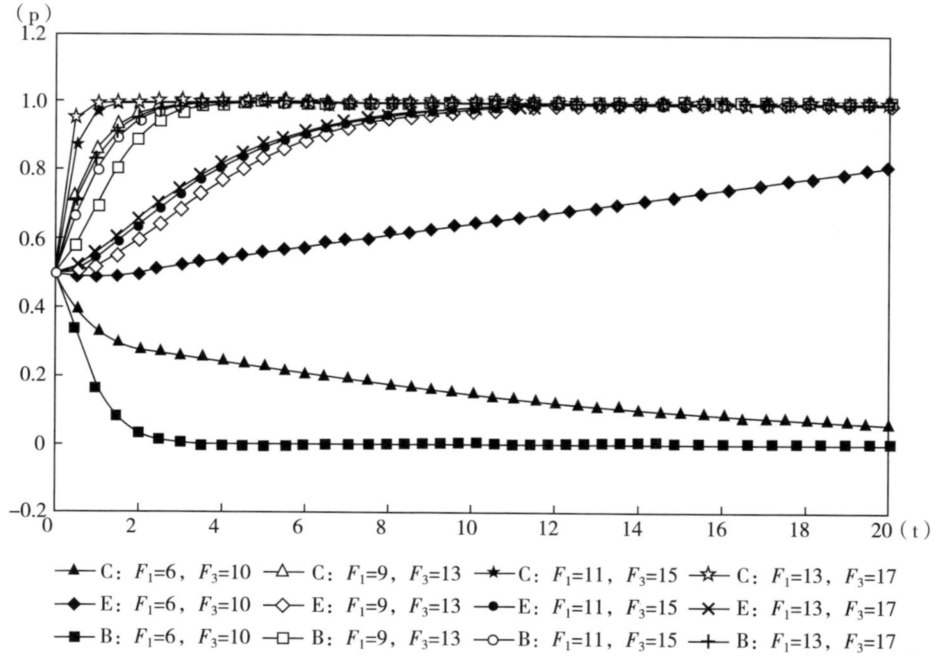

图 6-8　小微企业违约罚金 F_1、F_3 变化下的演化结果

由图 6-8 可知，小微企业违约罚金 F_1、F_3 存在临界值，当两者均小于这一临界值时，融资系统最终向（违约，推荐，不放贷）的策略演化，并且电商平台向推荐策略的演化速率也会非常低，在 40 次演化过程中电商平台并没有成功演化为稳定的推荐策略；而当两者均大于临界值时，融资系统则会向（还款，推荐，放贷）的策略演化，虽然随着违约罚金的增大，融资系统向（还款，推荐，放贷）策略演化的速率逐渐增大，速度越来越低，最后几乎不发生变化。这表明，金融机构或其他借款方在设置违约时要选择一个恰当的适中值，既要保证小微企业不会违约，又要保证融资信任机制能够更快地趋于稳定。

（五）金融机构与电商平台收益分配系数变动值对模型演化的影响

作为金融机构与电商平台间收益分配的重要参数，金融机构与电商平台收益分配系数一方面影响金融机构和电商平台在融资活动中所获收益的盈利能力，另一方面也影响双方的合作关系，因此随着金融活动中金融机构对电商平台信任程度的变化，金融机构与电商平台收益分配系数会随之发生变化。在上述初始数值的基础上，保持其余参数不变，讨论两者收益分配系数的变动值（$\Delta\beta_1$、$\Delta\beta_2$）的变化对模型演化结果的影响。

当 $\Delta\beta_1$、$\Delta\beta_2$ 同时发生变化且 $\Delta\beta_1=\Delta\beta_2$ 时，设置三组数值：$\Delta\beta_1=\Delta\beta_2=0.1$；$\Delta\beta_1=\Delta\beta_2=0.15$；$\Delta\beta_1=\Delta\beta_2=0.2$。复制动力系统随时间推移演化 40 次的仿真结果如图 6-9 所示。

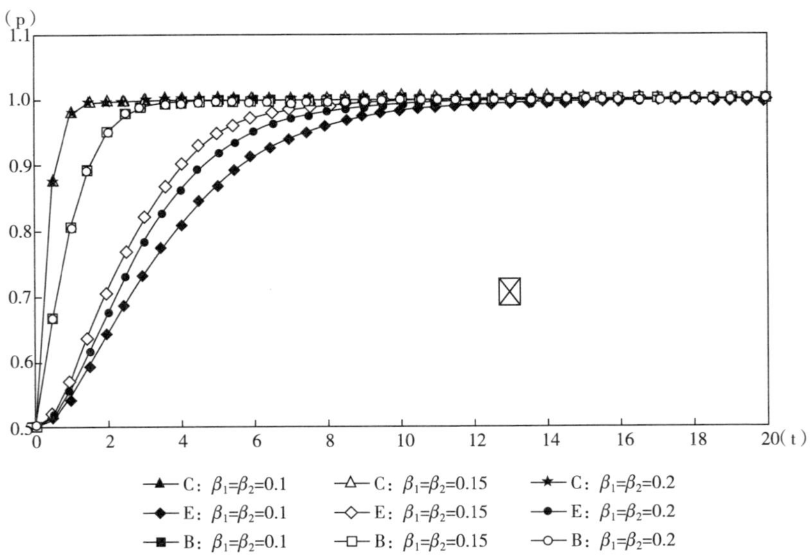

图 6-9 金融机构与电商平台收益分配系数变动值变化下的演化结果

由图 6-9 可知，双方收益分配系数的变动值越大，电商平台选择推荐高信用企业策略的概率越高，趋于稳定的演化时间就越短，而双方收益分配系数的变动值对于金融机构策略选择的影响却不明显。这表明，金融机构由于电商平台信用评价结果以及企业是否还款选择影响对电商平台的信任程度，信任程度越高，则金融机构愿意将更多的收益分给电商平台，保证其推荐高信用企业积极性并且达成长期合作，进而导致电商平台更倾向于与金融机构合作，推荐高信用企业，小微企业违约的概率就越低，进而越容易保持电商供应链融资信任机制的稳定；而金融机构由于给予电商平台的收益均在可接受范围内，并且其是否放贷受到小微企业线下信用评估结果、小微企业线上信用评估结果等多种因素的影响，因此，其演化稳定策略并不受两者收益系数分配变动值的影响。下面将分情况进一步分析不同方面导致的金融机构和电商平台间收益分配系数的变动值是否会对模型演化结果产生不同影响。

首先，当只有 $\Delta\beta_1$ 发生变化且 $\Delta\beta_2=0.15$ 时，设置四组数值：$\Delta\beta_1=0.1$，$\Delta\beta_2=0.15$；$\Delta\beta_1=0.15$，$\Delta\beta_2=0.15$；$\Delta\beta_1=0.2$，$\Delta\beta_2=0.15$；$\Delta\beta_1=0.25$，$\Delta\beta_2=0.15$。复制动力系统随时间推移演化 40 次的仿真结果如图 6-10 所示。

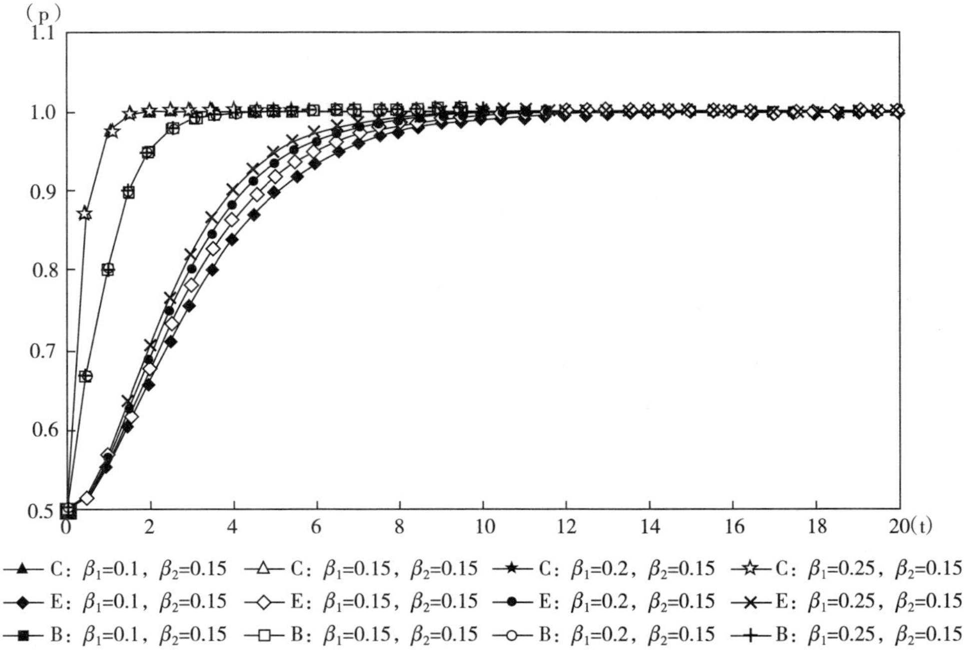

图 6-10　金融机构与电商平台收益分配系数变动值 $\Delta\beta_1$ 变化下的演化结果

其次，当只有 $\Delta\beta_2$ 发生变化且 $\Delta\beta_1=0.15$ 时，设置四组数值：$\Delta\beta_1=0.15$，$\Delta\beta_2=0.1$；$\Delta\beta_1=0.15$，$\Delta\beta_2=0.15$；$\Delta\beta_1=0.15$，$\Delta\beta_2=0.2$；$\Delta\beta_1=0.15$，$\Delta\beta_2=0.25$。复制动力系统随时间推移演化 40 次的仿真结果如图 6-11 所示。

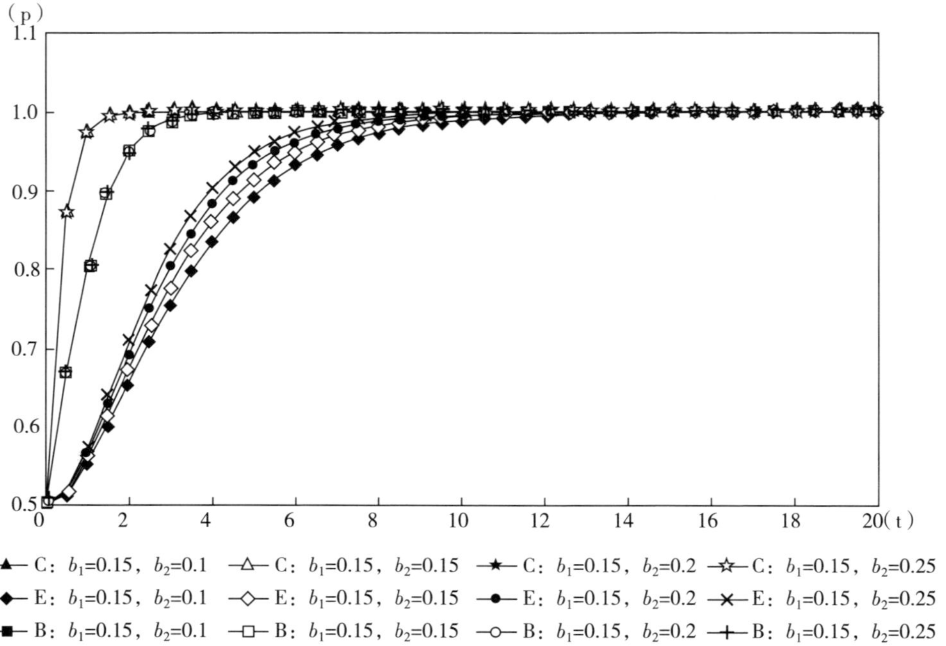

图 6-11　金融机构与电商平台收益分配系数变动值 $\Delta\beta_2$ 变化下的演化结果

由图 6-10 和图 6-11 可知，$\Delta\beta_1$ 和 $\Delta\beta_2$ 单独变化时均能使电商平台选择推荐高信用企业策略的概率提高，向稳定状态演化的时间缩短。同时，对比两种情况可以发现，$\Delta\beta_1$ 和 $\Delta\beta_2$ 对电商平台策略选择的影响程度是一致的。这表明，只要电商平台所获得的收益分配值增加，并且金融机构对于电商平台的信任程度越高，收益分配系数变动值越大，电商平台越倾向于选择与金融机构达成合作，推荐高信用小微企业的概率越高，电商供应链融资信任机制就能够更快达到（还款，推荐，放贷）的合作状态。

（六）电商平台推荐小微企业违约罚金对模型演化的影响

小微企业选择违约时所需要支付的罚金是小微企业做出是否违约决策的另一重要影响因素。在上述初始数值的基础上，保持其余参数不变，设置四组 F_2 的变动值：$f_2=0.5$，$f_2=1$，$f_2=2$，$f_2=3$。讨论小微企业推荐小微企业违约罚金 F_2 的变化对模型演化结果的影响，仿真结果如图 6-12 所示。

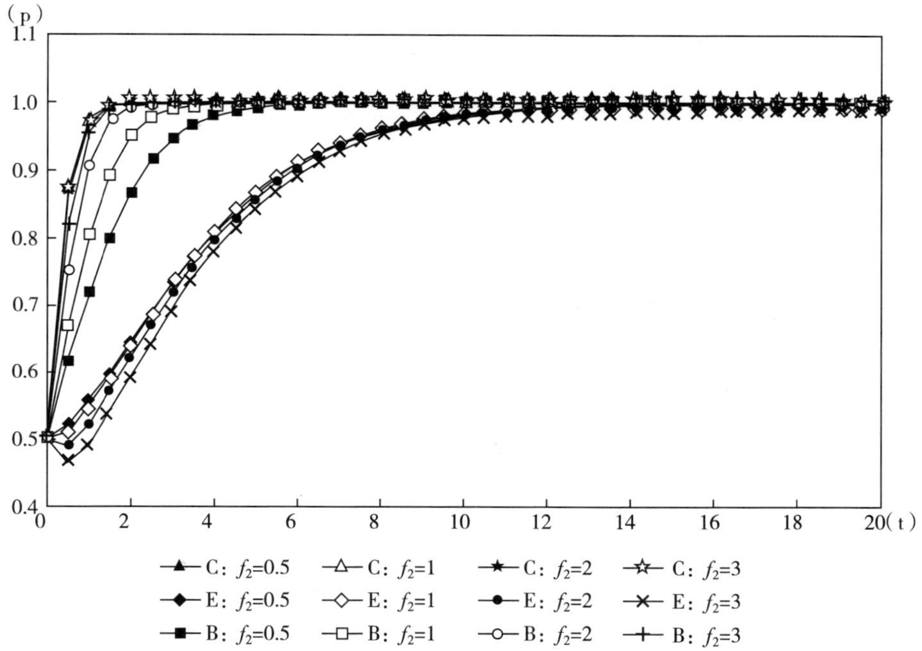

图 6-12　电商平台推荐企业违约罚金 F_2 变化下模型的演化结果

由图 6-12 可知，随着罚金 F_2 的增大，电商平台最终均会选择推荐策略，但是 F_2 越大，在初始阶段电商平台选择推荐策略的概率越低，并且趋于平衡所需的演化时间也越长。同时，对于小微企业而言，F_2 的增加导致企业向守约策略演化的速率加快，达到稳定所需演化次数越少。这表明，一方面，电商平台出于罚金的考虑最终选择向金融机构推荐高信用企业，小微企业违约的概率越来越低，能够更快地向电商供应链融资机制稳定状态演化；另一方面，过高的罚金可能会使电商平台过于谨慎而不推荐部分高信用企业，使得小微企业获得贷款的门槛越来越高，不利于电商供应链稳定长久发展。因此，金融机构应设置一个适中的电商平台推荐违约企业罚金，一方面能够降低电商平台与小微企业合谋风险，另一方面保证电商平台推荐小微企业的积极性，保证电商供应链融资信任机制的长期稳定。

第四节 本章小结

本章主要通过建构小微企业、电商平台与金融机构三者间的演化博弈来进行信任机制稳定性及其影响因素的探究，得出如下结论：

（1）电商供应链融资信任机制稳定状态。在电商供应链融资中引入收益分配机制、奖惩机制后，经过多次演化，小微企业、电商平台与金融机构在（还款，推荐，放贷）的策略选择下达到稳定。

（2）电商供应链融资信任机制影响因素。通过仿真分析发现融资企业收益率和电商平台与金融机构间的收益分配系数以及融资企业违约情况下的罚金对电商供应链融资的信任机制均产生了显著影响，而主体间收益机制的变化受主体间信任度变化的影响最大，因而能够影响主体间信任度声誉、制度以及特征三大因素就成为影响电商供应链融资信任机制稳定性的主要因素。从小微企业自身出发，特征评价是影响电商平台与金融机构对小微企业信任程度的主要因素，因而构建一个适合大数据背景下小微企业的信用评价指标体系能够有效地维持电商供应链融资信任机制的稳定性，解决小微企业融资难问题。

第三篇　小微企业信用动态评价研究

第七章　电商小微企业信用评价指标体系的构建

本章主要是通过对相关文献资料进行梳理和整合，初步形成影响因素指标体系，并以此为基础发放调查问卷，同时建立结构方程模型，分析各个影响因素间的关系，并对指标体系进行可行性研究，最终得到完整的信用评价指标体系。

第一节　信用影响因素的初步确定

通过前文的资料收集、文献梳理，同时考虑到小微企业正处于转型升级阶段，融资需要更多灵活便捷的渠道，其中数据金融得到政府大力支持，通过实时分析商品交易数据、商户运营数据、服务评价等，获取有用信息作为金融机构授信依据。基于此，本章初步确定了影响电商小微企业信用水平的 20 个核心要素，这些要素基本涵盖了电商小微企业信用评价的关键点，很好地覆盖了小微企业的融资需求，表 7-1 选取了每个要素的代表性文献。接下来通过发放调查问卷的形式，从实际操作角度对这 20 个影响因素进行进一步的分析和甄选。

表 7-1　影响电商供应链中小微企业信用的主要因素

一级指标	二级指标	指标解释	代表学者
产品情况	产品数量	企业在产品数量上的比较优势可以传递到信用水平渠道	李泽广（2020）
	产品质量	产品质量与企业信用间有着显著正向影响	刘甲学（2018）
	产品销售量	企业网络交易业务量说明企业整体实力和产品质量水平	高更君（2018）
	产品定价情况	产品定价越稳定，企业信用水平越好	李鸿禧（2020）
	产品披露情况	产品信息披露越完善，企业的信用水平越好	吴育辉（2017）

续表

一级指标	二级指标	指标解释	代表学者
产品情况	产品包装情况	产品包装完善程度体现了产品的质量和企业态度	柳武妹（2020）
管理水平	企业规模	企业规模越大，体制机制越健全，其信用水平越高	池仁勇（2020）
	盈利能力	企业盈利状况越好，企业的违约率就会越低	孙玥璠（2015）
	营运能力	企业运营能力指企业的日常经营、管理状况	霍海涛（2012）
	发展能力	一般情况下企业未来发展前景越好，其信用水平就会越高	侯昊鹏（2012）
	市场竞争能力	企业市场竞争能力说明企业具有较好的实力和品牌效应	邓爱民（2016）
	风险认知能力	具有风险认知能力的企业能够及时准确地判断风险并进行规避	李晓娣（2018）
	企业履约能力	小微企业能够按时履约、还款能力越强，企业的信用状况就越好	高更君（2018）
	组织管理能力	企业具有较强的组织管理能力，能够及时发现并解决企业的信用问题	张可（2019）
服务水平	开业时长	开业时长说明了企业接受市场检验的程度，可以反映企业信用水平	李润平（2014）
	平台服务	小微企业与电商平台的合作关系越好，企业的信用状况越好	戴昕琦（2018）
	物流服务	物流企业服务水平越高，小微企业信用状况越好	张目（2015）
	售后服务	企业售后服务越完善到位，其信用水平越好	刘甲学（2018）
	增值服务	企业提供的增值服务项数越多，其信用水平越好	刘甲学（2018）
	消费者评价	消费者对产品、服务评价越好，其信用水平越高	王俊豪（2021）

第二节　问卷设计与回收数据分析

一、调查问卷的设计与发放

本章采用调查问卷的形式，对电商平台小微企业信用影响因素进行进一步的评价和筛选，问卷回收得到的数据也可作为检验信用评价模型有效性的基础。

问卷编制过程遵循以下原则：①根据前文对相关文献资料的梳理，在编制问卷过程中优先选用其他学者验证过的、具有良好信度和效度的题项。②没有相对应的成熟题项时，根据实际情况，从数据的可获得性角度出发，合理编制相关题项。③除个人基本信息相关题项外，其余题项均采用李克特量表形式给出。

问卷的调查对象主要是开展电商供应链融资的小微企业经营者、电商平台管理者等，通过问卷星以及直接发送电子邮件的方式发放了300份问卷。在回收问卷后进行了初步筛选，筛选的目的是把填写不完整、答题不规范的问卷进行剔除，以保证数据的客观性和真实性。筛选之后共得到有效问卷280份，有效回收率为93%。本章运用SPSS软件对回收的数据进行统计和分析。

二、调查问卷描述性统计分析

（一）样本基础信息分析

在回收的280份问卷中，男性有143人，占总量的51%，女性有137人，占总量的49%，男女比例基本持平，有利于增强回收数据的科学性。在年龄方面，30岁及以下的有93人，占总体的33%；31~40岁的有162人，占总体的58%；41~50岁的有23人，占总体的8%；50岁以上的有2人，占总体的1%。整体来看调查对象偏年轻化，年龄在40岁及以下的有255人，占全体的91%。

从教育层次来看，学历是硕士研究生及以下的有270人，占全体样本的96%；博士研究生及以上的有10人，占全体样本的4%。在工作年限方面，工作3年以内的有87人，占全体的31%；工作3~5年的有117人，占样本总量的42%；工作6~10年的有64人，占样本总量的23%；工作10年以上的有12人，占样本总量的4%。

电商供应链融资方面，在调查的小微企业中，有207家企业已经开展了电商供应链融资业务，占74%；有意向但由于种种原因尚未开展的有67家，占24%；对电商供应链融资不了解或没有融资需求的有6家，占全体企业的2%。说明电商供应链融资的市场需求较大，大部分电商小微企业对其有一定的了解。

（二）信度分析

信度（Reliability）代表的是可靠性，具体是指同一问题对同一调查对象在不同时间内得到的结论是否一致，主要用来衡量调查结果的一致性和可靠性。信度系数越高说明结果越可靠。本章采用的是较为常见的Cronbach's α信度检验。α系数介于0~1，在实证研究中通常认为：α系数大于0.80时，认为可靠性非常好；α系数介于0.70~0.80时，认为可靠性比较好；α系数介于0.60~0.70时，认为可靠性可以基本接受；α系数小于0.60时，则证明该问卷基本不具备可靠性，需要重新修改问卷内容。通过 SPSS 软件对调查问卷进行信度分析，得到的结果如表 7-2 所示。可靠性分析得到的 α 系数为 0.913，说明该问卷的可靠性非常好。

表 7-2 信度系数统计

一级指标	影响因素	Cronbach's α	问卷整体信度
产品情况	产品数量	0.775	0.913
	产品质量		
	产品销售量		
	产品定价情况		
	产品披露情况		
	产品包装情况		
管理水平	企业规模	0.865	
	盈利能力		
	营运能力		
	发展能力		
	市场竞争能力		
	风险认知能力		
	企业履约能力		
	组织管理能力		
服务水平	开业时长	0.859	
	平台服务		
	物流服务		
	售后服务		
	增值服务		
	消费者评价		

（三）效度分析

效度（Validity）代表的是有效性，效度越高，说明问卷调查的结果与调查目的的匹配度越高；而效度越低，说明问卷调查的结果与调查目的的匹配度越低，不能准确反映该调查的目的和内容。在本问卷中，采用李克特量表的形式，对题项的同意程度分为五级，其中 1~5 分分别代表的意思是：1 分代表非常不同意，2 分代表不同意，3 分代表不一定同意，4 分代表同意，5 分代表非常同意。

在信度指标的选取上，本章选择了 KMO 和巴特利特球形检验。其中 KMO 用于检验变量间的相关性和偏相关性，取值范围在 0~1，取值越大说明变量间相关性越强、偏相关性越弱，因子分析的效果越好。通常来说，KMO 取值在 0.9 以上表示非常适合因子分析，0.8 表示适合，0.7 表示一般，0.6 表示不太适合，0.5 以下表示非常不适合。

通过 SPSS 软件对问卷回收数据进行效度分析，得到如下结果。从表 7-3 中可以看到 KMO 值为 0.911，说明变量间的相关性比较强，非常适合做因子分析。同时巴特利特球形检验的卡方值为 2554.318，自由度为 190，达到显著性水平。综合以上分析，该问卷总体适合做因子分析。

表 7-3 KMO 和巴特利特检验结果

KMO 取样适切性量数	0.911	
巴特利特球形检验	近似卡方	2554.318
	自由度	190
	显著性	0.000

第三节 基于结构方程的信用影响因素路径分析

结构方程模型（Structural Equation Modeling）是最早出现在 20 世纪 60 年代的一种统计方法。近些年主要应用于社会科学、心理学和医学方面的研究。结构方程一般包含两种变量：显变量和潜变量。显变量是指能够直接观察、测量到的变量。而在社会科学领域中，有些抽象模糊的概念难以直接衡量，只能通过某些变量间接表示，这类抽象的变量被称为潜变量。

根据上文构建的指标体系，最终确定了 20 个观测变量和 3 个内衍潜在变量。通过建立结构方程模型，可以定量地衡量各影响因素与小微企业信用水平的关系，对指标体系的科学性和可行性进行验证，同时可以得到各影响因素之间的路径系数。在后续系统动力学模型的构建过程中，得到的路径系数可以作为系统动力学方程的权重确定基础，从而使仿真结果更加准确。

一、研究假设

根据第二章对小微企业信用影响因素的分析以及问卷回收结果，可知各指标对于小微企业的信用都有影响，并且这种影响都是正向的，即当某个指标表现得越好，企业的信用评分越高，信用评级也就越高，信用风险则越小。具体的指标影响假设如下：并且为进一步验证上述假设的合理性，建立结构方程模型，如图 7-1 所示，相应的变量代码见表 7-4。

H1：企业产品情况越好，小微企业本身的经营情况就越好，信用评分也就越高。即小微企业产品质量等情况对小微企业自身经营情况有显著的正向影响，进而对小微企业的信用情况产生正向的影响。

H2：小微企业的管理能力越强，小微企业本身的情况就越好，信用评分也就越高。即小微企业的管理能力对小微企业自身情况有显著的正向影响，进而对小微企业的信用情况产生正向的影响。

H3：小微企业的服务水平越高，小微企业本身的情况就越好，信用评分也就越高。即小微企业的服务水平对小微企业自身情况有显著的正向影响，进而对小微企业的信用情况产生正向的影响。

H4：小微企业与电商平台、物流平台合作的状况越好，小微企业本身的情况就越好，信用评分也就越高。即小微企业与电商平台、物流平台的合作对小微企业自身有显著的正向影响，进而对小微企业的信用情况产生正向的影响。

表 7-4 结构方程变量及代码对应

序号	变量名称	变量代码	序号	变量名称	变量代码
1	产品数量	a_1	11	组织管理能力	b_6
2	产品质量	a_2	12	开业时长	c_1
3	产品定价情况	a_3	13	平台服务	c_2
4	产品包装情况	a_4	14	物流服务	c_3
5	产品披露情况	a_5	15	售后服务	c_4
6	企业规模	b_1	16	增值服务	c_5
7	盈利能力	b_2	17	消费者评价	c_6
8	营运能力	b_3	18	产品销售量	d_1

续表

序号	变量名称	变量代码	序号	变量名称	变量代码
9	市场竞争能力	b_4	19	发展能力	d_2
10	风险认知能力	b_5	20	企业履约能力	d_3

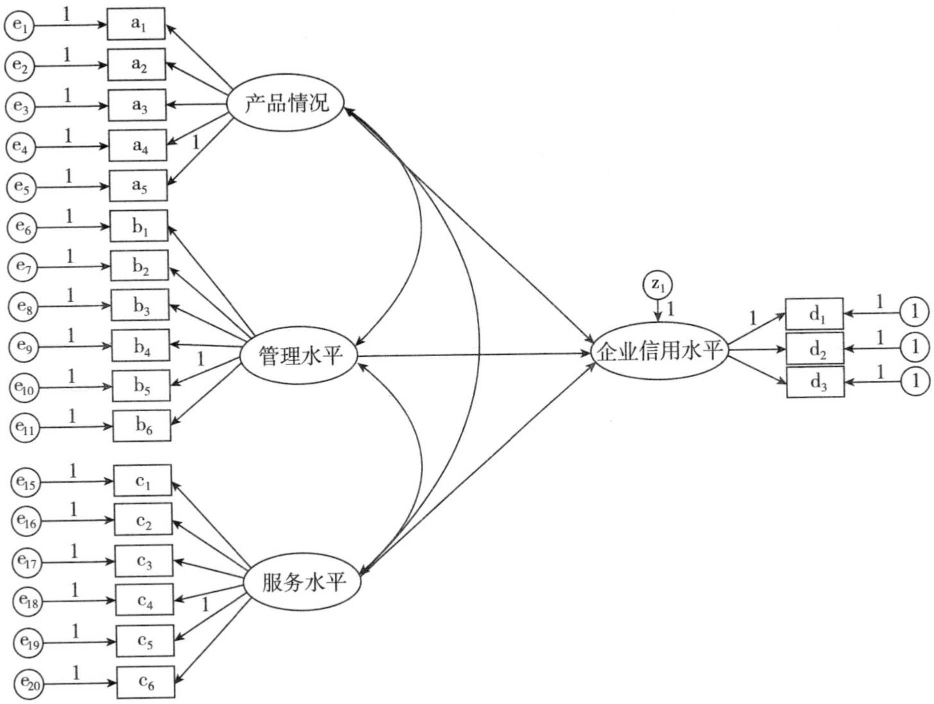

图 7-1　电商小微企业信用水平结构方程模型

二、验证性因子分析

利用 Amos 软件对自变量进行建模，如图 7-2 所示，以期对问卷中量表的效度进行进一步分析，并依据测量结果，对不符合问卷调查目的的题项进行剔除。

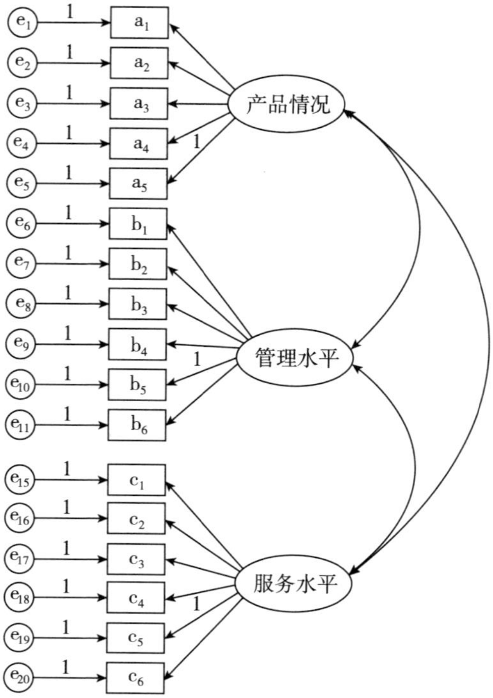

图 7-2　验证性因子分析结构模型

得到的模型拟合系数如表 7-5 所示。

表 7-5　整体拟合系数

拟合指数	CMIN/DF	RMSEA	CFI	IFI	TLI	PCFI	PNFI
模型	2. 757	0. 079	0. 897	0. 898	0. 879	0. 765	0. 724
拟合标准	<3. 0	<0. 08	>0. 90	>0. 9	>0. 9	>0. 50	>0. 50

本书通过 Amos 软件对测量变量进行了验证性因子分析，结果显示，CMIN/DF = 2. 757 < 3. 0，RMSEA = 0. 079 < 0. 08，PCFI = 0. 765 > 0. 50，PNFI = 0. 724 > 0. 50，表示该模型的拟合效果较好；同时，CFI、IFI、TLI 都非常接近于 0. 90，因此也表明该模型是可以接受的，该模型具备较好的结构效度。同时得到的因子载荷表如表 7-6 所示。

表 7-6 结构方程假设检验结果

			Estimate	S. E.	C. R.	P	Label
a_5	<---	产品情况	0. 526			***	
a_4	<---	产品情况	0. 473	0. 168	6. 145	***	par_1
a_3	<---	产品情况	0. 730	0. 187	8. 002	***	par_2
a_2	<---	产品情况	0. 773	0. 191	8. 208	***	par_3
a_1	<---	产品情况	0. 698	0. 181	7. 83	***	par_4
b_5	<---	管理水平	0. 627			***	
b_4	<---	管理水平	0. 667	0. 106	9. 2	***	par_5
b_3	<---	管理水平	0. 561	0. 129	8. 003	***	par_6
c_5	<---	服务水平	0. 539			***	
c_4	<---	服务水平	0. 763	0. 146	8. 788	***	par_7
c_3	<---	服务水平	0. 792	0. 146	8. 956	***	par_8
c_2	<---	服务水平	0. 777	0. 151	8. 867	***	par_9
c_1	<---	服务水平	0. 762	0. 152	8. 781	***	par_10
b_6	<---	管理水平	0. 644	0. 103	8. 956	***	par_11
c_6	<---	服务水平	0. 700	0. 152	8. 382	***	par_15
b_2	<---	管理水平	0. 607	0. 112	8. 54	***	par_16
b_1	<---	管理水平	0. 712	0. 112	9. 668	***	par_17

由表 7-6 可知，绝大多数影响因素的载荷值都大于 0. 50，证明该模型的结构效度较好。但产品情况中的“产品包装情况”（a_4）载荷值低于 0. 50，说明问卷中该题项与研究方向不匹配，得到的数据不能证明研究结论，因此予以剔除。

三、影响因素路径分析

通过观察各个潜在变量之间路径系数的符号，可以验证变量之间的显著性。如果系数的符号为正，表明潜在变量之间存在着显著的正相关关系，反之，如果系数的符号为负，则表明潜在变量之间的关系为负影响，若系数不显著，说明假设关系不成立。

通常在模型构建过程中，用来判断回归系数是否显著异于零的标准是临界比例（Critical Ratio，C. R.）。如果 C. R. 的绝对值大于等于 1. 96，则回归系数值即可认定为在显著性水平 0. 05 下存在显著差异，临界比值绝对值大于 2. 58，则参数估计值达到0.01显著性。如果显著性的概率值小于0.01，则 *P* 值栏会以“***”符号表示。依据问卷回收数据，运用Amos软件判断路径系数的正负值以及显著性水平，最终得到各个因素间的路径关系和路径系数。

表7-7是19个假设检验指标以及最终的检验结果，以及得到的标准化路径系数。从表7-7可以看出，所有的值都小于0.05，这就验证了之前提出的研究假设。

表7-7 结构方程假设检验结果

			标准化路径系数	S. E.	C. R.	P	检验结果
小微企业信用水平	<---	产品情况	0.306	0.071	4.088	***	通过
小微企业信用水平	<---	管理水平	0.745	0.096	7.425	***	通过
小微企业信用水平	<---	服务水平	0.360	0.060	5.000	***	通过
a_5	<---	产品情况	0.534				
a_4	<---	产品情况	0.759	0.193	7.977	***	通过
a_2	<---	产品情况	0.777	0.194	8.035	***	通过
a_1	<---	产品情况	0.657	0.176	7.464	***	通过
b_1	<---	管理水平	0.657	0.109	9.445	***	通过
b_2	<---	管理水平	0.644	0.097	9.275	***	通过
b_3	<---	管理水平	0.556	0.111	8.151	***	通过
d_1	<---	小微企业信用水平	0.619				
d_2	<---	小微企业信用水平	0.581	0.143	7.245	***	通过
d_3	<---	小微企业信用水平	0.641	0.134	7.719	***	通过
b_4	<---	管理水平	0.619	0.110	8.966	***	通过
b_5	<---	管理水平	0.675				
b_6	<---	管理水平	0.573	0.106	8.379	***	通过
c_1	<---	服务水平	0.514	0.122	7.590	***	通过
c_2	<---	服务水平	0.668	0.100	9.572	***	通过

续表

			标准化路径系数	S. E.	C. R.	P	检验结果
c_3	<---	服务水平	0.750				
c_4	<---	服务水平	0.794	0.083	12.559	***	通过
c_5	<---	服务水平	0.790	0.079	12.503	***	通过
c_6	<---	服务水平	0.779	0.081	12.351	***	通过

第四节　电商小微企业信用评价指标体系

通过对相关文献的梳理，以及结构方程模型对影响因素的甄选和可行性分析，得到最终信用影响因素指标体系，如表 7-8 所示，同时得到各影响因素的路径系数，见表 7-9。

表 7-8　电商小微企业信用水平指标体系

一级指标	二级指标	指标解释
产品情况	产品数量	企业在产品数量上的比较优势可以传递到信用水平渠道
	产品质量	产品质量与企业信用间有着显著正向影响
	产品销售量	企业网络交易业务量说明企业整体实力和产品质量水平
	产品定价情况	产品定价越稳定且符合市场状况，企业信用水平就越好
	产品披露情况	产品信息披露越完善，企业的信用水平就越好
管理水平	企业规模	企业规模越大，体制机制越完善，其信用水平就越好
	盈利能力	企业盈利状况越好，企业的违约率就会越低
	营运能力	企业运营能力是指企业的日常经营、管理状况
	发展能力	一般情况下企业未来发展前景越好，其信用水平就会越高
	市场竞争能力	企业市场竞争能力说明企业具有较好的实力和品牌口碑
	风险认知能力	具有风险认知能力的企业能够及时准确地判断风险并规避
	企业履约能力	小微企业能按时履约、还款能力越强，企业信用状况就越好
	组织管理能力	企业具有较强的组织管理能力，能够及时发现并解决企业的信用问题

续表

一级指标	二级指标	指标解释
服务水平	开业时长	开业时长说明了企业接受市场检验的程度，可以反映企业信用水平
	平台服务	小微企业与电商平台合作关系越好，企业的信用状况越好
	物流服务	物流企业服务水平越高，小微企业信用状况就越好
	售后服务	企业售后服务越完善越到位，说明其信用水平就越好
	增值服务	企业提供的增值服务项数越多，其信用水平就越好
	消费者评价	消费者对产品、服务评价越好，其信用水平就越高

表 7-9　电商小微企业信用水平指标体系

序号	变量名称	变量代码	路径系数	序号	变量名称	变量代码	路径系数
1	产品数量	a_1	0.66	11	开业时长	c_1	0.51
2	产品质量	a_2	0.78	12	平台服务	c_2	0.67
3	产品定价情况	a_4	0.76	13	物流服务	c_3	0.75
4	产品披露情况	a_5	0.53	14	售后服务	c_4	0.79
5	企业规模	b_1	0.66	15	增值服务	c_5	0.79
6	盈利能力	b_2	0.65	16	消费者评价	c_6	0.78
7	营运能力	b_3	0.56	17	产品销售量	d_1	0.62
8	市场竞争能力	b_4	0.62	18	发展能力	d_2	0.58
9	风险认知能力	b_5	0.68	19	企业履约能力	d_3	0.64
10	组织管理能力	b_6	0.57				

第五节　本章小结

本章对小微企业信用影响因素的相关文献进行了梳理，大部分学者对小微企业信用影响因素的划分主要有财务指标、企业能力指标和行业环境等。本章的研究对象固定在电商平台中同一行业下的小微企业，因此被评价对象所处的行业环境是一致的，故行业环境差异对小微企业的影响可以暂且不予考虑，但必须在考虑宏观行业环境特点的前提下构建合适的电商小微企业信用评价指标体系。综合分析电商小微企业的特性后，为使研究成果更具有针对性和实用性，本章结合4P 理论和5C 要素分析法将电商小微企业的信用主要影响因素分为产品情况、管理水平、服务水平三部分，初步形成了电商小微企业信用评价指标体系。

第八章 电商小微企业信用动态评价权重的确定

第七章对信用水平影响因素进行了甄选和分析，得到了各影响因素的路径系数，并建立了信用评价指标体系。但在信用评价过程中，权重的确定和优化对于提升信用评价效率，增强结果的科学性、准确性具有重要意义。因此，本章首先基于传统主客观相结合的方法，对权重进行初步确定。其次，依托于系统动力学在研究复杂社会问题的优势，通过建立系统动力学模型，对小微企业信用评价系统进行仿真分析，并依据仿真结果对信用评价权重进行优化和调整，以期准确把握信用评价状况和结果，为后续研究奠定理论基础。

第一节 样本选择与数据处理

一、研究对象样本选取

随着市场一体化的推进，电商运营环境不断优化，流通、消费等环节活力被激发，在大数据背景的加持下，电商小微企业更是如鱼得水，承担着推动经济发展、激发微观市场主体活力的责任，与此同时政府也积极作为，推动助力电商产业园区的协同共建。本书聚焦电商小微企业信用评价、着力于探究电商小微企业如何提升其信用水平，因此在确定研究样本时，将样本范围锁定在花卉绿植行业，随机选取该产业圈内专营花卉绿植的 20 家淘宝电商企业作为研究样本，将所选取的研究样本进行标号，如表 8-1 所示。

表 8-1 研究对象样本选取情况

序号	店铺代码	序号	店铺代码	序号	店铺代码	序号	店铺代码
1	D_1	6	D_6	11	D_{11}	16	D_{16}
2	D_2	7	D_7	12	D_{12}	17	D_{17}
3	D_3	8	D_8	13	D_{13}	18	D_{18}
4	D_4	9	D_9	14	D_{14}	19	D_{19}
5	D_5	10	D_{10}	15	D_{15}	20	D_{20}

二、原始数据处理

（一）确定信用评价指标体系的观测值

经过第七章的分析和筛选，最终建立了电商小微企业信用评价指标体系。由于二级指标是通过文献梳理和问卷调查确定的，因此理论性较强，但与某一具体研究对象的联系不够紧密，同时也不便于原始数据的测量和获取。因此本章基于电商小微企业信用评价指标体系，结合研究对象的具体特点，并考虑数据的可获得性，在二级指标的基础上进一步增加了相应的观测值，对指标体系进行了细化和完善，见表 8-2。

表 8-2 淘宝店铺信用评价指标体系

一级指标	二级指标	观测指标	数据来源
产品情况	产品数量	店铺商品数量	店铺印象首页
	产品质量	商品描述相符率	店铺印象首页
	产品销售量	月订单数量（以销量最大的一个产品为例）	商品首页
	产品定价情况	定价差异率	商品首页
	产品披露情况	产品披露项数	商品详情首页
管理水平	企业规模	粉丝数	店铺印象首页
	盈利能力	月销售额（以销量最大的一个产品为例）	商品详情首页
	营运能力	店铺信用等级	店铺印象首页
	发展能力	粉丝增加数	店铺印象首页
	市场竞争能力	是否通过金牌卖家认证或个体工商户认证	店铺印象首页
	风险认知能力	负面点评率	商品评价页面
	企业履约能力	是否有质押金	店铺印象首页

续表

一级指标	二级指标	观测指标	数据来源
管理水平	组织管理能力	订单增长率	商品详情首页
服务水平	开业时长	注册年限	店铺印象首页
	平台服务	服务态度评分	商品评价页面
	物流服务	物流服务评分	商品评价页面
	售后服务	商品退换速度	商品评价页面
	增值服务	卖家承诺服务项数	商品详情首页
	消费者评价	客户满意度（好评率）	商品评价页面

（二）数据的标准化

在收集到原始数据后，对原始数据进行标准化处理，得到14期标准化数据。以第1期数据为例，所得数据如表8-3所示。

表8-3 标准化数据

序号	店铺代码	X_1	X_2	X_3	X_4	X_5	X_6	X_7	X_8	X_9
1	D_1	0.9497	1.6940	0.3275	0.2690	2.3793	0.8165	0.8165	1.6369	1.1992
2	D_2	1.4019	0.7120	0.6980	0.4554	0.5613	0.8165	0.8165	0.0420	0.8482
3	D_3	1.3114	0.2701	0.0031	0.0646	0.2928	1.2247	0.8165	0.1901	0.5557
4	D_4	0.8592	0.2701	1.7653	0.3554	1.0860	0.8165	1.2247	0.2642	1.1992
5	D_5	0.8592	1.6940	1.1542	4.0515	0.9639	0.8165	0.8165	3.3157	0.6142
6	D_6	0.8592	0.2701	0.6561	0.3766	0.0244	0.8165	1.2247	0.1308	2.0181
7	D_7	0.4070	0.2701	0.8026	0.3904	1.3544	1.2247	0.8165	0.5357	0.9067
8	D_8	0.0452	0.2701	0.5933	0.1982	1.8181	0.8165	0.8165	0.5111	1.1992
9	D_9	0.0452	0.2701	0.0283	0.3945	0.8785	0.8165	1.2247	0.6098	0.8482
10	D_{10}	1.4019	0.2701	0.2438	0.2575	0.5613	1.2247	1.2247	0.8567	0.5557
11	D_{11}	2.3063	0.7120	1.1542	0.3564	0.5247	1.2247	0.8165	0.1654	0.5557
12	D_{12}	1.4019	0.2701	0.9240	0.1551	0.2562	1.2247	0.8165	0.1654	0.6142
13	D_{13}	1.3114	1.2030	1.1542	0.0285	0.9517	1.2247	0.8165	1.3406	0.6142
14	D_{14}	0.8592	1.2521	0.9135	0.2732	1.0860	0.8165	1.2247	0.5851	2.0181
15	D_{15}	0.8592	1.2521	0.2899	0.4661	0.3905	0.8165	1.2247	0.8814	0.8482
16	D_{16}	0.4070	1.6940	1.1542	0.4947	0.2806	1.2247	1.2247	0.1901	1.1992
17	D_{17}	0.4070	1.2521	0.2020	0.2641	0.0000	0.8165	0.8165	0.7086	0.5557
18	D_{18}	0.0452	0.7120	1.1542	0.0285	0.1708	0.8165	0.8165	0.4617	0.6142
19	D_{19}	0.0452	1.2521	1.6711	1.2713	1.0860	0.8165	0.8165	0.5012	0.0292
20	D_{20}	0.4974	1.2521	1.8804	0.4945	1.3178	1.2247	1.2247	0.7579	0.6142

续表

序号	店铺代码	X_{10}	X_{11}	X_{12}	X_{13}	X_{14}	X_{15}	X_{16}	X_{17}	X_{18}	X_{19}
1	D_1	1.0292	0.8961	1.7380	0.0459	0.8482	0.7553	0.6679	1.2273	1.2759	1.4496
2	D_2	0.3955	0.9992	0.6146	2.4590	0.8482	0.8131	0.2780	0.6592	0.0000	0.2789
3	D_3	0.2322	0.9553	1.3549	0.5356	0.8482	0.1404	0.6028	0.1658	0.5468	0.4933
4	D_4	0.8237	0.8389	0.8174	0.0922	0.7496	0.6605	0.4616	1.1728	1.0936	0.5742
5	D_5	1.0655	1.6335	1.5291	0.8309	0.3050	0.5349	0.5847	0.6794	0.1823	1.0617
6	D_6	1.9549	0.2772	0.8563	1.3206	0.9733	0.1148	2.0700	0.5160	1.4582	1.9904
7	D_7	0.4356	0.7461	0.3153	1.5432	0.6200	0.8410	1.0105	1.3440	0.0000	0.1019
8	D_8	0.1035	0.1780	0.1160	1.6595	0.0192	0.1478	0.3867	1.3565	0.3645	0.7242
9	D_9	1.2897	0.1262	1.0298	0.3366	0.0283	0.2862	0.0441	0.2311	0.1823	0.9141
10	D_{10}	1.0366	0.1612	1.7380	0.7464	0.8482	0.4562	0.6439	0.0957	0.5468	1.0355
11	D_{11}	1.1258	0.7187	0.7208	0.4556	2.8039	0.6966	1.6592	0.0179	0.1823	0.8695
12	D_{12}	1.0170	2.9899	0.8531	0.5283	0.3917	3.2003	0.0672	1.0608	0.3645	0.7625
13	D_{13}	0.9107	0.9553	1.0269	0.3822	1.2106	2.0189	0.0163	2.3449	0.1823	1.1317
14	D_{14}	0.9123	0.4128	0.1547	0.6010	0.0265	0.0760	0.1393	0.9829	0.5468	1.3175
15	D_{15}	0.6379	0.5188	0.3829	0.3294	0.8482	0.3371	0.6145	0.5782	2.5518	0.4731
16	D_{16}	0.8189	0.6742	0.8596	0.6548	0.6017	0.7871	1.8978	1.4063	1.4582	0.4739
17	D_{17}	1.2433	0.5782	0.5634	0.5210	1.8954	0.4371	1.6930	0.3634	1.8227	1.2471
18	D_{18}	1.2160	0.5668	1.5709	0.0195	0.1635	0.4877	1.0105	0.1922	0.3645	1.2681
19	D_{19}	1.4215	0.6841	0.3285	0.4893	0.4830	0.5541	1.0105	0.2436	0.9114	1.2725
20	D_{20}	0.2658	0.9059	0.8531	1.8366	0.8478	0.8461	1.0105	1.4452	0.9114	0.3621

第二节　权重的初步确定

一、模糊层次分析法

层次分析法（AHP）是一种广泛运用于指标权重确定的主观分析方法，它主要依据不同专家的主观评判，将评价结果进行两两比较并形成判断矩阵，经过标准化处理后得到相关指标的权重。但由于该方法掺杂了较多的主观因素，矩阵一致性的判断存在争议，因而使得分析结果缺乏足够的科学性和合理性。而模糊层次分析法（FAHP）与传统层次分析法最大的区别就是，运用三角模糊数或模糊一致性矩阵代替了传统层次分析法中的专家判断矩阵，从而克服了层次分析法缺乏一致性的缺陷，使结果更可靠、更客观。其中，三角模糊数的相关概念如下：

三角模糊数 $\widetilde{A}$=（l，u，m）根据其隶属函数可进行如下定义：

$$U(x)=\begin{cases}\dfrac{x-l}{m-l},\ l\leqslant x\leqslant m\\ \dfrac{u-x}{u-m},\ m\leqslant x\leqslant u\\ 0,\ x>u \text{ 或 } x<0\end{cases} \tag{8.1}$$

式中，m 是三角模糊数 $\widetilde{A}$ 的中值，l 和 m 分别为对应的左右端点。

模糊层次分析法最明显的特点就是用三角模糊数代替了原来的精确数，使评价结果受主观影响的程度降低，表 8-4 为三角模糊数标度值比较。

表 8-4　三角模糊数标度值比较

A 相对于 B 的重要程度	三角模糊数
同等重要	（1，1，1）
势均重要	（1/2，1，2）
稍微重要	（2，3，4）
明显重要	（4，5，6）
非常重要	（6，7，8）
极端重要	（8，9，9）

运用三角模糊法进行指标重要性判断时，专家可以针对各指标给出三种不同结果，分别为最保守情况下的结果、最可能出现的结果和最乐观情况下的结果，综合以上三种评价结果可以使最终权重更加准确和可靠。设 a_{ki} 为第 k 个专家对第 i 个指标的最保守评价结果、b_{ki} 为第 k 个专家对第 i 个指标的最可能评价结果、c_{ki} 为第 k 个专家对第 i 个指标的最乐观评价结果，e_k 为第 k 个专家得出的评价结果在所有专家中所占比重，则第 i 个指标的重要程度评价结果 T_i 为：

$$T_i=[a_i,\ b_i,\ c_i]=[\sum_{k=1} a_i^k e_k,\ \sum_{k=1} b_i^k e_k,\ \sum_{k=1} c_i^k e_k] \tag{8.2}$$

设 F_i 为第 i 个指标的模糊得分，w_i 为第 i 个指标的模糊权重，第 i 个指标的模糊得分 F_i 可以通过式（8.3）计算得到，第 i 个指标的模糊权重 w_i 可以通过式（8.4）归一化得到。

$$F_i = \frac{a_i + 4b_i + c_i}{6} \tag{8.3}$$

$$w_i = \frac{F_i}{\sum_{i=1}^{m} F_i} \times 100\% \tag{8.4}$$

二、变异系数法

虽然模糊层次法弥补了传统层次分析法在判断一致性上的不足，但模糊层次分析法依然属于主观分析方法，具有较大的主观随意性。而变异系数法则完全依据数据的自身特征来进行评价和判断，客观反映数据间的差异大小。因此，运用变异系数法作为计算指标权重的客观依据，结合模糊层次法共同确定指标体系的组合权重。

评价矩阵 X 下各指标的变异系数为：

$$z_i = \frac{\delta_i}{\bar{x}_i}, \ i=1, 2, 3 \tag{8.5}$$

式（8.5）中，z_i、$\bar{x}_i$ 和 δ_i 分别为第 i 个指标的变异系数、平均值和标准差，计算公式如下：

$$\bar{x}_i = \frac{1}{m}\sum_{j=1}^{m} x_{ij}, \ i=1, 2, 3 \tag{8.6}$$

$$\delta_i = \sqrt{\frac{1}{m}\sum_{j=1}^{m}(x_{ij} - \bar{x}_i)^2}, \ i=1, 2, 3 \tag{8.7}$$

因此，第 i 个指标的变异系数权重为：

$$b_i = \frac{z_i}{\sum_{i=1}^{3} z_i}, \ i=1, 2, 3 \tag{8.8}$$

为了使指标权重更具有合理性，采用组合权重的方式，将两种方法下的权重结果进行结合，经过组合后的权重为：

$$w_i = 0.5a_i + 0.5b_i, \ i=1, 2, 3 \tag{8.9}$$

w_i 即为第 i 个指标通过模糊层次法和变异系数法得到的综合基础权重。

由三角模糊法和变异系数法为基础，运用组合方法得到指标权重见表 8-5。

表 8-5 淘宝店铺信用评价指标基础权重

方法	三角模糊法		变异系数法		加法合成法
指标编号	三角模糊评分	权重	变异系数	权重	组合权重
A_1	0.2806	0.0283	0.7625	0.0298	0.0291
A_2	0.4833	0.0487	0.7986	0.0313	0.0400
A_3	0.4194	0.0423	0.5318	0.0208	0.0316
A_4	0.3333	0.0336	1.1128	0.0436	0.0386
A_5	0.25	0.0252	0.8946	0.0350	0.0301
B_1	0.4528	0.0456	1.0000	0.0391	0.0424
B_2	0.1667	0.0168	0.8165	0.0320	0.0244
B_3	0.3556	0.0358	0.9606	0.0376	0.0367
B_4	0.2972	0.03	0.0000	0.0000	0.0150
B_5	0.4611	0.0465	0.5248	0.0205	0.0335
B_6	0.4056	0.0409	1.2622	0.0494	0.0452
B_7	0.4056	0.0409	1.0663	0.0417	0.0413
B_8	0.3722	0.0375	0.3708	0.0145	0.0260
C_1	0.2833	0.0286	0.3546	0.0139	0.0213
C_2	0.4028	0.0406	1.4221	0.0557	0.0482
C_3	0.4194	0.0423	0.4088	0.0160	0.0292
C_4	0.3722	0.0375	1.6323	0.0639	0.0507
C_5	0.3722	0.0375	0.4664	0.0183	0.0279
C_6	0.4333	0.0437	0.4481	0.0175	0.0306

三、时间权重的确定

不同时期的数据对于判断企业的信用水平的重要性不同，尤其是在动态信用评价过程中，时间要素对评价结果有着较大的影响，因此选用时间权重作为后续动态信用评价的基础。随着时间的推移，数据的可靠性和准确度会降低，因而时间越近数据的重要性越强，在评价过程中更要注重近期数据的分析。时间权重的确定方法如下：

$$\max\left\{-\sum_{t=1}^{T}\eta(t)\ln\eta(t)\right\}$$

$$\text{s.t.}\begin{cases}\lambda=\sum_{t=1}^{T}\dfrac{T-t}{T-1}\eta(t)\\ \sum_{t=1}^{T}\eta(t)=1,\ \eta(t)\in[0,\ 1]t=1,\ 2,\ \cdots,\ T\end{cases}\tag{8.10}$$

式（8.10）中，λ 表示对时间的偏好性，即某段时间下数据的重要程度。λ 的取值范围在 0~1，越接近 0 说明近期数据的重要性越强，越接近 1 则说明历史数据的重要性越强。设定 $\lambda=0.2$，表明对近期数据更为看重。

第三节　基于灵敏度的权重优化

前文对小微企业信用评价模型的权重进行了初步确定，为了进一步增强权重的科学性，拟运用灵敏度分析，对权重进行优化和调整。系统动力学（Systemdynamics）最初是由美国教授 J. W. Forrester 提出的，是多门学科交叉融合的产物，在分析和处理复杂系统问题方面具有明显的优势。该模型最主要的特点是，能够对处于不断变化的、关系错综复杂的系统进行整体分析，剖析系统各部分的作用和影响、厘清各影响因素间的关系、梳理不同反馈回路的作用效果，从而达到对系统的宏观把控。作为定性和定量相结合的研究方法，系统动力学在很大程度上弥补了单一定性或定量方法的不足，克服了数据收集不完整、仿真结果缺乏实际意义等难题，使得系统模拟结果更科学合理且具有现实意义。因此本章采用系统动力学模型，依托其在仿真、模拟问题上的优势，进行指标灵敏度分析。

一、系统动力学模型构建步骤

运用系统动力学构建仿真模型，一般主要包括以下几个步骤：

（1）确定研究对象和研究问题。明确了研究对象和内容，会为研究方向和目标提供指引，使研究过程更具有针对性和实际意义。在确定研究对象和问题后，要广泛了解其背景、原因、预期结论的现实意义等，还要深入挖掘与此相关的文献资料、数据资源等，深入分析各影响因素间的关系，为后续建立模型奠定基础。

（2）确定系统边界。由于系统本身是巨大和封闭的，对于系统内的主要因素进行确定，即明确系统边界。其目的是确定系统研究的范围，在面对众多影响因素时，对因子进行对比筛选，明确哪些要素是内部要素，划入系统内，哪些是外部要素，划入系统外，最后将内部要素划入系统内部，即明确系统边界。

（3）绘制因果回路图。在确定了复杂系统的边界点之后，首先需要分析内部要素之间的因果关系和传导路径，形成完整的因果回路，其次深入分析内部要素如何影响系统行为。由于因素之间的因果关系具有反馈性，原因与结果相互施加反馈作用，建立因果回路图能够清楚地展现整个反馈回路，而分析效果和决策的科学性主要取决于因果关系分析合理与否。

（4）绘制流量存量图。在建立完因果回路图之后，需要确定每个变量的参数性质，利用系统动力学的专用软件 VensimPLE，用不同的符号表示不同的变量，辅助变量是用来衔接主变量之间关系，起到辅助作用；再确定状态变量和速率变量，是系统中的主要变量，而常量是予以赋值的参数，利用因果图初步绘制流量存量图，并对系统中的变量参数进行量化，建立数量关系，这为后文建立模型方程式提供了基础。

（5）计算机仿真和灵敏度分析。这是模型仿真的最后一个步骤，利用存量流量图进一步确定变量之间的数量关系，建立变量之间的数量方程式，并将其输入计算机，在所有变量输入完毕后，可以检验构建的模型是否有效，当模型检验不通过时，可以修正不足之处，对系统结构进行调整和参数处理，使其更加符合现实系统的行为特征。最后可以通过对变量参数进行调整，测试并观察受系统行为影响的变量，根据参数的变化程度，判断系统模型中相关变量的灵敏性。

二、信用评价系统仿真模拟

根据上文对电商小微企业信用影响因素的梳理，在协同发展、纯信用融资的金融服务大环境，影响电商小微企业信用水平的因素主要分为三类，分别是产品情况、管理水平和服务水平，本书将每类影响因素看成一个风险子系统并进行以下假设：电商小微企业信用水平只受上述风险因素的影响，政府的政策在短时间内也不会发生改变，并且在电商供应链融资的过程中，各主体都积极参与。

（一）基于电商供应链融资的小微企业信用形成机理流图

基于电商小微企业信用影响因素的指标体系，构建电商小微企业信用水平的系统动力学模型，其风险关系不仅限于各子系统，子系统之间也存在相互作用和影响。小微企业管理能力是影响其信用水平高低的直接原因，企业产品情况是决定信用水平的基础，服务水平是影响信用水平的内在因素。根据对电商小微企业信用影响因素的关系分析，通过使用 VensimPLE 软件，采用定量的系统分析方法来分析各种风险的作用机理，并构建电商小微企业信用水平影响因素关系流图，如图 8-1 所示。

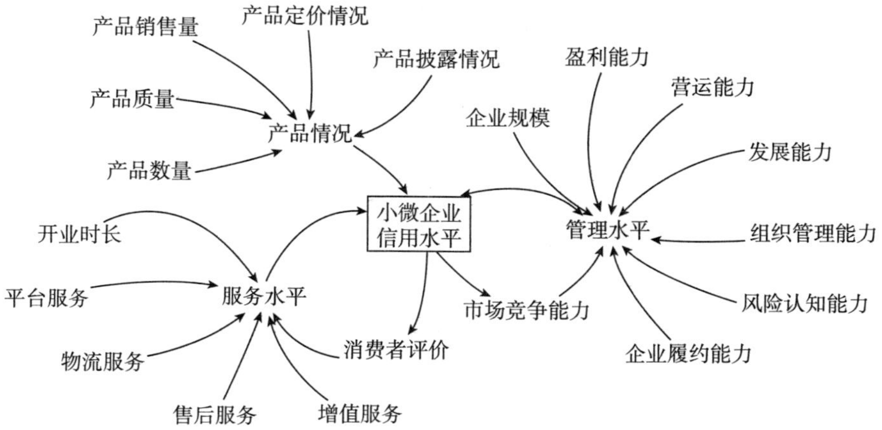

图 8-1　电商小微企业信用水平影响因素关系流图

从图 8-1 中可以看到，主要的反馈回路有两条：a. 市场竞争能力—企业管理水平—小微企业信用水平—市场竞争能力；b. 消费者评价—企业服务水平—小微企业信用水平—消费者评价。

（二）系统权重与边界因子初始值的确定

在运用系统动力学软件的时候，需要对其建立的模型进行边界划分和初始值的确定。本模型中权重的确定依据表 7-9 中结构方程模型中得到的路径系数，边界因子初始值根据 SPSS 对数据算出的均值加上结构方程的误差，并结合实际数据最终确定。得到结果如表 8-6 所示。

运用 VensimPLE 软件构建系统动力学模型，在基础设置中设定模拟期间一共为 7 周，时间间隔为 1 周。边界点主要有 17 个。通过对影响因子边界值的确定，以及依托结构方程模型路径系数得到的指标权重，可以对模型的相关公式进行编辑、对各指标的初始值进行设定，为接下来的仿真模拟奠定基础。各指标因素间的权重和初始变量赋值如表 8-6 所示。一般而言，在系统动力学方程中，A 代表辅助方程，L 代表水平方程，R 代表速率方程，N 代表方程为初始变量方程，C

代表方程为初始变量方程。

表 8-6 系统动力学模型仿真变量赋值表

变量名称	变量代码	系数	初始值	变量名称	变量代码	系数	初始值
产品数量	a_1	0.66	3.81	风险认知能力	b_5	0.68	4.15
产品质量	a_2	0.78	3.88	企业履约能力	d_3	0.64	3.93
产品销售量	d_1	0.62	3.85	组织管理能力	b_6	0.57	3.97
产品定价情况	a_4	0.76	3.86	开业时长	c_1	0.51	3.60
产品披露情况	a_5	0.53	3.95	平台服务	c_2	0.67	3.71
企业规模	b_1	0.66	4.06	物流服务	c_3	0.75	3.96
盈利能力	b_2	0.65	4.02	售后服务	c_4	0.79	3.99
营运能力	b_3	0.56	3.82	增值服务	c_5	0.79	4.03
发展能力	d_2	0.58	4.03	消费者评价	c_6	0.78	4.11
市场竞争能力	b_4	0.62	3.94				

（三）基于指标权重的系统动力学方程

根据结构方程得到的路径系数，作为系统动力学方程的权重，结合上文对指标间影响关系的梳理，构建系统动力学方程。以下列出部分关键影响因素的动力学方程：

产品情况=0.66*产品数量+0.78*产品质量+0.62*产品销售量+0.76*产品定价情况+0.53*产品披露情况

管理水平=0.66*企业规模+0.65*盈利能力+0.56*营运能力+0.58*发展能力+0.62*市场竞争能力+0.68*风险认知能力+0.64*企业履约能力+0.56*组织管理能力

服务水平=0.51*开业时长+0.67*平台服务+0.75*物流服务+0.79*售后服务+0.79*增值服务+0.78*消费者评价

通过 Vensim PLE 软件进行仿真模拟，得到以下结论：

（1）单一变量对电商小微企业信用水平的影响。通过对电商小微企业信用风险进行系统仿真与模拟，得到单一变量对电商小微企业信用水平的影响仿真结果，如图 8-2 所示，可以看到随着产品情况、管理水平和服务水平的提高和改善，小微企业的信用水平呈现增长的趋势，说明以上影响因子与测量对象间是正相关关系。

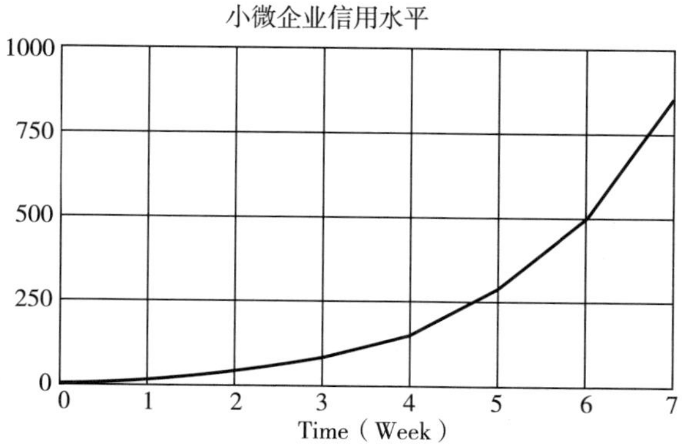

图 8-2 单一变量对电商小微企业信用水平的影响仿真结果

（2）不同影响因素变动对小微企业信用水平的影响。通过改变电子商务平台下小微企业信用水平影响因素的大小，观察其对电商小微企业融资信用水平输出值变化的影响，即反映某一指标对风险的敏感性。在具体操作中，分别将产品质量和风险认知能力等关键指标的数值设置为 0.2（曲线 current）和 0.9（曲线 current 1），对比观察不同赋值下，各指标对整体信用水平的影响程度并得到计算机仿真模拟对比图。由图 8-3 可以看出，当指标数值从 0.2 变为 0.9，随着产品质量的增长和风险认知能力的提高，小微企业信用水平也随之上升，对信用水平的影响程度也越大。

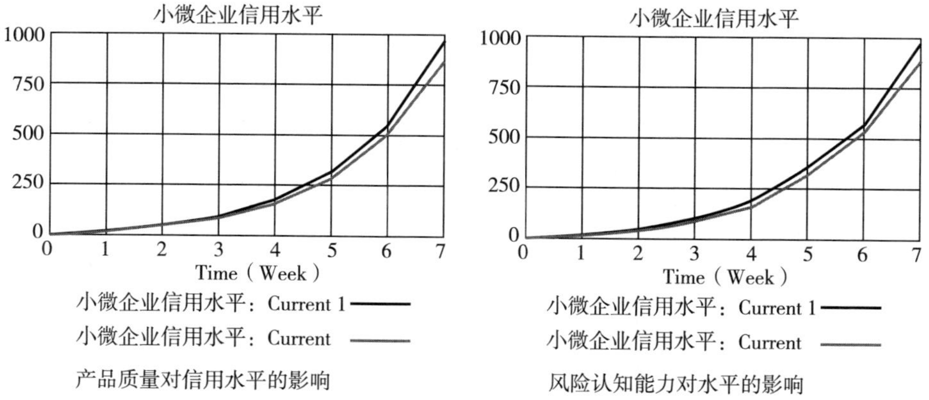

图 8-3 不同影响因素对电商小微企业信用水平的影响仿真结果

三、信用评价灵敏度分析

在对小微企业信用水平影响因素进行甄选的过程中，为了增强评价结果的科学性和准确性，我们不仅要筛选出符合研究目标的指标，还要对这些指标进行纵向分析，根据各指标对信用水平的影响程度进行排序和筛选，分清楚哪些是主要指标，哪些是次要指标，从而为后续信用评价体系的构建提供参考依据。灵敏度分析是通过观察影响因素初始值每改变一单位，对于被评价对象的影响程度。若在相同变化前提下，对被评价对象的影响程度大，则说明该影响因素的灵敏度更高，对被评价对象具有更重要的意义。

在系统动力学模型中，保持其他变量的数值不变，将小微企业信用水平影响因素初始值依次取 0.2，得到 Current 1；取 0.9，得到 Current 2。根据系统动力学仿真模拟结果，对电商小微企业信用评价影响因素进行灵敏度分析，设 X 为影响因素，Y 为输出变量，可得灵敏度 α 为：

$$\alpha=\left|\frac{\Delta Y(t)/Y(t)}{\Delta X(t)/X(t)}\right| \tag{8.11}$$

通过上文所述方法可以计算出每个指标的灵敏度权重，则可以利用式（8.12）计算出每个指标的综合权重。

$$\gamma_i=\theta_1\alpha_i+\theta_2\beta_i \tag{8.12}$$

式（8.12）中，γ_i 为第 i 个指标的综合权重；θ_1 为灵敏度权重；θ_2 为基本权重，且满足 $\theta_1+\theta_2=1$。根据得到的灵敏度权重和基础权重，计算得到综合权重见表 8-7，在计算综合权重时，为使权重结果更客观，取式（8.12）中的 $\theta_1=\theta_2=0.5$。

表 8-7　小微企业信用评价综合权重

指标编号	基础权重	灵敏度权重	组合权重
A_1	0.0291	0.0246	0.0269
A_2	0.0400	0.0310	0.0355
A_3	0.0316	0.0140	0.0228
A_4	0.0386	0.0370	0.0378
A_5	0.0301	0.0450	0.0376
B_1	0.0424	0.0390	0.0407
B_2	0.0244	0.0180	0.0212

续表

指标编号	基础权重	灵敏度权重	组合权重
B_3	0.0367	0.0410	0.0389
B_4	0.0150	0.0280	0.0215
B_5	0.0335	0.0420	0.0378
B_6	0.0452	0.0210	0.0331
B_7	0.0413	0.0390	0.0402
B_8	0.0260	0.0470	0.0365
C_1	0.0213	0.0380	0.0297
C_2	0.0482	0.0270	0.0376
C_3	0.0292	0.0300	0.0296
C_4	0.0507	0.0490	0.0499
C_5	0.0279	0.0330	0.0305
C_6	0.0306	0.0260	0.0283
C_7	0.0353	0.0470	0.0412

第四节　本章小结

本章主要是利用系统动力学模型对指标权重进行了优化。首先，运用传统的主客观相结合的方法确定基础权重，保证指标权重的科学性。其次，基于指标体系建立了系统动力学仿真模型，依托系统动力学在研究复杂社会问题上的优势，模拟了各影响因素在实际的供应链融资过程中的变化趋势。最后，依据不同影响因素对企业信用水平的影响程度，引入灵敏度这一要素，经过客观计算对指标权重进行进一步优化，使得到的综合权重更加趋近于实际值，提高了指标权重的准确度。

第九章　基于 TOPSIS-GRA 的电商小微企业信用动态评价分析

本章在指标体系构建和权重确定的基础上，运用 TOPSIS-GRA 动态评价方法，对样本企业的信用情况进行动态评价分析。

第一节　评价方法选用及构建基础

通过对国内外动态信用评价方法的梳理，得到信用评价方法对比表，见表 9-1。由表 9-1 可知，不同的动态信用评价方法各具优势，且使用范围有明显差异。根据本书的研究对象以及研究目标，选择了评价精确度和稳定性较高的 TOPSIS-GRA 动态信用评价方法，作为本书实证研究的主要方法。为突出动态信用评价的科学性和准确性，同时进行了传统 TOPSIS 的信用评价，并将传统 TOPSIS 下的静态评价结果与信用动态评价结果进行对比。

表 9-1　信用评价方法对比

阶段	动态评价方法	特点	适用范围
动态评价阶段	组合动态信用评价模型	简单易用，算法规范，可通过计算机实现	主要适用于小微企业
	SOM-K-mean 动态信用评价法	克服了信息突变造成的失真问题，具有良好的客观性	消费者、上市公司、政府、企业的信用动态评价
	TOPSIS-GRA 的动态信用评价方法	精确性、稳定性和预测性	电子商务、金融机构等小微企业
	灰色模糊聚类分析	提高了评价结果的全面性	大型项目、工程，以及各类中小企业
	时序关系分析法和熵值法相结合	增强了客观性和准确性	互联网企业及上市公司数据信息丰富的行业

在科学研究和实际工作中，很多时候都需要对研究对象进行评价，尤其是随着近些年社会文明程度的提高，信用评价开始逐渐渗透到各个学科和各个领域。本书基于电商和大数据背景，从电商平台供应链角度，构建信用评价模型，对参与电商供应链融资的小微企业进行信用评价，从而为供应链其他参与主体的决策提供依据，减少小微企业信用问题带来的风险和纠纷。

在信用评价过程中，设被评价对象集合为 $O=\{o_i \mid i=1, 2, \cdots, n\}$，评价指标集合为 $X=\{x_j \mid j=1, 2, \cdots, m\}$，时间集合为 $T=\{t \mid t=1, 2, \cdots, T\}$，在 t 时刻，被评价对象 o_i 在指标 x_j 下的原始评价值为 $x_{ij}(t)$。完整的信用评价原始矩阵见表 9-2。

表 9-2　信用评价时序立体表

	1	2	…	T
	$x_1, x_2, \cdots, x_m$	$x_1, x_2, \cdots, x_m$	…	$x_1, x_2, \cdots, x_m$
o_1	$x_{11}(1), x_{12}(1), \cdots, x_{1m}(1)$	$x_{11}(2), x_{12}(2), \cdots, x_{1m}(2)$	…	$x_{11}(T), x_{12}(T), \cdots, x_{1m}(T)$
o_2	$x_{21}(1), x_{22}(1), \cdots, x_{2m}(1)$	$x_{21}(2), x_{22}(2), \cdots, x_{2m}(2)$	…	$x_{21}(T), x_{22}(T), \cdots, x_{2m}(T)$
⋮	⋮	⋮	⋮	⋮
o_n	$x_{n1}(1), x_{n2}(1), \cdots, x_{nm}(1)$	$x_{n1}(2), x_{n2}(2), \cdots, x_{nm}(2)$	…	$x_{n1}(T), x_{n2}(T), \cdots, x_{nm}(T)$

第二节　静态信用评价

一、静态信用评价模型的构建

考虑到信用评价的主客观性，为了更科学合理地对电商小微企业进行信用评价，本书选取了传统 TOPSIS 法。TOPSIS 法通过找到被评价对象中的最优解和最劣解，然后依次将每个评价对象与其进行对比，得到的距离远近称为判断评价对象好坏的标准。该方法对数据的精度和广度没有严格限制，且原理简单易懂、计算过程不复杂，因此作为一种综合评价方法得到广泛运用。

本书运用 TOPSIS 法进行静态信用评价的具体操作步骤为：首先通过三角模

糊法确定指标体系的主观权重、变异系数法确定客观权重；其次通过灵敏度加权的方式得到综合权重；最后建立 TOPSIS 模型并得到静态信用评价排序结果。

在对研究问题建立评价矩阵、通过组合权重法对各指标进行赋权之后，根据 TOPSIS 综合评价法的一般思路，构造正、负理想解，并计算各评价对象到正、负理想解的加权距离，将偏离程度作为判断评价对象优劣的依据。

将标准化信用评价矩阵乘以综合权重，得到加权后的标准化信用评价矩阵：

$$Y=(y_{ij})_{m\times n}$$

$$y_{ij}=u_j x_{ij},\ i=1,\ 2,\ \cdots,\ m;\ j=1,\ 2,\ \cdots,\ n \tag{9.1}$$

第 j 个指标的“正理想点” y_j^+ 和“负理想点” y_j^- 为：

$$y_j^+=\max\{y_{1j},\ y_{2j},\ \cdots,\ y_{mj}\},\ j=1,\ 2,\ \cdots,\ n$$

$$y_j^-=\min\{y_{1j},\ y_{2j},\ \cdots,\ y_{mj}\},\ j=1,\ 2,\ \cdots,\ n \tag{9.2}$$

则第 j 个评价对象到“正理想点”的距离 d_j^+，第 j 个评价对象到“负理想点”的距离 d_j^- 为：

$$d_j^+=\sqrt{\sum_{i=1}^{m}(N_{ij}-y_i^+)^2}$$

$$d_j^-=\sqrt{\sum_{i=1}^{m}(N_{ij}-y_i^-)^2} \tag{9.3}$$

式（9.3）中，N_{ij} 是第 i 个指标下第 j 个评价对象的加权值：

$$N_{ij}=w_i^* y_{ij} \tag{9.4}$$

式（9.4）中，第 j 个评价对象与“正理想点”之间的距离越大，表明第 j 个评价对象的信用程度越好；第 j 个评价对象与“负理想点”之间的距离越小，表明第 j 个评价对象的信用水平越低。偏离程度 c_i 是衡量各指标加权值与“正负理想点”之间距离的大小，设 c_j 为第 j 个评价对象的偏离程度，计算公式如下：

$$c_j=\frac{d_j^-}{d_j^+ + d_j^-} \tag{9.5}$$

式（9.5）中，如果第 j 个评价对象的偏离程度 c_j 越大，说明第 j 个评价对象与“负理想点”之间的距离越大，同时与“正理想点”之间的距离越小，这意味着该评价对象的信用水平越高、在所有评价对象里的排名越好；反之，如果第 j 个评价对象的偏离程度 c_j 越小，说明第 j 个评价对象与“负理想点”之间的距离越小，同时与“正理想点”之间的距离越大，意味着该评价对象的信用水平越低，在所有评价对象里的排名越差。

二、静态信用评价模型的应用

本书以第一期数据为基础，详细介绍基于传统 TOPSIS 评价方法的静态信用评价过程，因计算过程数据量较大，仅以指标 A_1 为例进行计算，其余指标均以表格形式展示。具体计算过程如下：

（1）由式（9.1）将标准化后的数据（见表 8-3）与该指标的组合权重（见表 8-7）相乘，得到加权标准化数据：

（0.0255，0.0377，0.0353，0.0231，0.0231，0.0231，0.0109，0.0012，0.0012，0.0377，0.0620，0.0377，0.0353，0.0231，0.0231，0.0109，0.0109，0.0012，0.0012，0.0134）

（2）由式（9.2）得到该组数据的正理想解和负理想解分别为：0.0620、0.0012。

（3）由式（9.3）得到各评价对象与正理想解的距离为：

（0.0365，0.0243，0.0268，0.0389，0.0389，0.0389，0.0511，0.0608，0.0608，0.0243，0.0000，0.0243，0.0268，0.0389，0.0389，0.0511，0.0511，0.0608，0.0608，0.0487）

（4）得到各评价对象与负理想解的距离为：

（0.0243，0.0365，0.0341，0.0219，0.0219，0.0219，0.0097，0.0000，0.0000，0.0365，0.0608，0.0365，0.0341，0.0219，0.0219，0.0097，0.0097，0.0000，0.0000，0.0122）

（5）由式（9.5）得到各评价对象在 A1 指标下的偏离程度分别为：

（0.4000，0.6000，0.5600，0.3600，0.3600，0.3600，0.1600，0.0000，0.0000，0.6000，1.0000，0.6000，0.5600，0.3600，0.3600，0.1600，0.1600，0.0000，0.0000，0.2000）

（6）其他指标下的计算过程与上述过程一致，最终得到全部 19 个指标下对 20 家淘宝店铺的静态信用评价值。通过对所有偏离程度求平均值得到第一期数据的综合偏离程度如下：

（0.4210，0.2059，0.2768，0.3736，0.4191，0.4029，0.2627，0.2108，0.3004，0.3430，0.3295，0.3992，0.4084，0.3759，0.3830，0.4037，0.2903，0.3099，0.3425，0.3680）

（7）综上所述，第一期数据的静态信用评价排名如表 9-3 所示。

表 9-3 第 1 期数据静态信用评价结果排名

店铺代码	排名	店铺代码	排名
D_1	20	D_{11}	8
D_2	1	D_{12}	15
D_3	4	D_{13}	18
D_4	12	D_{14}	13
D_5	19	D_{15}	14
D_6	16	D_{16}	17
D_7	3	D_{17}	5
D_8	2	D_{18}	7
D_9	6	D_{19}	9
D_{10}	10	D_{20}	11

第 1~14 期数据处理过程同第 1 期一致，第 1~14 期数据的静态信用评价值（见表 9-4）和静态信用评价排名（见表 9-5）。

表 9-4 第 1~14 期数据静态信用评价结果汇总

序号	店铺代码	第 1 期	第 2 期	第 3 期	第 4 期	第 5 期	第 6 期	第 7 期
1	D_1	0. 5790	0. 5791	0. 5793	0. 5748	0. 5516	0. 5878	0. 5762
2	D_2	0. 7941	0. 7690	0. 7745	0. 7698	0. 7175	0. 7558	0. 7313
3	D_3	0. 7232	0. 6883	0. 7532	0. 7368	0. 7661	0. 7633	0. 7918
4	D_4	0. 6264	0. 6537	0. 6538	0. 6447	0. 6618	0. 6637	0. 6685
5	D_5	0. 5809	0. 6119	0. 6003	0. 5796	0. 5216	0. 6039	0. 5910
6	D_6	0. 5971	0. 5849	0. 5877	0. 5774	0. 5492	0. 5564	0. 6017
7	D_7	0. 7373	0. 6906	0. 6992	0. 7425	0. 7610	0. 7348	0. 7539
8	D_8	0. 7892	0. 7789	0. 7781	0. 7716	0. 7669	0. 7455	0. 7388
9	D_9	0. 6996	0. 6973	0. 7038	0. 6921	0. 6533	0. 6327	0. 6431
10	D_{10}	0. 6570	0. 7074	0. 7075	0. 7247	0. 6987	0. 7125	0. 6863
11	D_{11}	0. 6705	0. 6945	0. 7037	0. 7082	0. 7483	0. 7140	0. 7523
12	D_{12}	0. 6008	0. 6455	0. 6228	0. 6393	0. 5948	0. 6212	0. 5612
13	D_{13}	0. 5916	0. 5674	0. 6034	0. 5705	0. 5879	0. 5337	0. 5746
14	D_{14}	0. 6241	0. 6116	0. 6130	0. 6209	0. 6611	0. 6208	0. 6426
15	D_{15}	0. 6170	0. 5683	0. 5650	0. 5528	0. 5604	0. 5581	0. 5687

续表

序号	店铺代码	第 1 期	第 2 期	第 3 期	第 4 期	第 5 期	第 6 期	第 7 期
16	D_{16}	0.5963	0.5772	0.5920	0.5787	0.5790	0.5742	0.6040
17	D_{17}	0.7097	0.6356	0.6333	0.6303	0.6257	0.6216	0.6241
18	D_{18}	0.6901	0.6734	0.6867	0.6522	0.6761	0.6598	0.6803
19	D_{19}	0.6575	0.6428	0.6853	0.6775	0.6857	0.6468	0.6679
20	D_{20}	0.6320	0.6504	0.6528	0.6436	0.6430	0.6386	0.6440
序号	店铺代码	第 8 期	第 9 期	第 10 期	第 11 期	第 12 期	第 13 期	第 14 期
1	D_1	0.5985	0.5663	0.5652	0.5787	0.5743	0.5521	0.5889
2	D_2	0.7453	0.7640	0.7707	0.7754	0.7730	0.7702	0.7126
3	D_3	0.7788	0.7768	0.7503	0.7619	0.8050	0.7507	0.7854
4	D_4	0.6605	0.6537	0.6391	0.6550	0.6504	0.6337	0.6106
5	D_5	0.5691	0.5292	0.5178	0.6270	0.5628	0.6096	0.5757
6	D_6	0.6234	0.5844	0.5770	0.6259	0.5819	0.5779	0.5658
7	D_7	0.7725	0.7545	0.7426	0.7646	0.7698	0.7303	0.7361
8	D_8	0.7597	0.7205	0.7184	0.7271	0.7200	0.7515	0.7629
9	D_9	0.6579	0.6531	0.6519	0.6756	0.6727	0.6354	0.6455
10	D_{10}	0.7040	0.6988	0.6926	0.7042	0.6949	0.6630	0.6887
11	D_{11}	0.7537	0.7410	0.7341	0.7452	0.7428	0.7277	0.7069
12	D_{12}	0.5825	0.5846	0.5869	0.5823	0.6006	0.6003	0.5725
13	D_{13}	0.5902	0.5423	0.5431	0.6092	0.6131	0.5904	0.6132
14	D_{14}	0.6405	0.6388	0.6377	0.6530	0.6285	0.6147	0.6404
15	D_{15}	0.5885	0.5815	0.5777	0.5799	0.5798	0.5481	0.5888
16	D_{16}	0.6116	0.5780	0.5618	0.5746	0.5623	0.5396	0.5299
17	D_{17}	0.6305	0.6260	0.6235	0.6594	0.6430	0.6191	0.6456
18	D_{18}	0.7003	0.6743	0.6773	0.6827	0.6621	0.6529	0.6482
19	D_{19}	0.6902	0.6676	0.6782	0.6807	0.6473	0.5850	0.6540
20	D_{20}	0.6459	0.6429	0.6341	0.5688	0.5991	0.5781	0.5774

表 9-5　第 1~14 期数据静态信用评价结果排名汇总

序号	店铺代码	第 1 期	第 2 期	第 3 期	第 4 期	第 5 期	第 6 期	第 7 期
1	D_1	20	17	19	18	18	16	17
2	D_2	1	2	2	2	5	2	5

续表

序号	店铺代码	第1期	第2期	第3期	第4期	第5期	第6期	第7期
3	D_3	4	7	3	4	2	1	1
4	D_4	12	9	10	10	9	7	8
5	D_5	19	14	16	15	20	15	16
6	D_6	16	16	18	17	19	19	15
7	D_7	3	6	7	3	3	4	2
8	D_8	2	1	1	1	1	3	4
9	D_9	6	4	5	7	11	11	11
10	D_{10}	10	3	4	5	6	6	6
11	D_{11}	8	5	6	6	4	5	3
12	D_{12}	15	11	13	12	14	13	20
13	D_{13}	18	20	15	19	15	20	18
14	D_{14}	13	15	14	14	10	14	12
15	D_{15}	14	19	20	20	17	18	19
16	D_{16}	17	18	17	16	16	17	14
17	D_{17}	5	13	12	13	13	12	13
18	D_{18}	7	8	8	9	8	8	7
19	D_{19}	9	12	9	8	7	9	9
20	D_{20}	11	10	11	11	12	10	10

序号	店铺代码	第8期	第9期	第10期	第11期	第12期	第13期	第14期
1	D_1	16	18	17	18	18	18	14
2	D_2	5	2	1	1	2	1	4
3	D_3	1	1	2	3	1	3	1
4	D_4	9	9	10	11	9	9	13
5	D_5	20	20	20	13	19	12	17
6	D_6	14	15	16	14	16	17	19
7	D_7	2	3	3	2	3	4	3
8	D_8	3	5	5	5	5	2	2
9	D_9	10	10	9	9	7	8	10
10	D_{10}	6	6	6	6	6	6	6
11	D_{11}	4	4	4	4	4	5	5
12	D_{12}	19	14	14	16	14	13	18
13	D_{13}	17	19	19	15	13	14	12

续表

序号	店铺代码	第 8 期	第 9 期	第 10 期	第 11 期	第 12 期	第 13 期	第 14 期
14	D_{14}	12	12	11	12	12	11	11
15	D_{15}	18	16	15	17	17	19	15
16	D_{16}	15	17	18	19	20	20	20
17	D_{17}	13	13	13	10	11	10	9
18	D_{18}	7	7	8	7	8	7	8
19	D_{19}	8	8	7	8	10	15	7
20	D_{20}	11	11	12	20	15	16	16

从上述的第 1~14 期的静态结果及其排序中可以看出，各个店铺的信用水平在一段时间内存在着突变性，在相近的一段时间里，店铺的排名顺序有着较大差异。这种不稳定性并不能为研究结果提供令人信服的证据。面对这一系列数据，决策者一时很难准确地把握关键有效的信息，从而不能及时有效地选择资信相对较好的店铺。因此，需要对不同时期的静态数据进行综合，运用动态的模型对静态数据进行处理，力求将数据突变误差提前预判并及时修正，从而使评价结果更加符合实际情况，以供电商供应链直接、及时、准确地做出决策，选择相对优质的合作者，降低供应链融资风险。

第三节 动态信用评价

一、动态信用评价模型的构建

动态信用评价模型是在传统 TOPSIS 评价模型的基础上，确定风险抗性信用奖惩量，将风险抗性信用奖惩量嵌入基础信用值中，并结合信用发展趋势得到最终的评价结果。

（一）确定风险抗性信用奖惩量

风险抗性是指在某特定环境下，评价对象所具有的抵御风险的能力。在电商小微企业的信用水平评价中，其自身的抵抗外在风险的能力会在很大程度上影响其信用水平。在信用评价过程中，如果企业的风险抗性强，则证明该企业的资产实力和管理水平都较好，会提高其总体的信用值；如果企业的风险抗性较弱，则说明该企业的实力较为薄弱，会在其基础信用值的水平上降低其信用评分。在 t 时刻下，评价对象 o_i 区别于其他评价对象 o_k（$k \neq o_i$ 且 $k=1, 2, \cdots, n$）的抗风险能力可表示为：

$$\Delta y_i(t) = \frac{1}{n-1} \sum_{k=1, k \neq i}^{n} \{y_i(t) - y_k(t)\} (k \neq i \text{ 且 } k = 1, 2, \cdots, n) \tag{9.6}$$

（二）嵌入风险抗性信用奖惩量的 TOPSIS 法

（1）确定正理想点 y_j^+ 和负理想点 y_j^-。在一般环境下，电商供应链中的主体都希望小微企业的信用水平是逐步上升的，因此我们将期望小微企业达到的信用水平作为正理想点，所有的正理想点集合在一起形成理想序列。正理想序列保持稳步上升的状态，通过描绘正理想序列，为小微企业提供一个可视化的目标，有利于促进小微企业的成长。

正理想信用序列的具体确定方法为：

$$y^+(t) = \max\{y_i^+(1), y_i^+(2), \cdots, y_i^+(t)\}, t=1, 2, \cdots, T \tag{9.7}$$

由于小微企业以及其他主体不希望其信用水平呈下降的趋势，因此负理想点的确定方法如下：

$$y^-(t) = \min\{y_i^-(t)\}, t=1, 2, \cdots, T \tag{9.8}$$

（2）计算各评价主体到正、负理想点的距离 d_i^+、d_i^-。

$$d_i^+ = \sqrt{\sum_{t=1}^{T} (y_i(t) - y^+(t))^2} \tag{9.9}$$

$$d_i^- = \sqrt{\sum_{t=1}^{T} (y_i(t) - y^-(t))^2} \tag{9.10}$$

（3）计算相对理想信用贴近度 C_i。

$$C_i = \frac{d_i^-}{d_i^+ + d_i^-}, i=1, 2, \cdots, n \tag{9.11}$$

（三）体现信用发展潜力的 GRA 法

信用发展潜力体现了企业在今后一段时间的信用水平，不仅是基于某一时间点而是针对一个时间段，因此更具有参考价值。

先确定一个理想信用序列 $Y^* = \{y^*(1), y^*(2), \cdots, y^*(t), \cdots, y^*(T)\}$，并且时间序列中各时刻理想点的确定方法为：$y^*(t) = \max$

$\{y_i^*(1), y_i^*(2), \cdots, y_i^*(t)\}$，$t=1, 2, \cdots, T$。得到的该时间序列作为理想序列，在通过 GRA 分析方法得到实际的动态信用序列与理想序列的相似程度。

$$\begin{cases} \xi_i(t) = \dfrac{\min_{i\in n}(\min_{t\in T}|y^*(t)-y_i(t)|) + \rho\max_{i\in n}(\max_{t\in T}|y^*(t)-y_i(t)|)}{|y^*(t)-y_i(t)| + \rho\max_{i\in n}(\max_{t\in T}|y^*(t)-y_i(t)|)} \\ \xi_i = \dfrac{1}{T}\sum_{t=1}^{T}\xi_i(t) \end{cases},$$

$$t=1, 2, \cdots, T \tag{9.12}$$

通过式（9.12）得到的 ξ_i 越大，表明被评价对象的信用发展趋势与理想序列的趋势越相似，在今后一段时间里信用水平稳步提升，企业信用水平前景良好，因此会增加整体的信用值；而灰色关联度 ξ_i 越小，则表明被评价对象的信用发展趋势与理想趋势相悖，在未来一段时间里信用水平可能会有下降的风险，因此会降低整体的信用水平。

综合上述步骤，本书首先对小微企业的风险抗性奖惩量进行确定；其次将风险抗性奖惩量嵌入企业基础信用值中，得到正负理想序列，再经过计算得到相对理想信用贴近度；最后运用灰色关联分析法求出信用发展趋势。对以上结果进行综合加成分析后，最终得到动态信用评价结果：

$$Z_i=\theta C_i+\gamma\xi_i \tag{9.13}$$

式（9.13）中，θ，γ 为偏好系数，表明对被评价对象信用发展趋势和当前信用状况的偏好程度，并且 $\theta+\gamma=1$，在这里取 $\theta=0.2$、$\gamma=0.8$。由于当下的信用水平是确定的，而未来一段时间内的信用状况难以预测，因此重点参考近期的信用水平会使得信用评价结果更准确。

二、动态信用评价模型的应用

动态信用评价依然以第一期数据为例进行详细计算，其余各期数据动态评价结果均以表格形式呈现（见表 9-6）：

（1）在综合权重的基础上，通过式（8.10），引入时间权重后得到的综合动态权重为 $w(t)=0.0082$。由式（9.7）、式（9.8）确定正负理想点为：0.0839、-0.5857。

（2）运用灰色关联方法，得到信用发展趋势。

由式（9.11），得到理想趋势关联度：

$\xi_i(t)=\{0.3813, 0.3733, 0.3782, 0.3808, 0.3798, 0.3808, 0.3775,$

0. 3754，0. 3766，0. 3766，0. 3799，0. 3785，0. 3831，0. 3825，0. 3829，0. 3821，0. 3663，0. 3805，0. 3794，0. 3801｝

由式（9. 12），得到第一期数据的灰色关联度：

ξ_i = ｛0. 4092，0. 3955，0. 3989，0. 4065，0. 4080，0. 4082，0. 3996，0. 3979，0. 4024，0. 4007，0. 4019，0. 4063，0. 4105，0. 4081，0. 4114，0. 4111，0. 3803，0. 4052，0. 4047，0. 4077｝

（3）运用式（9. 6），得到各评价对象风险抗性相对信用奖惩量（见表 9-7）：

｛0. 0839，－0. 1425，－0. 0680，0. 0340，0. 0819，0. 0648，－0. 0828，－0. 1374，－0. 0431，0. 0018，－0. 0125，0. 0609，0. 0706，0. 0363，0. 0439，0. 0656，－0. 8760，－0. 0331，0. 0012，0. 0280｝

（4）确定各企业奖惩调整后的时间加权动态评价矩阵（见表 9-8）：

（0. 0041，0. 0005，0. 0017，0. 0033，0. 0041，0. 0038，0. 0015，0. 0006，0. 0021，0. 0028，0. 0026，0. 0038，0. 0039，0. 0034，0. 0035，0. 0038，－0. 0048，0. 0023，0. 0028，0. 0032）

以及其信用数据到正负理想点的距离及其相对理想信用贴近度（见表 9-8 和表 9-9）：

到正理想点的距离：（0. 0072，0. 0064，0. 0076，0. 0074，0. 0073，0. 0079，0. 0067，0. 0073，0. 0077，0. 0075，0. 0081，0. 0075，0. 0075，0. 0076，0. 0074，0. 0075，0. 0046，0. 0063，0. 0072，0. 0077）

到负理想点的距离：（0. 0072，0. 0064，0. 0076，0. 0074，0. 0073，0. 0079，0. 0067，0. 0073，0. 0077，0. 0075，0. 0081，0. 0075，0. 0075，0. 0076，0. 0074，0. 0075，0. 0046，0. 0063，0. 0072，0. 0077）

相对贴进度：（0. 0089，0. 0053，0. 0065，0. 0081，0. 0089，0. 0086，0. 0063，0. 0054，0. 0069，0. 0076，0. 0074，0. 0086，0. 0087，0. 0082，0. 0083，0. 0087，0. 0000，0. 0071，0. 0076，0. 0080）

（5）运用式（9. 13），得到最终的动态信用评价结果（见表 9-10）。

表 9-6　动态信用评价矩阵

序号	店铺代码	第 1 期	第 2 期	第 3 期	第 4 期	第 5 期	第 6 期	第 7 期
1	D_1	0. 4210	0. 4209	0. 4207	0. 4252	0. 4484	0. 4122	0. 4238
2	D_2	0. 2059	0. 2310	0. 2255	0. 2302	0. 2825	0. 2442	0. 2687

续表

序号	店铺代码	第 1 期	第 2 期	第 3 期	第 4 期	第 5 期	第 6 期	第 7 期
3	D_3	0. 2768	0. 3117	0. 2468	0. 2632	0. 2339	0. 2367	0. 2082
4	D_4	0. 3736	0. 3463	0. 3462	0. 3553	0. 3382	0. 3363	0. 3315
5	D_5	0. 4191	0. 3881	0. 3997	0. 4204	0. 4784	0. 3961	0. 4090
6	D_6	0. 4029	0. 4151	0. 4123	0. 4226	0. 4508	0. 4436	0. 3983
7	D_7	0. 2627	0. 3094	0. 3008	0. 2575	0. 2390	0. 2652	0. 2461
8	D_8	0. 2108	0. 2211	0. 2219	0. 2284	0. 2331	0. 2545	0. 2612
9	D_9	0. 3004	0. 3027	0. 2962	0. 3079	0. 3467	0. 3673	0. 3569
10	D_{10}	0. 3430	0. 2926	0. 2925	0. 2753	0. 3013	0. 2875	0. 3137
11	D_{11}	0. 3295	0. 3055	0. 2963	0. 2918	0. 2517	0. 2860	0. 2477
12	D_{12}	0. 3992	0. 3545	0. 3772	0. 3607	0. 4052	0. 3788	0. 4388
13	D_{13}	0. 4084	0. 4326	0. 3966	0. 4295	0. 4121	0. 4663	0. 4254
14	D_{14}	0. 3759	0. 3884	0. 3870	0. 3791	0. 3389	0. 3792	0. 3574
15	D_{15}	0. 3830	0. 4317	0. 4350	0. 4472	0. 4396	0. 4419	0. 4313
16	D_{16}	0. 4037	0. 4228	0. 4080	0. 4213	0. 4210	0. 4258	0. 3960
17	D_{17}	0. 2903	0. 3644	0. 3667	0. 3697	0. 3743	0. 3784	0. 3759
18	D_{18}	0. 3099	0. 3266	0. 3133	0. 3478	0. 3239	0. 3402	0. 3197
19	D_{19}	0. 3425	0. 3572	0. 3147	0. 3225	0. 3143	0. 3532	0. 3321
20	D_{20}	0. 3680	0. 3496	0. 3472	0. 3564	0. 3570	0. 3614	0. 3560

序号	店铺代码	第 8 期	第 9 期	第 10 期	第 11 期	第 12 期	第 13 期	第 14 期
1	D_1	0. 4015	0. 4337	0. 4348	0. 4213	0. 4257	0. 4479	0. 4111
2	D_2	0. 2547	0. 2360	0. 2293	0. 2246	0. 2270	0. 2298	0. 2874
3	D_3	0. 2212	0. 2232	0. 2497	0. 2381	0. 1950	0. 2493	0. 2146
4	D_4	0. 3395	0. 3463	0. 3609	0. 3450	0. 3496	0. 3663	0. 3894
5	D_5	0. 4309	0. 4708	0. 4822	0. 3730	0. 4372	0. 3904	0. 4243
6	D_6	0. 3766	0. 4156	0. 4230	0. 3741	0. 4181	0. 4221	0. 4342
7	D_7	0. 2275	0. 2455	0. 2574	0. 2354	0. 2302	0. 2697	0. 2639
8	D_8	0. 2403	0. 2795	0. 2816	0. 2729	0. 2800	0. 2485	0. 2371
9	D_9	0. 3421	0. 3469	0. 3481	0. 3244	0. 3273	0. 3646	0. 3545
10	D_{10}	0. 2960	0. 3012	0. 3074	0. 2958	0. 3051	0. 3370	0. 3113
11	D_{11}	0. 2463	0. 2590	0. 2659	0. 2548	0. 2572	0. 2723	0. 2931
12	D_{12}	0. 4175	0. 4154	0. 4131	0. 4177	0. 3994	0. 3997	0. 4275

续表

序号	店铺代码	第 8 期	第 9 期	第 10 期	第 11 期	第 12 期	第 13 期	第 14 期
13	D_{13}	0. 4098	0. 4577	0. 4569	0. 3908	0. 3869	0. 4096	0. 3868
14	D_{14}	0. 3595	0. 3612	0. 3623	0. 3470	0. 3715	0. 3853	0. 3596
15	D_{15}	0. 4115	0. 4185	0. 4223	0. 4201	0. 4202	0. 4519	0. 4112
16	D_{16}	0. 3884	0. 4220	0. 4382	0. 4254	0. 4377	0. 4604	0. 4701
17	D_{17}	0. 3695	0. 3740	0. 3765	0. 3406	0. 3570	0. 3809	0. 3544
18	D_{18}	0. 2997	0. 3257	0. 3227	0. 3173	0. 3379	0. 3471	0. 3518
19	D_{19}	0. 3098	0. 3324	0. 3218	0. 3193	0. 3527	0. 4150	0. 3460
20	D_{20}	0. 3541	0. 3571	0. 3659	0. 4312	0. 4009	0. 4219	0. 4226

表 9-7　风险抗性相对信用奖惩量

序号	店铺代码	第 1 期	第 2 期	第 3 期	第 4 期	第 5 期	第 6 期	第 7 期
1	D_1	0. 0839	0. 0761	0. 0847	0. 0838	0. 1041	0. 0625	0. 0831
2	D_2	−0. 1425	−0. 1238	−0. 1208	−0. 1215	−0. 0705	−0. 1142	−0. 0802
3	D_3	−0. 0680	−0. 0389	−0. 0984	−0. 0867	−0. 1217	−0. 1222	−0. 1438
4	D_4	0. 0340	−0. 0024	0. 0063	0. 0102	−0. 0119	−0. 0173	−0. 0141
5	D_5	0. 0819	0. 0416	0. 0626	0. 0787	0. 1357	0. 0456	0. 0675
6	D_6	0. 0648	0. 0700	0. 0758	0. 0811	0. 1066	0. 0956	0. 0562
7	D_7	−0. 0828	−0. 0413	−0. 0414	−0. 0928	−0. 1164	−0. 0922	−0. 1040
8	D_8	−0. 1374	−0. 1342	−0. 1246	−0. 1234	−0. 1225	−0. 1034	−0. 0880
9	D_9	−0. 0431	−0. 0483	−0. 0463	−0. 0397	−0. 0030	0. 0153	0. 0126
10	D_{10}	0. 0018	−0. 0589	−0. 0502	−0. 0740	−0. 0507	−0. 0686	−0. 0328
11	D_{11}	−0. 0125	−0. 0453	−0. 0463	−0. 0566	−0. 1029	−0. 0702	−0. 1023
12	D_{12}	0. 0609	0. 0062	0. 0389	0. 0158	0. 0586	0. 0275	0. 0989
13	D_{13}	0. 0706	0. 0884	0. 0593	0. 0884	0. 0659	0. 1195	0. 0847
14	D_{14}	0. 0363	0. 0418	0. 0492	0. 0352	−0. 0112	0. 0279	0. 0132
15	D_{15}	0. 0439	0. 0875	0. 0998	0. 1069	0. 0948	0. 0939	0. 0909
16	D_{16}	0. 0656	0. 0780	0. 0713	0. 0797	0. 0753	0. 0769	0. 0538
17	D_{17}	−0. 8760	−0. 8050	−0. 7938	−0. 7968	−0. 7982	−0. 7951	−0. 7907
18	D_{18}	−0. 0331	−0. 0232	−0. 0283	0. 0023	−0. 0269	−0. 0132	−0. 0265
19	D_{19}	0. 0012	0. 0090	−0. 0269	−0. 0243	−0. 0371	0. 0004	−0. 0135
20	D_{20}	0. 0280	0. 0010	0. 0073	0. 0114	0. 0079	0. 0091	0. 0117

续表

序号	店铺代码	第 8 期	第 9 期	第 10 期	第 11 期	第 12 期	第 13 期	第 14 期
1	D_1	0. 0702	0. 0870	0. 0830	0. 0872	0. 0840	0. 0888	0. 0564
2	D_2	-0. 0844	-0. 1212	-0. 1333	-0. 1199	-0. 1250	-0. 1407	-0. 0738
3	D_3	-0. 1196	-0. 1346	-0. 1119	-0. 1056	-0. 1587	-0. 1202	-0. 1505
4	D_4	0. 0049	-0. 0050	0. 0051	0. 0069	0. 0040	0. 0029	0. 0336
5	D_5	0. 1011	0. 1260	0. 1329	0. 0364	0. 0962	0. 0283	0. 0703
6	D_6	0. 0440	0. 0679	0. 0705	0. 0375	0. 0761	0. 0617	0. 0807
7	D_7	-0. 1130	-0. 1111	-0. 1038	-0. 1084	-0. 1218	-0. 0987	-0. 0985
8	D_8	-0. 0995	-0. 0754	-0. 0783	-0. 0690	-0. 0693	-0. 1210	-0. 1268
9	D_9	0. 0076	-0. 0044	-0. 0083	-0. 0148	-0. 0195	0. 0012	-0. 0032
10	D_{10}	-0. 0409	-0. 0526	-0. 0512	-0. 0448	-0. 0428	-0. 0278	-0. 0486
11	D_{11}	-0. 0931	-0. 0969	-0. 0948	-0. 0880	-0. 0933	-0. 0960	-0. 0679
12	D_{12}	0. 0870	0. 0677	0. 0601	0. 0835	0. 0563	0. 0381	0. 0736
13	D_{13}	0. 0789	0. 1123	0. 1062	0. 0551	0. 0432	0. 0485	0. 0308
14	D_{14}	0. 0260	0. 0106	0. 0067	0. 0090	0. 0270	0. 0230	0. 0021
15	D_{15}	0. 0807	0. 0710	0. 0698	0. 0859	0. 0783	0. 0931	0. 0565
16	D_{16}	0. 0564	0. 0746	0. 0865	0. 0915	0. 0967	0. 1020	0. 1185
17	D_{17}	-0. 7866	-0. 7990	-0. 8014	-0. 8216	-0. 8108	-0. 8035	-0. 8265
18	D_{18}	-0. 0370	-0. 0267	-0. 0350	-0. 0223	-0. 0084	-0. 0173	-0. 0061
19	D_{19}	-0. 0263	-0. 0196	-0. 0360	-0. 0201	0. 0073	0. 0542	-0. 0121
20	D_{20}	0. 0203	0. 0064	0. 0104	0. 0976	0. 0580	0. 0615	0. 0685

表 9-8 奖惩后的时间加权动态评价矩阵

序号	店铺代码	第 1 期	第 2 期	第 3 期	第 4 期	第 5 期	第 6 期	第 7 期
1	D_1	0. 0041	0. 0073	0. 0112	0. 0150	0. 0203	0. 0209	0. 0261
2	D_2	0. 0005	0. 0016	0. 0023	0. 0032	0. 0078	0. 0057	0. 0097
3	D_3	0. 0017	0. 0040	0. 0033	0. 0052	0. 0041	0. 0050	0. 0033
4	D_4	0. 0033	0. 0051	0. 0078	0. 0107	0. 0120	0. 0141	0. 0163
5	D_5	0. 0041	0. 0063	0. 0102	0. 0147	0. 0226	0. 0195	0. 0245
6	D_6	0. 0038	0. 0071	0. 0108	0. 0148	0. 0205	0. 0238	0. 0234
7	D_7	0. 0015	0. 0039	0. 0057	0. 0048	0. 0045	0. 0076	0. 0073
8	D_8	0. 0006	0. 0013	0. 0022	0. 0031	0. 0041	0. 0067	0. 0089

续表

序号	店铺代码	第 1 期	第 2 期	第 3 期	第 4 期	第 5 期	第 6 期	第 7 期
9	D_9	0.0021	0.0037	0.0055	0.0079	0.0126	0.0169	0.0190
10	D_{10}	0.0028	0.0034	0.0054	0.0059	0.0092	0.0097	0.0145
11	D_{11}	0.0026	0.0038	0.0055	0.0069	0.0055	0.0095	0.0075
12	D_{12}	0.0038	0.0053	0.0092	0.0111	0.0171	0.0179	0.0277
13	D_{13}	0.0039	0.0077	0.0101	0.0152	0.0176	0.0258	0.0263
14	D_{14}	0.0034	0.0063	0.0096	0.0122	0.0121	0.0180	0.0191
15	D_{15}	0.0035	0.0076	0.0118	0.0163	0.0197	0.0236	0.0269
16	D_{16}	0.0038	0.0074	0.0106	0.0147	0.0183	0.0222	0.0232
17	D_{17}	-0.0048	-0.0065	-0.0094	-0.0126	-0.0156	-0.0184	-0.0214
18	D_{18}	0.0023	0.0045	0.0063	0.0103	0.0109	0.0144	0.0151
19	D_{19}	0.0028	0.0054	0.0064	0.0088	0.0102	0.0156	0.0164
20	D_{20}	0.0032	0.0052	0.0078	0.0108	0.0134	0.0163	0.0189

序号	店铺代码	第 8 期	第 9 期	第 10 期	第 11 期	第 12 期	第 13 期	第 14 期
1	D_1	0.0277	0.0345	0.0381	0.0411	0.0450	0.0513	0.0481
2	D_2	0.0100	0.0076	0.0071	0.0085	0.0090	0.0085	0.0220
3	D_3	0.0060	0.0059	0.0101	0.0107	0.0032	0.0123	0.0066
4	D_4	0.0202	0.0226	0.0269	0.0285	0.0312	0.0353	0.0435
5	D_5	0.0313	0.0395	0.0452	0.0331	0.0470	0.0400	0.0509
6	D_6	0.0247	0.0320	0.0363	0.0333	0.0436	0.0463	0.0530
7	D_7	0.0067	0.0089	0.0113	0.0103	0.0096	0.0164	0.0170
8	D_8	0.0083	0.0135	0.0149	0.0165	0.0186	0.0122	0.0113
9	D_9	0.0206	0.0227	0.0250	0.0251	0.0272	0.0350	0.0361
10	D_{10}	0.0150	0.0165	0.0188	0.0203	0.0231	0.0296	0.0270
11	D_{11}	0.0090	0.0107	0.0126	0.0135	0.0145	0.0168	0.0232
12	D_{12}	0.0297	0.0320	0.0348	0.0405	0.0402	0.0418	0.0516
13	D_{13}	0.0287	0.0377	0.0414	0.0361	0.0379	0.0438	0.0430
14	D_{14}	0.0227	0.0246	0.0271	0.0288	0.0351	0.0390	0.0372
15	D_{15}	0.0289	0.0324	0.0362	0.0409	0.0440	0.0521	0.0481
16	D_{16}	0.0262	0.0329	0.0386	0.0418	0.0471	0.0538	0.0606
17	D_{17}	-0.0245	-0.0281	-0.0312	-0.0389	-0.0400	-0.0404	-0.0486
18	D_{18}	0.0154	0.0198	0.0211	0.0239	0.0291	0.0315	0.0356
19	D_{19}	0.0167	0.0207	0.0210	0.0242	0.0318	0.0449	0.0344

续表

序号	店铺代码	第 8 期	第 9 期	第 10 期	第 11 期	第 12 期	第 13 期	第 14 期
20	D_{20}	0.0220	0.0241	0.0277	0.0428	0.0405	0.0462	0.0505
	正理想解	0.0313	0.0395	0.0452	0.0452	0.0471	0.0538	0.0606
	负理想解	-0.0245	-0.0281	-0.0312	-0.0389	-0.0400	-0.0404	-0.0486

表 9-9　相对理想信用贴进度

序号	店铺代码	d+	d-	贴进度	序号	店铺代码	d+	d-	贴进度
1	D_1	0.5400	0.5987	0.9414	11	D_{11}	0.5415	0.6135	0.6398
2	D_2	0.5436	0.6112	0.5746	12	D_{12}	0.5403	0.6019	0.8952
3	D_3	0.5424	0.6149	0.5660	13	D_{13}	0.5402	0.6014	0.9274
4	D_4	0.5408	0.6070	0.7999	14	D_{14}	0.5407	0.6069	0.8252
5	D_5	0.5400	0.5967	0.9455	15	D_{15}	0.5406	0.5993	0.9523
6	D_6	0.5403	0.5985	0.9190	16	D_{16}	0.5403	0.6007	0.9502
7	D_7	0.5426	0.6145	0.6068	17	D_{17}	0.5489	0.6346	0.0000
8	D_8	0.5435	0.6149	0.5817	18	D_{18}	0.5418	0.6081	0.7472
9	D_9	0.5420	0.6063	0.7670	19	D_{19}	0.5413	0.6088	0.7698
10	D_{10}	0.5413	0.6098	0.7048	20	D_{20}	0.5409	0.6056	0.8547

表 9-10　动态信用评价结果汇总

序号	店铺代码	相对贴进度	初始信用排名	发展趋势理想度	发展趋势排名	综合动态评价结果	动态评价排序
1	D_1	0.9414	17	0.4092	17	0.8350	17
2	D_2	0.5746	3	0.3955	2	0.5388	3
3	D_3	0.5660	2	0.3989	4	0.5326	2
4	D_4	0.7999	11	0.4065	12	0.7212	11
5	D_5	0.9455	18	0.4080	14	0.8380	18
6	D_6	0.9190	15	0.4082	16	0.8168	15
7	D_7	0.6068	5	0.3996	5	0.5654	5
8	D_8	0.5817	4	0.3979	3	0.5449	4
9	D_9	0.7670	9	0.4024	8	0.6941	9
10	D_{10}	0.7048	7	0.4007	6	0.6440	7

续表

序号	店铺代码	相对贴进度	初始信用排名	发展趋势理想度	发展趋势排名	综合动态评价结果	动态评价排序
11	D_{11}	0.6398	6	0.4019	7	0.5922	6
12	D_{12}	0.8952	14	0.4063	11	0.7974	14
13	D_{13}	0.9274	16	0.4105	18	0.8240	16
14	D_{14}	0.8252	12	0.4081	15	0.7418	12
15	D_{15}	0.9523	20	0.4114	20	0.8441	20
16	D_{16}	0.9502	19	0.4114	20	0.8424	19
17	D_{17}	0.0000	1	0.3803	1	0.0761	1
18	D_{18}	0.7472	8	0.4052	10	0.6788	8
19	D_{19}	0.7698	10	0.4047	9	0.6968	10
20	D_{20}	0.8547	13	0.4077	13	0.7653	13

第四节　本章小结

为更加直观地展示信用评价的结果，突出动态评价的特征。本书将动态信用评价与最新一期静态信用评价结果进行展示，并分别与电商平台实际排名顺序进行对比，两种信用评价结果见表 9-11。

表 9-11　信用评价结果对比

序号	店铺代码	静态评价结果	静态评价排序	动态评价结果	动态评价排序	平台排序
1	D_1	0.4092	14	0.8350	17	18
2	D_2	0.3955	4	0.5388	3	1
3	D_3	0.3989	1	0.5326	2	3
4	D_4	0.4065	13	0.7212	11	5
5	D_5	0.4080	17	0.8380	18	17
6	D_6	0.4082	19	0.8168	15	6
7	D_7	0.3996	3	0.5654	5	4

续表

序号	店铺代码	静态评价结果	静态评价排序	动态评价结果	动态评价排序	平台排序
8	D_8	0. 3979	2	0. 5449	4	8
9	D_9	0. 4024	10	0. 6941	9	9
10	D_{10}	0. 4007	6	0. 6440	7	10
11	D_{11}	0. 4019	5	0. 5922	6	7
12	D_{12}	0. 4063	18	0. 7974	14	12
13	D_{13}	0. 4105	12	0. 8240	16	14
14	D_{14}	0. 4081	11	0. 7418	12	13
15	D_{15}	0. 4114	15	0. 8441	20	15
16	D_{16}	0. 4114	20	0. 8424	19	16
17	D_{17}	0. 3803	9	0. 0761	1	2
18	D_{18}	0. 4052	8	0. 6788	8	11
19	D_{19}	0. 4047	7	0. 6968	10	19
20	D_{20}	0. 4077	16	0. 7653	13	20

由表 9-11 可知，静态信用评价排名在前五位的分别是 D_3、D_8、D_7、D_2、D_{11}；动态信用评价排名在前五位的分别是 D_{17}、D_3、D_2、D_8、D_7；电商平台排名在前五位的分别是 D_2、D_{17}、D_3、D_7、D_4。在前五位中，静态信用评价结果有三家店铺与电商平台重合，动态信用评价结果有四家店铺与电商平台重合，说明静态评价模型和动态评价模型都能较好地对淘宝店铺进行评价，得到的结果与实际情况基本相符。另外，通过表 9-11 可知，动态信用评价结果相比静态信用评价结果更趋近实际平台排名，说明动态信用评价能够更加全面、真实地反映店铺实际情况，从而得到较为客观的评价结果。

第十章　研究结论与展望

一、研究结论

在互联网技术飞速发展的背景下，电商运营环境的优化与大数据思想的融合为电商小微企业注入源源不断的活力，同时促进了电商小微企业反哺市场、激发微观市场主体活力。融资问题一直是制约电商小微企业健康成长的桎梏，而电商供应链融资可谓打破这一僵局的良策，但随着电商供应链融资模式的发展而暴露出了一系列信任问题，更将揭示电商供应链融资信任机制这一紧迫任务提上日程；同时对电商小微企业的信用评价提出了更高的要求。关注电商小微企业成长中突出的融资问题是研究的重点、难点，也是本书最关心的问题。

本书以问题驱动为导向，以实际政策环境背景为依托，围绕小微企业电商供应链融资的现状展开研究，一方面，揭开电商环境中涉及多方主体的供应链融资模式信任机制的神秘面纱，探索多主体的电商供应链融资信任关系和信任传导效应，并设计信任机制演化博弈三方博弈均衡模型，甄选影响参数进行仿真分析，深挖信任机制深层次联系；另一方面，在对电商供应链融资信任机制的博弈研究中发现，电商小微企业自身的信用评价重要性尤为凸显，极大地影响了金融机构和电商平台对小微企业的信任程度，可以作为金融机构、电商平台融资决策的参考依据，因此通过问卷调研甄选实践中对小微企业获取贷款影响较为显著的因素，通过结构方程模型实证构建相应的影响路径，并在此基础上构建小微企业信用评价指标体系，在权重与评价两方面均加入动态因素考虑时序性、动态性、持续性，构建动态的电商小微企业信用评价模型。通过对电商供应链融资信任机制的揭示，助力电商供应链融资的健康有序发展，促使电商小微企业关注自身信用风险。本书的主要工作与研究结论有以下四点：

（1）本书对电商供应链融资的信任关系及传导机制进行深入剖析，揭示电商供应链融资信任机制背后的机理。首先梳理各阶段电商供应链融资参与主体间的信任关系，在金融交易之初，金融机构、电商平台和小微企业三方通过制度契约和企业声誉建立起初始信任关系；随后金融机构与电商平台针对借款小微企业的特征差异分别进行线下、线上信用调查评估，并以此为依据决策融资规模；而由还款情况所产生的声誉效应，使得信任程度在电商供应链融资交易活动中不断调整变化。在此基础上形成以电商平台信用为核心的电商供应链融资三主体协同合作、风险共担、利益共享的授信模式，通过两两信任关系的分析揭示电商供应链融资信任在三者之中的传导。紧接着通过序贯博弈深入揭示信任在电商供应链融资中的传导效应：一方面，如果信任传导产生的三方总收益大于未传导时的收益，则信任通过传导路径产生逐级放大效应；另一方面，电商供应链主体之间的信任非常容易受负面事件或被信任者负面行为的影响而被破坏，这种信任负面效应会间接导致各方利益都受损。

（2）为进一步深化研究、揭示电商供应链融资信任机制及各影响因素对信任机制稳定性的影响，本书采取了三方演化博弈来进行信任机制仿真分析与探究。在考虑电商供应链融资多方关系的现实基础上，扩展传统供应链融资银企双方信任协调与奖惩链条，将第三方电商平台引入信贷资金循环中信任协调与激励机制的研究。

首先，界定博弈主体，建立电商平台、金融机构、小微企业三方博弈模型，研究发现经过三方主体多次合作演化后形成（还款，推荐，放贷）的均衡策略，电商供应链融资信任机制达到稳定状态。

其次，进一步用 MatLab 仿真分析影响电商供应链融资信任机制稳定性的因素，得出结论：①收益共享机制能够有效提高小微企业、电商平台以及金融机构三者向稳定状态演进的效率，小微企业收益率以及电商平台与金融机构收益分配系数这两个构建三者两两之间关系的参数只有保持在一个恰当的范围内才能既保证电商供应链融资的稳定又实现各方主体的利益最大化；②惩罚机制的存在能够对小微企业的行为起到显著的约束作用，在惩罚成本较低时，小微企业最终将选择不还款，只有在惩罚成本大于小微企业违约所能获取的收益时，其才会选择还款，但是罚金过高反而会使得三方之间初始合作达成难度加大，不利于电商供应链融资信任机制的稳定；③小微企业信用评价机制是影响金融机构和电商平台对于小微企业信任程度的重要因素，电商平台和金融机构均基于此决定是否对小微企业授信及其融资规模，因此，一个适应大数据背景的动态信用评价体系对于电商供应链融资信任机制的稳定性至关重要。

（3）在经济升级优化转型、金融服务优化革新的大背景下，信用水平的高低决定了电商小微企业融资成功与否，因此一套合理的信用评价模型的重要性不言而喻。

为了挖掘影响信用水平的相关因素、探究并分析各影响因素对电商小微企业信用水平的影响路径，首先，本书梳理了国内外学者在构建指标体系方面的大量成果，设计调查问卷，整合回收的结果，以电商小微企业供应链融资为出发点，结合金融服务发展趋势，构建包括产品情况、管理水平和服务水平三大类的指标体系；其次，在此基础上运用结构方程模型对该指标体系进行可行性分析，最终得到较为完整的电商小微企业信用评价指标体系。该指标体系中，相比产品情况、服务水平，小微企业的管理水平对信用水平的影响更大，更具有参考价值。通过结构方程模型的分析可知，一级指标对信用水平影响大小排序依次为管理水平、服务水平、产品情况。在二级指标中，对信用水平影响较大的有产品质量、风险认知能力、售后服务、增值服务等。

在构建指标体系的过程中，本书利用系统动力学模型对指标权重进行优化。首先，运用传统的主客观相结合的方法确定基础权重，保证指标权重的科学性。其次，基于指标体系建立了系统动力学仿真模型，依托系统动力学在研究复杂社会问题上的优势，模拟了各影响因素在实际的供应链融资过程中的变化趋势。并依据不同影响因素对企业信用水平的影响程度，引入灵敏度这一要素，经过客观计算对指标权重进行进一步优化，使得到的综合权重更加趋近于实际值，提高了指标权重的准确度。

（4）本书证明了动态信用评价方法更优于静态信用评价方法。信用是一种无形资产，并且随着时间的推移随时发生变化，难以通过某个具体时点来准确衡量一个企业的信用水平。通过研究可知，动态地看待小微企业的信用水平变化情况，以一段连续时间段而非某个具体时间点作为研究对象，能更科学地反映企业的信用状况及未来信用水平发展趋势。在本书实证研究部分，运用的静态信用评价模型和动态信用评价模型都能较好地反映电商小微企业的信用排名情况。但相比静态模型，动态模型以一个时间段为基础，所得到的排名结果更加符合实际情况，在一定程度上证明了该动态评价模型的优势，可以作为电商供应链融资过程中的重要参考信息，从而提升融资决策的科学性。

二、研究展望

根据以上研究结论，本书提出了完善小微企业供应链融资信任关系和信用评价体系的对策建议。

（1）金融服务模式不断破陈出新、顺应协同发展浪潮，在大数据、云计算的扶持下，金融机构联合电商平台优势互补、协同运作，共同破解电商小微企业融资难的困境，也正因如此，三方发力，形成互通互联的电商供应链融资信用机制。为了更好地维持电商供应链融资信任机制的稳定，提高小微企业融资效率，提出以下建议：

1）小微企业应强化信用观念，时刻注重、审视自身信用风险。在全新的多方参与电商供应链融资模式中，信任成为小微企业融资的关键，若信任传导产生的三方总收益大于未传导时的收益，则信任通过传导路径产生逐级放大效应；但同样在大数据的“放大镜”作用下，信任机制作用链条极易被少部分负面事件或负面行为冲击。因此小微企业在进行电商供应链融资过程中，为确保长远的发展及可靠的资金来源，需要在进行融资决策时以诚相待，注重自身信用积累，要坚持诚信经营。一方面，小微企业要合理分辨电商平台，与电商平台构建能力信任关系，注重自身的信用管理，有条件的可以设置专门的信用管理部门进行企业的信用管理；另一方面，小微企业也要努力扩大自身的经营规模，保持良好的采购、销售、库存明细等经营记录，不断提高企业的经营利润和偿债能力。

2）充分发挥电商平台与金融机构优势互补的协同协作效应。对于电商平台来讲，作为新加入供应链融资的第三方，要清晰自我定位，在提供供应链融资服务过程中发挥准确传导信任的作用，稳固电商供应链融资的核心地位，与金融机构携手建立电子商务金融“共同体”。一方面，加强信用管理和信息交流与共享，通过建立和完善小微企业资料收集、资信档案管理、资信调查管理、信用分级、合同与结算过程中的制度，对小微企业进行全方位的信用监管，并且也要适当增加对小微企业潜在违约风险的处罚；另一方面，对与商业银行的合作也要保持合理的应对制度，积极进行信任传导，完善与金融机构的对接审查流程，与金融机构保持及时的信息共享与交流。

3）金融机构在与电商平台合作过程中要全面把控信息来源，提高贷款效率，同时提高对潜在风险的惩罚，掌握适当的违约行为处罚成本。一方面，与电商平台合作建立严格的准入制度、完善的信用审批制度和规范的激励惩罚机制，加大对小微企业的违约惩罚力度，防范小微企业的逆向选择和道德风险；另一方面，对电商平台要建立完善的信用分级机制和全面的信用评估体系，加强对电商平台业务的监督，重视对电商平台所提供数据真实性的评估，对于包庇小微企业作假或无法保证小微企业诚实的电商平台，金融机构要实施严格的处罚条例，及时更新调整监管企业名单。

4）以数字技术创新为抓手，创新具有中国特色的电商供应链融资机制，助力我国小微企业健康融资、稳定成长。利用大数据、云计算、人工智能、区块链等数字金融技术，进一步深化协同效应影响程度，致力于打造创新、智慧、公开透明、逐级强化的电商供应链，借助大数据库及大数据风控等数字科技的力量，将资金精准输送至实体经济的“毛细血管”中，从根源上帮扶融资困难的电商小型企业、微型企业，为其注入源源不断的活力，为我国实体经济保驾护航。

（2）聚焦微观层面企业，从小微企业信用评价机制入手探究其融资环境。无论是宏观政策、经济环境层面，还是金融机构层面，分析融资环境、研究融资问题的最终落脚点都是为微观企业服务。在这种大背景下提出以下建议：

1）电商小微企业对自身信用风险评价的目光应从仅关注财务指标转变为关注与信用风险相关的各项能力。根据前文的研究结果，影响电商小微企业信用风险的因素来源于方方面面，在保证各项财务指标平稳发展的基础上，还要注重风险认知能力的提升、企业服务能力的强化。首先，小微企业主要的经营管理者要增加风险识别的意识和能力，做到及时预判风险、发现风险和解决风险。其次，在当前提倡高质量发展、推动国内大循环的背景下，小微企业要提高服务水平，特别是售后服务、增值服务，完善前、中、后服务链条，挖掘企业服务特色，优化顾客的消费体验。最后，在保证产品质量的同时，不断加强产品研发，打造异质性产品，提升企业口碑和信誉，树立企业品牌形象。

2）要完善电商平台信用评价及监管制度。电商平台作为整个电商供应链融资过程的主导企业，应当积极承担为小微企业保驾护航的责任。一方面，电商平台应当跟随时代的变化和市场的要求，不断完善平台下小微企业信用信息的收集、分析并及时公布，制定严密、合理的评估制度，不断更新小微企业的信用排名，为符合信用要求的小微企业积极提供贷款渠道和贷款担保。另一方面，制定严格的信用监督机制，对失信企业进行处罚和警告，加强对失信企业的长期跟踪，不断规范平台下的小微企业信用行为，提高平台整体信用水平，巩固电商供应链的长期稳定和有序发展。

3）要不断更新社会对电商小微企业的信用评价方法。根据上述研究可知，基于当前技术更迭速度快、社会环境变化较大的特点，动态性的信用评价手段更加符合社会发展趋势，并且准确度更高。因此，相关信用评估机构以及金融机构的评估系统，都应当不断更新小微企业的信用评估方法，推动动态性信用评价系统研究，使信用评价的效率和效果得到提升。特别是针对电商供应链中的小微企业，应当与电商平台建立互通互信联系，统一信用评价的标准和方法，为小微企业制作“信用身份证”，推动小微企业信用信息的认证和使用。

4）要不断优化企业信用评价环境。一方面，不断加强全民信用宣传和教育，倡导人人守信的社会风气，营造全民诚信的社会氛围。另一方面，强化相关监管部门的责任意识，完善信用审查机制，做好相应的制度保障，推动电商行业在阳光下有序发展。此外，要优化电商供应链融资法律环境，制定相关的法律法规，填补当前融资信用评价方面的法律空白。将典型的法律案例整理成册并广泛宣传，起到教育和警示的作用。

参考文献

［1］Cronin M. J. Banking and finance on the internet［J］. Nuclear Medicine & Biology，1997，29（01）：51 -66.

［2］Heng M. S. H. Implications of E-commerce for banking and finance［J］. IFIP Conference on Towards the E- society：E-commerce，2011，74（06）：317-328.

［3］Lahkani，Marjaneh Jahangiri. Sustainable B2B E-commerce and blockchain-based supply chain finance［J］. Sustainability，2020，10（12）.

［4］宋华，陈思洁．供应链金融的演进与互联网供应链金融：一个理论框架［J］．中国人民大学学报，2016，30（05）：95-104.

［5］史金召，郭菊娥．互联网视角下的供应链金融模式发展与国内实践研究［J］．西安交通大学学报（社会科学版），2015，35（04）：10-16.

［6］吴睿，邓金堂．互联网+供应链金融：中小企业融资新思路［J］．企业经济，2018，37（02）：108-114.

［7］赵昕．产业金融创新：从跨界到无界——互联网+供应链金融生态报告［J］．学术交流，2016（06）：136-141.

［8］于辉，李西，王亚文．电商参与的供应链融资模式：银行借贷 vs 电商借贷［J］．中国管理科学，2017，25（07）：134-140.

［9］姚晓蓉，滕晓梅，周婷婷．供应链融资在电商零售企业的组合应用研究——以 E 企业为例［J］．商业经济研究，2018（21）：166-170.

［10］Chen Y.，Chai Y.，Li X.，Sun H. A novel transaction financing model towards electronic commerce［C］. Electronic System-integration Technology Conference，2012.

［11］Wang Ying，Jia Fu，Schoenherr. Supply chain-based business model innovation：The case of a Cross-border E-commerce company［J］. Sustainability，2018，10（12）.

［12］刘双．基于电商平台的供应链融资模式研究［J］．财会通讯，2018（14）：24-27.

［13］高凡雅，王喜．“块状”中小企业集群供应链融资模式之创新——基于“三流一池”融合［J］．财会月刊，2016（20）：96-99.

［14］童年成，黄圣杰．基于电子商务的供应链金融融资模式探讨［J］．商业经济研究，2019（20）：150-154.

［15］李小金，胡雯莉．基于 B2B 平台的供应链金融模式与实践研究［J］．经济与管理，2017，31（05）：35-38.

［16］李志鹏，朱淑珍，吴筱菲．电商参与下的供应链金融融资模式选择研究［J］．系统工程，2019，37（02）：129-138.

［17］鞠彦辉，何毅，许燕，韩文琪．线上供应链金融商业模式之比较——基于多案例研究［J］．财会月刊，2016（23）：110-113.

［18］孙统超．基于供应链金融的商贸流通企业发展模式研究［J］．商业经济研究，2019（04）：165-168.

［19］宋华，卢强，喻开．供应链金融与银行借贷影响中小企业融资绩效的对比研究［J］．管理学报，2017，14（06）：897-907.

［20］王剑．我国电商供应链金融的发展及绩效分析［J］．商业经济研究，2019（20）：155-159.

［21］王庆雯．基于电子商务平台视角的供应链融资收益分析［J］．商业经济研究，2015（19）：67-68.

［22］张满．电商企业供应链金融的竞争发展策略研究［J］．商业经济研究，2019（08）：168-171.

［23］徐鲲，丁慧平，鲍新中．电商双边市场供应链融资的合作机制构建与溢出价值分配［J］．系统管理学报，2017，26（05）：897-905.

［24］李小莉，程硕．网络效应下银行与电商平台的供应链金融合作策略演化分析［J］．工业工程，2019，22（02）：35-41.

［25］郭菊娥，史金召，王智鑫．基于第三方 B2B 平台的线上供应链金融模式演进与风险管理研究［J］．商业经济与管理，2014（01）：13-22.

［26］徐鹏杰，吴盛汉．基于“互联网+”背景的供应链金融模式创新与发展研究［J］．经济体制改革，2018（05）：133-138.

［27］陶海鹏，马树建．基于电商供应链金融的融资模式及风险决策分析

［J］．财会月刊，2017（17）：113-117.

［28］徐鹏．线上农产品供应链金融风险防范研究［J］．华南农业大学学报（社会科学版），2016，15（06）：93-103.

［29］高更君，张盈．基于云模型的电商平台供应链金融风险评价［J］．计算机应用与软件，2018，35（11）：74-80.

［30］张浩，张潇．基于马尔可夫模型的电商平台供应链金融风险控制［J］．云南财经大学学报，2017，33（02）：118-126.

［31］Yang Kuan，Zhang Lili. Research on credit risk evaluation of online supply chain finance with triangular fuzzy information［J］. Journal of Intelligent & Fuzzy Systems，2019，37（02）：1921-1928.

［32］He X. J.，Tang L. Y. Exploration on building of visualization platform to innovate business operation patern of supply chain finance［J］. Physics Procedia，2012（33）：1886-1893.

［33］侯宏杰．刍议农产品流通的供应链金融支持［J］．商业经济研究，2019（10）：153-155.

［34］李小金，胡雯莉．基于线上供应链金融的银行和 B2B 电商激励约束机制探讨［J］．财会月刊，2017（11）：106-111.

［35］许燕，鞠彦辉，刘文丽，何毅，韩文琪．基于 QFD 的银行线上供应链融资模式下中小企业信用水平提升研究［J］．金融理论与实践，2017（01）：71-74.

［36］Morton Deutsch. Trust and suspicion［J］. Journal of Conflict Resolution，1958，2（04）：265-279.

［37］Niklas Luhmann N. Trust and power［M］. New York：Wiley，1979.

［38］Williamson O. Market and hierarchies［M］. New York：Free Press，1975：255.

［39］Johnson J. L.，et al. Setting the stage for trust and strategic integration in Japanese-US cooperative alliances［J］. Journal of International Business Studies，1996，27（01）：981-1004.

［40］Chen J. V.，Yen D. C.，Rajkumar T. M.，et al. The antecedent factors on trust and commitment in supply chain relationships［J］. Computer Standards & Interfaces，2011，33（03）：262-270.

［41］ Tejpal G.， Garg R. K.， Sachdeva A. Trust among supply chain partners： A review ［J］. Measuring Business Excellence，2013，17（01）：51-71.

［42］ 张旭梅，陈伟．供应链企业间信任、关系承诺与合作绩效——基于知识交易视角的实证研究［J］．科学学研究，2011，29（12）：1865-1874.

［43］ 刘胜春，王永伟，李婷．"关系"对供应链合作绩效的影响——来自农业领域的证据［J］．软科学，2015，29（02）：86-89.

［44］ 史丽萍，刘强，李静媛．制造业供应链伙伴间态度性承诺对供应链脆弱性作用机制［J］．管理科学，2014，27（05）：35-49.

［45］ Morgan R. M.， Hunt S. D. The commitment-trust theory of relationship marketing ［J］. Journal of Marketing，1994，58（03）：20-38.

［46］ McAllister D. J. Affect and cognition-based trust as foundations for interpersonal cooperation in organizations ［J］. Academy of Management Journal，1995，38（01）：24-59.

［47］ 戴安然，孙瑞琪，李季芳．关系和信任导向下的供应链成长演化博弈分析［J］．东岳论丛，2019，40（05）：108-119.

［48］ 乔琳，丁莹莹．供应链企业间合作行为对企业间合作绩效的影响［J］．统计与决策，2019，35（11）：186-188.

［49］ 王磊，李翠霞，王泽民．合作伙伴特性对乳制品供应链合作关系稳定性的影响——基于质量安全视角的实证研究［J］．农业技术经济，2019（07）：104-114.

［50］ 曾敏刚，林倩，潘焕雯，朱佳．信息技术能力、信任与供应链整合的关系研究［J］．管理评论，2017，29（12）：217-225+257.

［51］ 高志军．组织间信任对第三方物流整合及企业绩效的作用机理——环境不确定性的调节作用［J］．中国流通经济，2019，33（10）：22-32.

［52］ 姜骞．供应链企业间信任对供应链合作稳定性的作用机制［J］．中国流通经济，2016，30（09）：60-69.

［53］ Doney P. M.， Cannon J. P. An examination of the nature of trust in buyer seller relationships ［J］. Journal of Marketing，1997（61）：35-51.

［54］ 马胡杰，石岿然，范金．供应链买方信任的源起及其对合约弹性的影响［J］．管理评论，2015，27（11）：192-206.

［55］ Kreps D. M.， R. Wilson. Reputation and imperfect information ［J］.

Journal of Economic Theory, 1982 (27): 253-279.

[56] 杨璐璐. 基于 KMRW 声誉模型的农产品供应链合作机制 [J]. 中国流通经济, 2019, 33 (08): 54-62.

[57] 庞祯敬, 叶子荣. 公众对转基因农业技术态度形成中体制性信任的结构维度——基于微博平台互动评论的质性研究 [J]. 中国科技论坛, 2019 (08): 114-122.

[58] Michael D., Colm O. G., Petya P., Dieter V. Trust and SME attitudes towards equity financing across Europe [J]. Journal of World Business, 2019, 54 (06): 1-16.

[59] 张海燕, 张正堂. 我国经济转型情境下制度信任对再次合作意愿的影响研究: 有调节的中介模型 [J]. 商业经济与管理, 2017 (06): 23-36.

[60] 陈凡, 蔡振东. 区块链技术社会化的信任建构与社会调适 [J]. 科学学研究, 2020, 38 (12): 2124-2130.

[61] 徐尚昆. 信任结构与信任重构论析 [J]. 中国特色社会主义研究, 2021 (01): 71-79.

[62] 冷霄汉, 戴安然, 李季芳. 我国农产品供应链信任培育机制研究 [J]. 山东社会科学, 2019 (05): 137-142.

[63] 李柏洲, 尹士, 曾经纬, 罗小芳. 基于 SEM 和 B-Z 反应的集成供应链合作创新机制与动态演化研究——集成供应链关系质量视角 [J]. 中国管理科学, 2020, 28 (02): 166-177.

[64] 王新宇. 基于演化博弈理论的智能手机供应链协同联盟稳定性影响因素分析 [J]. 经营与管理, 2021 (05): 97-102.

[65] 熊雪, 朱成霞, 朱海波. 农产品电商直播中消费者信任的形成机制: 中介能力视角 [J]. 南京农业大学学报 (社会科学版), 2021, 21 (04): 142-154.

[66] Zucker L. G. Production of trust: Institutional sources of economic structure [J]. Research in Organizational Behavior, 1986, 8 (02): 53-111.

[67] 于波, 霍永强. 信任视角下的媒体压力与商业信用融资 [J]. 统计与决策, 2021, 37 (05): 138-142.

[68] 叶迪, 刘景卿. 地区质量声誉、质量阶梯位置与企业市场存活——声誉提升助力高质量发展的微观视角 [J]. 经济评论, 2021 (02): 44-60.

[69] 袁成. B2B 卖方电子订单融资信任感知与交易决策 [D]. 武汉理工大

学，2019.

[70] Bardsley P., Meager R. Competing lending platforms, endogenous reputation, and fragility in microcredit markets [J]. European Economic Review, 2019 (112): 107-126.

[71] 左正龙. 区块链+契约链"绿色融资模式服务乡村振兴研究——基于契约经济学视角 [J]. 当代经济管理，2021，43 (09): 81-88.

[72] 胡春华，邓奥，童小芹，缪和，王宗润. 社交电商中融合信任和声誉的图神经网络推荐研究 [J]. 中国管理科学，2021，29 (10): 202-212.

[73] Chen Shiyi, Gu Yan, Liu Qingfu, et al. How do lenders evaluate borrowers in peer-to-peer lending in China? [J]. International Review of Economics & Finance, 2020 (69): 651-662.

[74] 安小雪，黄晓薇. 信用评级膨胀与声誉机制失灵——基于演化博弈视角 [J]. 现代财经（天津财经大学学报），2021，41 (03): 101-113.

[75] 郑超愚，孟祥慧. 企业声誉、市场竞争与商业信用融资——基于中国上市公司的经验考察 [J]. 东岳论丛，2021，42 (01): 98-106+191-192.

[76] 王曙光，郭凯. 供应链金融发展：市场机制局限与政府—市场机制构建 [J]. 新视野，2020 (05): 49-55.

[77] 吕怀立，王文明，鄢姿俏，侯亮. 金融政策竞争中性与民营企业融资纾困——来自突发公共卫生事件的准自然实验 [J]. 金融研究，2021 (07): 95-114.

[78] 金香淑，袁文燕，吴军，李健，王亚静. 基于收益共享——双向期权契约的供应链金融风险控制研究 [J]. 中国管理科学，2020，28 (01): 68-78.

[79] 谭喻萦，杨筝. 基于收益共享机制的线上供应链金融最优均衡策略研究 [J]. 管理评论，2019，31 (09): 241-254.

[80] 陈元燮. 建立信用评级指标体系的几个理论问题 [J]. 财经问题研究，2000 (08): 3-8.

[81] 江暮红. 中小微企业信用评价指标体系研究 [J]. 求索，2013 (06): 237-239.

[82] Moody's investors service. Globle credict research [R]. Moody's in Vestors Service, 2005.

[83] Standard & Poor's. China top 50 banks [R]. 2007.

［84］侯昊鹏．国内外企业信用评级指标体系研究的新关注［J］．经济学家，2012（05）：88-97.

［85］吴金星，王宗军．基于层次分析法的企业信用评价方法研究［J］．华中科技大学学报（自然科学版），2004（03）：109-111.

［86］王新红，陈燕杰，仲伟周．我国中小企业信用风险评价指标体系构建［J］．西北师大学报（社会科学版），2009，46（04）：129-132.

［87］谭中明．中小企业信用评价体系研究［J］．学术论坛，2009，32（05）：123-127.

［88］侯昊鹏．中小企业信用评级指标体系的缺陷与重构［J］．天府新论，2013（05）：60-64+104.

［89］霍海涛．高科技中小企业信用风险指标体系及其评价方法［J］．北京理工大学学报（社会科学版），2012，14（01）：60-65.

［90］邹小芃，余君，钱英．企业信用评估指标体系与评价方法研究［J］．数理统计与管理，2005（01）：37-44.

［91］侯赟慧．我国 B2B 交易市场的中小企业信用评价指标体系探讨［J］．软科学，2006（04）：140-144.

［92］张可，宋哲，丰景春，李明，薛松．政府监管视角下建设市场主体信用评价模型研究［J］．科技管理研究，2019，39（08）：32-38.

［93］孙玥璠，杨超，张梦实．大数据时代中小企业信用评价指标体系重构［J］．财务与会计，2015（06）：47-48.

［94］邓爱民，文慧，李红，文小平．供应链金融下第三方物流信用评价研究［J］．中国管理科学，2016，24（S1）：564-570.

［95］Rao Congjun，Lin Hui，Liu Ming. Design of comprehensive evaluation index system for P2P credit risk of "three rural" borrowers［J］. Soft Computing，2020，24（15）：11493-11509.

［96］夏立明，宗恒恒，孟丽．中小企业信用风险评价指标体系的构建——基于供应链金融视角的研究［J］．金融论坛，2011，16（10）：73-79.

［97］戴昕琦．商业银行信用风险评估模型研究——基于线上供应链金融的实证［J］．软科学，2018，32（05）：139-144.

［98］刘长义，孙刚．基于聚类分析与模糊可拓 AHP 的中小企业信用评价——一个供应链金融的视角［J］．现代管理科学，2011（05）：83-85.

［99］张目，黄春燕，李岩．预付款融资模式下科技型中小企业信用风险评价指标体系研究［J］．科技管理研究，2015，35（04）：32-36.

［100］Sohn S. Y.，Jeon H. Competing risk model for technology credit fund for small and medium-sized euterprises［J］．Journal of Small Business Management，2010，48（3）．

［101］Hammer P. L.，Kogan A.，Lejeune M. A. A logical analysis of banks' financial strength ratings［J］．Expert Systems with Applications，2012，39（9）：7808-7821.

［102］龚玲玲，迟国泰，杜永强．小企业信用评价体系构建方法——基于显著性判别原理［J］．技术经济，2014，33（05）：97-101.

［103］迟国泰，潘明道，程砚秋．基于综合判别能力的农户小额贷款信用评价模型［J］．管理评论，2015，27（06）：42-57.

［104］李战江．微型企业信用评价指标体系的构建［J］．技术经济，2017，36（02）：109-116.

［105］朱宗元，苏为华，王秋霞．新三板融资环境下中小企业信用风险评估［J］．统计与信息论坛，2018，33（10）：107-113.

［106］满向昱，张天毅，汪川，马茹．我国中小微企业信用风险因素识别及测度研究［J］．中央财经大学学报，2018（09）：46-58.

［107］时晨．互联网金融云平台中小企业客户信用评价研究［J］．财经问题研究，2018（05）：118-124.

［108］刘雨萌，李战江，尹伟．非参数下贝叶斯判别与聚类分析的信用指标筛选模型［J］．统计与决策，2018，34（22）：5-10.

［109］肖会敏，刘俊．基于 SEM 的互联网金融企业信用影响因素研究［J］．数学的实践与认识，2019，49（05）：110-120.

［110］鲍盛祥，殷永飞．科技型中小企业信用评价与实证分析［J］．科技进步与对策，2009，26（20）：143-148.

［111］周春喜．企业信用等级综合评价指标体系及其评价［J］．科技进步与对策，2003，20（04）：124-126.

［112］Altman E. I. Financial ratios，discriminated analysis and the prediction of corporate bankruptcy［J］．Journal of Finance，1968，23（09）：589-609.

［113］Altman，Haldeman，and Narayanan. ZETA analysis：A new model to ldentify bankruptcy risk of corporations [J]. Journal of Banking and Finance, 1977 (01): 29-54.

[114] Martin D. Early warning of bank failure: A logit regression approach [J]. Journal of Banking and Finance, 1977 (3): 249-276.

[115] West D. Neural network credit scoring models [J]. Computers & Operations Research, 2000, 27 (11-12): 1131-1152.

[116] Huang Cheng-Lung, Chen Mu-Chen, Wang Chieh-Jen. Credit scoring with a data mining approach based on support vector machines [J]. Expert Systems with Applications, 2007, 33 (04): 847-856.

[117] Gordy M. B. A comparative anatomy of credit risk models [J]. Journal of Banking & Finance, 2000 (24): 119-149.

[118] Gulsoy Nihan, Kulluk Sinem. A data mining application in credit scoring processes of small and medium enterprises commercial corporate customers [J]. Wiley Interdisciplinary Reviews-Data Mining and Knowledge Discovery, 2019, 9 (03).

[119] 杨大光，孔令鑫．小微企业信用评价模型的中外比较及完善［J］．中国流通经济，2014，28（09）：74-79.

[120] 刘澄，武鹏，郝丹洁．基于模糊集理论的科技型小微企业信用等级评估研究［J］．科技进步与对策，2013，30（18）：170-176.

[121] 李敬明，阮素梅，刘奎户．基于改进模糊综合评价法的小微企业金融风险分析模型研究［J］．运筹与管理，2015，24（06）：217-224.

[122] 周茜，谢雪梅．小微企业信用风险测度与管控模型研究——基于信用融资的分析［J］．商业研究，2018（11）：127-133.

[123] 毛茜，赵喜仓．创新价值链视角下信用评估研究——基于科技型小微企业的实证分析［J］．华东经济管理，2018，32（05）：134-139.

[124] 肖斌卿，杨旸，李心丹，李昊骅．基于模糊神经网络的小微企业信用评级研究［J］．管理科学学报，2016，19（11）：114-126.

[125] 胡贤德，曹蓉，李敬明，阮素梅，方贤．小微企业信用风险评估的 IDGSO-BP 集成模型构建研究［J］．运筹与管理，2017，26（04）：132-139+148.

[126] 张大斌，周志刚，许职，李延晖．基于差分进化自动聚类的信用风险评价模型研究［J］．中国管理科学，2015，23（04）：39-45.

［127］袁海瑛．大数据背景下的互联网融资信用评价体系构建［J］．上海经济研究，2017（12）：66-72.

［128］王坤，王京安．小微企业两种信贷定价模式比较研究：引入信用系数β的博弈分析［J］．金融理论与实践，2016（06）：46-51.

［129］唐浩坤，温涛，邹芳莉．博弈论视角下的感知信用评价体系研究［J］．软科学，2016，30（05）：125-129+135.

［130］杨韵．C2C交易中的动态信用评价模型［J］．情报科学，2010，28（04）：563-566.

［131］张发明．一种融合SOM与K-means算法的动态信用评价方法及应用［J］．运筹与管理，2014，23（06）：186-192.

［132］张发明，李艾珉，韩媛媛．基于改进动态组合评价方法的小微企业信用评价研究［J］．管理学报，2019，16（02）：286-296.

［133］张发明，王伟明，李小霜．TOPSIS-GRA法下的企业动态信用评价方法及其应用［J］．运筹与管理，2018，27（09）：132-138.

［134］卢星云，杨高升．大型水利工程承包商动态信用评价研究［J］．武汉理工大学学报（信息与管理工程版），2017，39（05）：615-619+642.

［135］于婷．混合信息下B2C企业的动态信用评价方法及应用研究［D］．南昌：南昌大学，2017.

［136］李小霜．商业银行视角下的企业动态信用评价方法研究及其应用［D］．南昌：南昌大学，2016.

［137］丰景春，王祎晨，丰慧，李明，薛松．PPP模式下企业信用动态综合评价模型研究［J］．软科学，2019，33（03）：49-53+79.

［138］李泽广，覃家琦．融资约束与商业信用渠道的流动性提供——基于企业异质性视角的研究［J］．南开学报（哲学社会科学版），2020（06）：59-70.

［139］刘甲学，冯畅．基于用户评论信息的网商信用度影响因素研究［J］．情报科学，2018，36（01）：87-90+107.

［140］李鸿禧．企业信用评级的国际经验与方法研究［J］．新金融，2020（01）：54-58.

［141］吴育辉，吴世农，魏志华．管理层能力、信息披露质量与企业信用评级［J］．经济管理，2017，39（01）：165-180.

［142］柳武妹，马增光，叶富荣．营销领域中包装元素对消费者的影响及其

内在作用机制［J］．心理科学进展，2020，28（06）：1015-1028.

［143］池仁勇，於珺，阮鸿鹏．企业规模、研发投入对创新绩效的影响研究——基于信用环境与知识存量视角［J］．华东经济管理，2020，34（09）：43-54.

［144］李润平．生命周期、融资条件、行业分类与中小企业融资——基于浙江省中小企业银行信贷数据的经验分析［J］．当代经济科学，2014，36（04）：77-86+127.

［145］王俊豪，单芬霞，张宇力．电商平台声誉机制的有效性与信用监管研究——来自“淘宝”和“京东”的证据［J］．财经论丛，2021，269（02）：1-15.

［146］范方志，苏国强，王晓彦．供应链金融模式下中小企业信用风险评价及其风险管理研究［J］．中央财经大学学报，2017（12）：34-43.

［147］姚艳虹，周惠平．产学研协同创新中知识创造系统动力学分析［J］．科技进步与对策，2015，32（04）：110-117.

［148］龙云飞．基于熵值法的中小企业供应链融资信用风险评价［J］．统计与决策，2013（13）：177-179.

后　记

党的二十大报告中明确指出，要“加快建设网络强国、数字中国”“促进数字经济和实体经济深度融合”，从而借助数字技术和平台思维将“蛋糕”向纵深延伸、做大，发挥数字经济对经济社会的引领和带动作用，实现价值共创，推动经济发展固本增效。网络经营环境的优化和大数据思维的整合也为中小电商企业注入了源源不断的生机，同时也推动了小微企业激发微观市场主体活力，但融资问题始终是制约中小电商企业健康发展的瓶颈，电商供应链金融作为一种有效的融资问题解决方案，也随着电商供应链融资模式的发展饱受信任问题的困扰，故而揭示电商供应链融资信任机制、对电商小微企业进行合理的信用评价急需被提上议事日程。本书重点关注了电商小微企业成长过程中的融资问题，沿着“构建信任机制—甄选影响因素—设计评价体系”的主线展开研究，厘清了电商供应链融资的信任关系，并在此基础上划分参与主体，建立多主体参与、多制衡的信任机制，识别信任机制的影响因素，并设计出了一套小微企业动态信用评价体系。本书的研究从电子商务行业的微观企业着手，致力于服务电商小微企业实际需求，推动国家战略部署的贯彻落实，促进顶层设计切实落地实体企业，这不仅拓宽了学术研究的视野，还切实服务了实体企业，具有重大理论意义与实践意义。

在互联网时代，电商小微企业仍是我国经济增长的“新引擎”、促进就业多元化的“助燃剂”、发展外贸的“先行军”，电商小微企业的融资问题也依然存在。但数字经济、平台经济的进一步深入发展赋予了电商供应链融资数据井喷式增长等新特点、价值合作式共创等新趋势。故未来电商供应链融资的相关研究可从如下视角展开：第一，大数据背景下小微企业信用评价指标体系的适用性问题。数据的井喷式增长势必会对已有的信用评价指标体系适用性产生一定冲击，未来可结合大数据背景，进一步完善电商供应链融资小微企业信用评价指标体系，将有助于电商小微企业信用评价指标体系的与时俱进。第二，大数据背景下，电商供应链融资小微企业的信用风险预警问题。大数据的冲击将使电商平台小微企业面临新的信用问题，故把握电商小微企业的信用风险预警在融资过程中举足轻重，将有助于电商小微企业在新形势下明确自身信用风险。第三，摸索平台经济视角下电商小微企业的融资新手段。随着平台经济的发展，平台企业的合作式价值共创成为新的发展趋势，故在平台企业价值共创成为趋势的背景下，对于平台企业融资新手段的探讨将有助于电商小微企业更有效地缓解融资问题，同时也有助于价值共创的实现。